JN063644

# Amazon 海外メーカー直取引 完全ガイド

中村裕紀
Amazon物販ビジネス
コンサルタント

standards

# はじめに
## 〜「海外メーカー直取引」で長期的に安定した利益を得る！〜

こんにちは、中村裕紀です。この度は本書を手に取って頂き、ありがとうございます。

2019年秋、私は誰でも簡単に取り組みやすく、長期的に安定した利益が見込める『Amazon国内メーカー直取引完全ガイド』を出版しました。

この本はおかげさまで、Amazon物販ビジネスの初心者の方から経験者に至るまで、幅広い方々に手に取って頂くことができました。そして、国内メーカー直取引に興味のある方から多くの反響が寄せられました。例えば、

**「本に書いてあったことを真似しただけで、メーカー取引の成約率が約30%良くなった」**
**「物販初心者の私が、本に書いてある通りに実践してメーカーとの取引が数社決まった」**
**「永遠に稼ぎ続ける物販を目指す人には究極のマニュアル本！」**

などなど、嬉しい感想を多く頂きました。

また、この本をきっかけに国内メーカー直取引を開始した方が、実践1ヶ月でメーカーとの取引を次々と成立させ、月利を30万円、50万円、100万円と積み上げていくのを、私自身目の当たりにしてきました。

しかし一方で、私は国内メーカー直取引だけでなく、海外メーカー直取引も取り組んできました。そして、実際に海外メーカー直取引でも、国内メーカー同様の実績を出すコンサル生は多いのです。

海外メーカーというと、言葉の壁や輸入規制など国内メーカーよりもハードルが高いように思われがちですが、決してそんなことはありません。**言葉の壁や輸入規制は拍子抜けするほどたいしたことはありませんし、国内メーカーよりも海外メーカーと取引するほうが合っている方もいます。**実際に海

外メーカー直取引は、国内メーカー直取引にはないメリットもたくさんあります。国内メーカー同様、法人ではなく個人で始めることが可能なので、副業から無理なくできます。

また、輸入ビジネスというと、コロナ禍の影響も気にされる方もいると思いますが、これも心配ありません。**コロナが流行りだした当初は、海外送料が跳ね上がったり、発送遅延があったりしましたが、これを書いている2021年7月現在、影響はほとんどありません。**

それに、海外メーカー直取引は、日本では製造されていない魅力的な商品を広める喜びもあります。**実際に海外メーカー直取引の場合、メーカーに直接働きかけ、Amazonだけでなく日本市場を独占できるという、大きなビジネス展開に繋がることがあります。**これはAmazonの市場を独占することはできるが、完全な独占ができない国内メーカー直取引にはないメリットです。

そこで、「国内メーカー直取引だけでなく、海外メーカー直取引について知りたい人も多いのでは?」と思い、今回出版したのが本書です。本書を最後までお読みいただければ、安心して海外メーカー直取引をスタートすることができると自負しています。

ここからは、物販に興味はあるけれど、国内外関係なく「メーカー直取引」とは具体的にどんなものかよくわからないという方に向けてお話しします。

というのも、Amazon物販ビジネスというと、多くの人は「せどり」「転売ビジネス」「輸入転売」と呼ばれる方法を思い浮かべると思うからです。

「せどり」「転売ビジネス」は、国内の量販店やネットショップなどで安く売られている商品を仕入れて、Amazonで高く売ることで利益を得る方法です。「輸入転売」は、海外のamazon.comやebayから商品を仕入れて日本のAmazonなどで販売するビジネスモデルです。

**どちらも「商品を安く仕入れて高く売るだけ」という、一見簡単そうに見えますが、簡単にできるだけに大きな問題点があります。**

誰でも買える商品で参入障壁が非常に低いということは、ライバルが多いため、常に価格の値下げ競争にさらされます。ライバルが多いのに、値下げ以外の手段がほとんどないので、その結果同じ商品で常に一定の利益を得ることができなくなります。

特にAmazonのような大きなプラットフォームでは、同じ商品ページにライバルがすぐに群がってしまいます。1商品あたり月100個売れる商品があって、それを10人が売っていたら1人10個の売上ですが、20人が売ったら1人5個の売上にしかなりません。

このようにして、最初は商品がある程度売れても、あっという間に商品が売れない状態になります。そうなると、やがて誰かが値下げしてでも売ろうとします。他のセラーも値下げしないと売れなくなるので、追従するように価格を下げます。そうやって価格崩壊が起きてしまうのです。

今月利益が出ていても、来月にはもうほとんど利益が出ない。そんなことも珍しくありません。**そのため、常に利益の出る商品をリサーチしないといけないという、「リサーチ地獄」に陥ります。**いくら努力しても利益が積み上がらず、利益が安定しません。もしかしたらせどりや転売ビジネスにも市場の隙間があるかもしれません。しかし、「商品を仕入れて売るだけ」という特性上、市場の隙間を見つけても、すぐにライバルが群がるのが目に見えています。

もちろん、海外メーカー直取引でも、最初は取引するメーカーを探すためにリサーチします。**しかし、取引するメーカーが増えれば、販売者を限定しながら同じ商品を仕入れ続けることができるので、リサーチ量を減らすことができます。**結果として1日2〜3時間の作業時間で利益が安定するので、自由な時間を増やすことができます。

また、メーカー直取引はメーカー正規品を販売できるので、Amazonアカウント閉鎖のリスクが小さいのも魅力です。せどりや転売ビジネスのように卸問屋や小売店から仕入れただけの商品は、「これは正規品ですか?」とAmazon側から言われても証拠が出せません。そのため、Amazonアカウント停止や閉鎖のリスクが高く、閉鎖されればあっという間に売上ゼロになります。私も転売ビジネスをしていた頃は痛い思いをしました。

これは、Amazonの企業理念である「地球上で最もお客様を大切にする企業になる」から考えれば自然なことです。お客様を大切にするよりは「自分の利益」を目的とする「せどらー」「転売ヤー」が多いので、転売に対する規約を年々厳しくしているのです。コロナ禍でマスクが高額転売されたり、新発売のゲームが定価よりも不当に高い価格で販売されたりしたことが典型的な例です。そのため、今後せどらーや転売ヤーが生き残ることは、非常に難しいと言えるでしょう。最近では、せどらー・転売ヤーを続けることに後ろめたさを感じる人も増えてきました。

対して、正々堂々とビジネスできるのが、メーカーから直接商品を購入する直取引という方法です。メーカー直取引は、Amazonを通じてメーカーに販路拡大を促し、メリットを与えたうえで、消費者にもいい商品を適切に長く届けられる、win-win-winのビジネスです。

本書では、前作『Amazon国内メーカー直取引完全ガイド』を読んでいなくても、1から10までノウハウが理解できるように構成してあります。なぜかというと、国内メーカー直取引より先に、海外メーカー直取引に取り組む方もいらっしゃるためです。

本書の主な内容は以下の通りです。

**①Amazon物販ビジネスをやるには欠かせない、出品アカウント開設からFBAの仕組み、出品した商品を売るためのコツまで余すところなく紹介**

**②効率よく取引が成立する海外メーカーを探すコツを余すところなく紹介**

**③国内メーカーとは少し違う、海外メーカーとの交渉のコツ、信頼関係を深めて長く取引を続けるコツを詳しく紹介**

**④輸入規制、海外送料、関税・消費税など、輸入ビジネス独自のノウハウを詳しく紹介**

つまり、Amazon物販ビジネスがまったく初めてという方でも、本書を読めばすぐに海外メーカー直取引に取り組めるのが本書です。物販を経験した人でも、かゆいところに手が届くところまで解説していますので、転売を卒業してメーカー直取引にスムーズに移行することができるでしょう。

ただ、Amazon物販ビジネスを経験したことがあったり、『Amazon国内メーカー直取引完全ガイド』をすでに読んでいるという方は、説明が重なる部分も多いため、第5章以降を中心に読み進めて頂くと良いかと思います。

国内メーカー直取引も海外メーカー直取引も、安定して利益を上げることが可能で、月利100万円以上を継続しているコンサル生も多いです。安定した収入を得ながら家族と過ごす時間や、趣味に費やせる時間を増やせるという点では、どちらも共通しています。

国内メーカー直取引にも興味のある方は、『Amazon国内メーカー直取引完全ガイド』も併せてご覧ください（増補改訂した第二版を追って刊行予定です）。そして、どちらか自分に合っている方から始めてみると良いでしょう。ただ、私のコンサル生のなかでは、最初はどちらかから始めても、経験を重ねながら最終的にどちらも実践する方もいます。

どちらを実践するにしても、「自分で稼ぐ力を身につけ、好きな時に好きな人と好きな場所へ、好きなだけ行く」という理想を、現実のものにしてください。

中村 裕紀

Contents

Chapter3

# FBAを使って在庫管理・梱包・発送をAmazonに任せよう

Chapter4

# 海外メーカー直取引を始める前に知っておきたいセールステクニックと重要ポイント

Chapter5

# 直取引できるメーカーを効率よく探そう



Chapter6

# 英語力不要、初めてでも個人でもできる!海外メーカーへのメール交渉

Chapter7

# 海外メーカー直取引の契約成立を実現するツメの交渉術



Chapter8

# ここが大事! 利益を出すための数字の見方

Chapter9

# 月利100〜200万円を達成させよう!



Chapter10

# 作業を外注化して自動で売上アップ!

◎本書は著者の独自の方法で行った調査に基づき、制作されたものです。
◎本書は同じ著者による既刊「Amazon国内メーカー直取引完全ガイド」（弊社刊）と内容が重なる部分が多々ありますが、前著を読んでいない方、または「Amazonをプラットフォームにしたメーカー直取引」に関して全くの初心者の方などに丁寧にわかりやすく説明するための配慮としてご了承ください。
◎内容については万全を期して作成されていますが、本書の内容に合わせて運用した結果については責任を負いかねますので、予めご了承ください。

◎本書は2021年7月の時点で制作されたものです。登録作業や各種作業画面については、Amazonやツールの仕様が変更される場合があります。予めご了承ください。

Chapter 1

# Amazon海外メーカー直取引の流れとメリット

## ～国内メーカー直取引と海外メーカー直取引どちらがおすすめ?～

この章では、まずAmazon物販ビジネスと海外メーカー直取引の概要についてお話します。海外輸入転売と比較しながら、海外メーカー直取引の魅力をお伝えします。また、国内メーカー直取引と海外メーカー直取引の違いについてもお伝えしながら、メリット・デメリットを解説していきます（基本的な事項からお話しするため、前著『Amazon国内メーカー直取引完全ガイド』と解説が重なる箇所も多々ありますが、すでに前著を読んでいる方は読み飛ばしていただいても問題ありません）。

# 01 Amazon物販ビジネスの魅力とは?

## 【魅力①】Amazonは一個人でも物販ビジネスを展開できる

「Amazon物販ビジネス」を一言でいうと、個人または法人の出品者が、AmazonのWebサイトを利用して一次メーカーの商品を直接仕入れて販売する物販ビジネスのことを指します。

**Amazonに出店することで、Amazonの出品システムや集客力をそのまま利用できるのが大きな利点といえます。**自分でネットショップを立ち上げたり、広告費をかけて集客をしたりする必要がないので、初心者でも非常に始めやすい仕組みです。

2020年度のAmazonの日本市場における売上高は、2兆1893億2700万円となっており、伸び率は前年度の25.5%増で、年々拡大しています。コロナ禍で在宅生活の割合が増えた分、ネット通販の需要が飛躍的に高まったのも大きいでしょう。

また、日本人の3人に1人がAmazonで商品を購入したことがある、といったデータも残っています。ですから、このAmazonで商品を販売できることは、成功する可能性がものすごく高いビジネスなのです。

具体的に言うと、Amazonには大きく分けて「Amazon小売り部門」と「Amazonマーケットプレイス」があります。

「Amazon小売り部門」とは、Amazonという会社自体が仕入れをして、販売をしているものです。

一方、「Amazonマーケットプレイス」とは、私たちのような一個人や法人が

Amazon上で商品を販売できる場所です。

本書でお伝えするのは後者、「Amazonマーケットプレイス」を利用した方法になります。

### Amazon物販ビジネスの流れ

## 【魅力②】梱包／配送作業はAmazonが全部やってくれる！

物販というと、出品するための画像や商品ページを作ったり、お客様への梱包発送、入金確認など、いろいろと面倒だったり、手間がかかったりするイメージがあると思います。そのため、面倒に感じて躊躇する方も多いはずです。実際に、「興味はあるけど梱包したり配送したり、めんどくさそうだよね」と言う声も聞いたことがあります。

しかし、Amazonには便利な機能があります。**この面倒なすべての作業をAmazonに委託することができる、そんな画期的なシステムがあるのです。**これを**FBA(Fulfillment by Amazon)**と言います。

### FBA(Fulfillment by Amazon)とは？

FBA(Fulfillment by Amazon)とは、通常の物販で発生する「商品の保管」「注文処理」「梱包」「出荷」、そして「返品対応」「配送に関するお問い合わせ」など、物流に関する流れをすべて、Amazonが代行してくれるサービスのことをいいます。

**私たち販売者は、商品を仕入れ、まずAmazonのFBA倉庫に納品します。そして商品をお客さんが注文すれば、入金確認をAmazonが行ってくれて、Amazonの倉庫から自動的にお客さんの手元に商品を発送してくれます。**

これらを全部自分だけで行うとなると、商品が数百個、数千個と売れたとしたら、その数だけお客様1人ずつに対して入金確認をして、梱包して発送しないといけないのです。何かあった場合の返品対応もすべて自分1人で行います。私もこれらの作業を実際に経験したことがありますが、相当な時間を取られますし、肉体的にも精神的にもとても疲れます。まして副業でやっている人にとっては、時間の確保が容易ではありません。

**しかしFBAを使えば、それをすべてAmazonが代行してくれるのです。ですから、商品が仮に数百個、数千個売れようが、いくつ売れたとしても出品者の手間は増えません。**

そういう仕組みがAmazonでは構築されているのです。だから時間がない副業の方でも、効率よく十二分に利益を伸ばすことが可能なのです。また、言うまでもなく、Amazonの日本最大の集客力も魅力です。

以上のことを考えると、FBAをビジネスとして使わない手はない、ということになります。

その他、「全国配送無料」「即日配送」「24時間365日受注・出荷対応」など、今では当たり前になっているAmazonの対応ですが、他の店舗ではあり得ないことでしょう。また、出品者がこれを全部自分でやろうとしても到底無理です。

Amazonに出品することで、お客様はAmazonから購入しているという感覚になります。ですから、初心者の方が出品する際も、そのお客様は安心して購入することができるのです。

**つまり、Amazonを活用することで、作業の効率化だけでなく、お客様への販売促進にも抜群の効果が生まれます。**

## 【魅力③】Amazonへの出品はとっても簡単！

他にもAmazonにはたくさんの魅力が詰まっています。

そのひとつが、Amazonの商品ページの出品体制にあります。

用意されたフォーマットに沿って入力するだけで、簡単に商品の紹介・販売ページを作成できるのです。

以下の画面にもあるように、Amazonは自分で商品ページを作成することなく、ASIN(エーシン)という商品コードや型番、商品名などを検索窓に入れるだけで、一発で商品を販売できるようになります。**これなら出品ページ作成が面倒だと思う方でも、安心して出品作業を進められますね。**

### Amazonの商品登録ページ

## 【魅力④】商品の売れ行きを簡単に確認できる

Amazonでは商品の売れ行きを、以下の画像で用いているツールを使って簡単に確認することができます。これは非常に便利で、ひと月あたりの販売個数を把握できれば、商品の売れ行きを見ながら仕入れを行うことができます。そのため、物販で多くの人が懸念する在庫リスクを極限まで減らすことが可能になります。**だから、Amazon物販ビジネスは怖くない上に極端にリスクの少ないビジネスなのです。**

かつては、モノレートやモノゾンという無料ツールで売れ行きを簡単に確認することができたのですが、2020年に閉鎖されています。**しかし、代替ツールとしてKeepa、キーゾンという代替ツールがあるので問題ありません。**（p175参照・keepa有料月額19ユーロにて日本円で2,470円程度）

### キーゾン（p175参照）のデータ

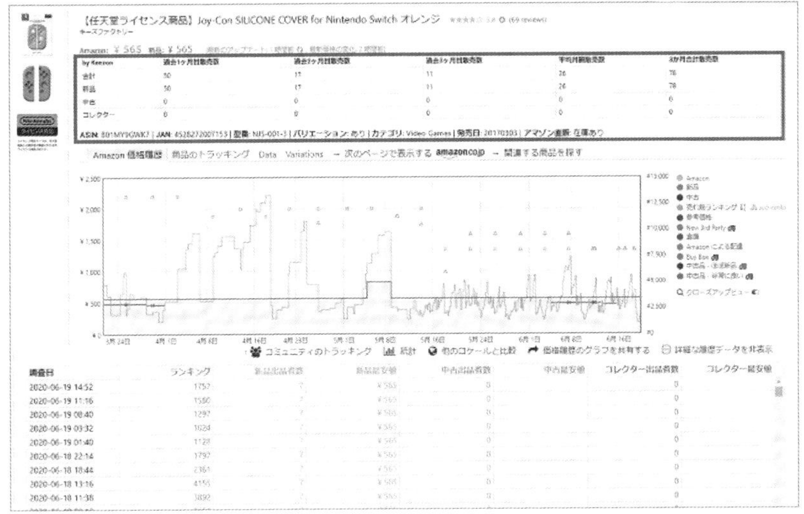


## 【魅力⑤】利益の計算も一発で表示される

商品を販売する際に重要なのが利益の計算です。これが意外にも面倒な作業です。ですが、Amazonには、これもクリアする便利な無料ツールがあります。

**以下の商品原価欄(※)に仕入値を入れれば、Amazon販売の手数料が自動的に算出されているので、一発で利益の計算ができます。**

ちなみに、Amazonは自社発送とFBA(Amazonの倉庫)からの発送の2つの方法があります。しかし、自社発送ではすべての面倒な作業を自分で行わなければならないし、お客様への送料もAmazonより高い料金がかかるので、手間が省けて送料も安いFBA発送を私はおすすめしています。

### FBA料金シミュレーター（p165参照）のデータ

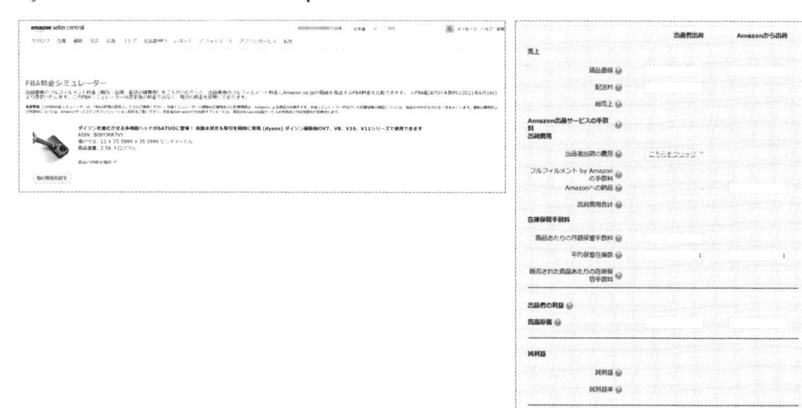

## それでも失敗が9割超、なぜなのか……!?

こういったメリットを活かすことができるAmazon物販ビジネスは、他のビジネスに比べても圧倒的に効率よく稼げるシステムと言えるでしょう。

作業を効率化できるAmazonの仕組みと、Amazonのブランド力は物販初心者にとってはとてもありがたい話です。Amazonを活用したビジネスは物販の中でも今や主流の方法となっています。

しかし、「Amazonビジネスは副業には最適です！ すぐに稼げるようになりますよ！」「早く会社を辞めて自由になりましょう」と、巷の情報商材でよくある謳い文句のようなことが言えるかというと、そこまで簡単な話でもありません。

**厳しいことを言うようですが、残念ながら今までの単純なAmazon物販ビジネスで長期的に稼いでいる人はほとんどいません。**おそらくAmazon物販ビジネスを始めた9割以上の方々は挫折しているのではないかと思います。

これだけ便利なシステムがあるのに、みんな続けることができずに挫折してしまうのです。どうして、そのようなことが起きてしまうのでしょうか？

# 02 なぜ、「転売ヤー」や「せどらー」が消えていくのか?

物販ビジネスというと「転売」もしくは「せどり」といった言葉を思い浮かべる方が多いと思います。

これは量販店やネットショップなどで安く売られている商品を仕入れて、Amazon等で高く売ることにより利益を得る方法です。中国や欧米のネットショップから商品を仕入れて、高く売る輸入ビジネスも、「転売」や「せどり」の一種です。

商品を安く仕入れて高く売るだけの、非常にシンプルな方法です。Amazonビジネスというと、多くの人は、この「転売」や「せどり」をイメージすることでしょう。実際に、コロナ禍をきっかけに、在宅副業である転売やせどりに挑戦する人がますます増えています。

私も物販を始めた当初は転売をしていました。しかし、転売には大きな問題点があります。**私はこの先、「転売ヤー」とか「せどらー」と呼ばれる人は、どんどん消えていくのではないかと思っています。**

では、転売には、具体的にどのような問題があるのかを見ていきます。

## 「転売」「せどり」は利益が長期的に安定しない

転売は、仕組みそのものがシンプルなこともあり、比較的誰でも取り組みやすいビジネスです。ですが、逆に言うとライバルが群がりやすいビジネスということでもあります。

せどらーや転売ヤーは、量販店やネットショップから商品を仕入れて出品します。物流の流れで言えば、以下の卸問屋や代理店、小売店から商品を購入しているのです。せどりや転売ビジネスで稼ごうとしている人は、この仕組みを理解していません。

**メーカー(一次)→卸問屋・代理店(二次)→小売店(三次)→消費者**

卸問屋や代理店、小売店のポジションから商品を仕入れることは、少し頑張れば誰でも可能です。しかし、ここに大きな落とし穴があります。誰でもできるということは、それだけライバルが過剰に増えるということなのです。

ライバル過剰ということは、常に価格の値下げ競争に巻き込まれることになります。最初は利益率が高くて売れていた商品であっても、ライバルの増加ですぐに値下げを強いられ、利益を得られなくなることも多いです。わかりやすく言うと、ブルー・オーシャン(競争のない未開拓市場)から、レッド・オーシャン(競争の激しい既存市場)に変わってしまうということです。

**ですから、一時的には大きな利益を得ても、ライバル過剰で販売価格が下落し、すぐに利益が出なくなってしまいます。**いつになっても利益が階段状に積み上がることがなく、「転売」「せどり」は非常に収入が安定しにくいビジネスなのです。

やっと見つけた利益の出る商品もしばらく経つとライバルが増え、利益の出る価格では売れなくなってしまいます。しまいには、赤字で売らないといけなくなったりするのです。ですから、常に価格差のある商品をリサーチしなくてはいけなくなります。

**結果として、延々とパソコンに向かい利益の出る商品を探すというリサーチ地獄に陥り、大切な人と過ごすような貴重な時間も取れないまま、無駄な日々を費やすことになります。**

そのため、金銭的にも時間的にも自由を得たくてAmazon物販ビジネスを始めたのに、膨大な作業時間に疲弊し、挫折してしまう方が多いのです。コロナ禍をきっかけに転売をする人が増えたということは、ますますその傾向が強くなると思っています。

**しかし、最上流のメーカー仕入れの場合は、販売者を限定してもらったり、独占契約を結んだりすることができます。そのため、ライバルが群がることを防ぎ、価格崩壊を防ぐことができるのです。このような差別化ができるところが転売やせどりと異なる点です。**

特に海外メーカーの場合は、Amazonに限らず日本市場すべての販売を独占して任せてもらえる場合もあるので、そこも大きな魅力のうちのひとつです。

## Amazonアカウント停止や閉鎖のリスクがある

Amazonがせどらーや転売ヤーを排除する方向に動いているのをご存知でしょうか? 2021年現在、Amazonの「コンディション・ガイドライン」では、以下のような規約が設けられているのです。

> 以下の商品は、Amazon で「新品」として出品することはできません。
> ●個人(個人事業主を除く)から仕入れた商品。
> ●メーカー保証がある場合、購入者がメーカーの正規販売代理店から販売された商品と同等の保証(保証期間など)を得られない商品(例えば、メーカー保証がある場合に、すでにメーカーが定める保証期間が始まっている、または保証期限が切れている商品など)。
> ●プロモーション品、プライズ品、おまけに関しては、出品自体は許可されていますが、「新品」としては出品できません。出品する場合は、コンディションガイドラインに沿って中古品として該当するコンディションで出品してください。

「メーカーの正規販売代理店から販売された商品と同等の保証(保証期間など)を得られない商品」とあるので、厳密に言うと転売している人はほぼ、新品として販売することができません。中古よりも、新品として売った方が高値で売れますが、転売で新品として売ってしまうと規約に抵触するのです。当然ながら輸入品も同様です。

転売目的で仕入れた商品については、Amazonでは出品規制を強めています。出品規制を強めているということは、Amazonのアカウントが停止されたり閉鎖されたりするリスクが高くなっているということです。

具体的にアカウント閉鎖で何が起こるかというと、「売上金が3ヶ月入金されない」「Amazonの倉庫に預けていた数千点の商品が手数料が掛かる上に一気に返送される」「同じアカウントでの商品の販売が永久にできなくなる」という事態に陥ります。簡単に言うと、Amazonでビジネスができなくなるということです。

3ヶ月入金が止まりますから、当然資金繰りも悪くなります。これが転売ヤーやせどらーが最も恐れていることかもしれません（私も一度Amazonのアカウントが閉鎖されたことがあるので、この恐ろしさは身に染みています）。

このような転売商品の出品規制は、何もAmazonだけの話ではありません。楽天やヤフーショッピングなど、他のプラットフォームでも、そのような傾向は強くなっています。

メーカーから直接買ったものではなく、国内外の量販店やネットショップからただ単に価格差だけを求めて仕入れている商品は、基本的に出所がしっかりしているという証拠がありません。なかには偽物や不良品が平然と出品されているようなこともあります。これも消費者にとって不利益な話なのは言うまでもありません。

そして、良くない商品が出回ることで、メーカー側にとってもブランドイメージや実際の売上が落ちることにも繋がります。

基本的に取引者同士がwin-winの関係でないビジネスはいずれ淘汰されます。

自分だけ利益が出ればいい、メーカー側の立場を考えずに商品を叩き売りしているだけのせどらーや転売ヤーという人達は、Amazonの出品規制の強化の流れを考えると、いずれ消えていなくなるのではないかと思っています。

# 海外メーカー直取引は意外と簡単！

せどりや転売ビジネスは、いずれ消えていくことでしょう。さすがにいつ消えるかはわかりませんが、少なくとも一生食べていくようなビジネスではないのは確かです。

- **価格競争に巻き込まれ、安定した利益が得られない。**
- **毎日の作業時間が膨大で疲弊する。**
- **アカウントが閉鎖され、出品できなくなる。**

しかし、これらの問題点をすべてクリアできる方法があります。それがメーカーから直接商品を仕入れる「メーカー直取引」です。メーカー直取引には、国内メーカーから仕入れる場合と、海外メーカーから仕入れる場合の2種類があります。本書では海外メーカー直取引についてお伝えします。転売のように代理店や小売店から仕入れるものではなく、一次の最上流の「メーカー」から仕入れる点では国内メーカー直取引も海外メーカー直取引も共通しており、とてもシンプルです。

転売では、量販店やネットショップから「消費者」の立場で商品を仕入れることによる問題点をお伝えしました。しかし、これを最上流のメーカーから直接仕入れることで、自ら卸問屋・代理店の立場に立つことができます。そうすることで、交渉して卸値を安くしたり、販売者を限定しもらったり、市場をコントロールできます。

海外メーカー直取引というと、「英語ができない」「輸入の手続きがわからない」「利益計算が面倒」と思っている方も多いと思います。しかし、実際やってみると拍子抜けするほど簡単なことがわかるでしょう。

**海外メーカー直取引も、国内メーカー同様、法人だけでなく個人事業主として問題なく始めることができます。そのため、一般的なサラリーマンやOL、主婦、大学生でも一個人として始めることができます。**私のコンサル生も、英語が理解できなくても、一個人から初めて多くの海外メーカーと取引を成立させ、利益を継続的に得ています。

海外メーカー直取引も国内同様、Amazon物販ビジネス初心者、輸入ビジネス未経験の方でも気軽に始めやすい手法と言えます。

## 海外メーカー直取引の流れ

まず、次の海外メーカー直取引の流れについてご覧ください。

**海外メーカー直取引の流れ**

リサーチ商品選定 — Amazonで売れている<br>メーカー商品を探す

▼

メーカーへアプローチ — メールなどで<br>取引希望の連絡をする

▼

メーカーから返信 — 取引したい旨を伝えて<br>見積もりをもらう

▼

見積もり、利益の計算 — Amazonの相場と比較して<br>利益を計算する

▼

商品の仕入れ — メールで発注する

拙著『Amazon国内メーカー直取引完全ガイド』を読んだ方はわかるように、基本は国内メーカー取引の流れと海外メーカー取引の流れは同じです。海外メーカーも、基本的にはメールで直接コンタクトを取ることから始まります。

どのようなメーカーにメールを送ったらよいかは、Chapter5で詳しくお話しますが、まずメーカーにメールを送ることからスタートし、諸々のメーカーとのやり取りを行うことが必須になります。ですが後で詳しくお伝えするように、英語での特別なコミュニケーション能力は気にしなくて大丈夫です。

時にはZoomなどで打合せが必要なことはありますが、**海外メーカーへのアプローチは、基本的にメールのみです。**特に海外の場合は、メーカー側も頻繁に会えないことはわかっているので、メールの頻度が多くなります。

そして、メーカーから何かしらの前向きな返信があって見積もりをもらい、利益計算を行い、利益が確定したら取引成立です。

メーカー仕入れをやったことがない方からしたら、今までの物販とは違うイメージを持った方もいるかもしれません。国内メーカー直取引よりも難しいと感じている人も多いですが、決してそんなことはありません。どちらも共通したノウハウが多いので、国内メーカー直取引と海外メーカー直取引、両方やるのもいいでしょう。

「好きな時に、好きな人と、好きな場所へ、好きなだけ行く」生活は、国内メーカー直取引でも海外メーカー直取引でも可能です。

## 海外メーカー直取引に言葉の壁は問題なし！

日本人の方は、「英語が話せない」など海外に対して苦手意識がある方が多いですが、海外メーカー直取引は英語が苦手でも問題ありません。私も英語を上手に話すことはできません。

しかし、今ではGoogle翻訳やDeepL翻訳などの翻訳ツールがあります。今の翻訳ツールは、かなり精度が高くなっています。**海外メーカーとの交渉は、メールが基本になりますが、翻訳ツールを使えば、交渉に支障が出るようなことはありません。**学校で習う英語は、比較的難しい文法も多いですが、外国人の方にはシンプルな英文が好まれます。そのため、メールでのやり取りも中学1年生レベルの学力に、翻訳サイトを組み合わせれば問題ありません。

国内メーカーと違って「直接会いたい」と言われることは少ないですが、「Zoomで打合せしたい」と言われることがごく稀にあります。**これは、本書のなかで、通訳してくれる方を格安で外注する方法をお伝えします。**

実際に海外メーカー直取引が向いている方もいるので、「英語ができない」だけで躊躇するのはもったいないです。実際にやってみると、びっくりするくらい言葉の壁が関係ないことがわかるでしょう。

## 販売者の限定化や独占契約することで為替の影響も受けない

輸入ビジネスというと、「為替の影響が怖いから、海外から商品を仕入れる(もしくは輸出する)のが怖い」というイメージを持つ人も多いでしょう。たしかに、円安では輸出では有利ですが、輸入では不利になります。円高ではその逆です。転売であれば、為替の変動が響くということはあり得ます。

円安に動いたときは、仕入れ価格が上がるので、利益を担保したいなら販売価格を上げざるを得ません。しかし、同じ商品を売っているライバルが周りにウヨウヨいますから、値上げすると売れなくなります。そのため、販売価格をそのままにして、泣く泣く利益を下げるということが起こります。

**しかし、海外メーカー直取引であれば、販売者を限定してもらったり、独占契約を結んだりすることで、為替の影響はほとんど受けません。**日本市場で販売者が限定されていれば、ライバルがいないので、為替の変動で販売価格を上げるなど、価格のコントロールができます。私が海外メーカー直取引を始めた頃も、為替が短期間で20%程度変動したことがありますが、売上に影響はありませんでした。

## 輸入に関する法律、手続きは意外と簡単

輸入ビジネスというと、各種の輸入の手続きが複雑で面倒、法律規制で仕入れられない商品が多いというイメージがあります。

たしかに国内メーカー直取引に比べると、輸入手続きは発生することになります。さらに食品衛生法、電波法、PSE法、薬機法などの法律の制約があり、実質的に仕入れるのが厳しい商品もあります。

ただ、手続きに関して言えば、拍子抜けするほど簡単です。**海外メーカーは、世界中の人を相手にビジネスをしているので、海外メーカーから自宅まで商品を配送するルートを用意してくれていることが大半です。**こちらで配送会社を手配したり、手続きで役所に向かったりするようなことはありません。稀に自分で配送周りを用意しないといけない場合もありますが、この場合は取り組み始めの段階では一旦取引を避けておいたほうがいいでしょう。

## 利益計算も難しくない

輸入ビジネスは、海外送料、関税、消費税などの輸入ならではの費用が発生します。そのため、「利益計算が煩雑」「仕入れ値が安くても利益が出ない」というイメージを持たれがちです。

**しかし、利益計算も理解したうえで、一度Excelで利益計算できるシートを作れば難しくありません。**また、海外メーカー品は、諸々の諸経費を差し引いても、国内メーカー直取引より利益率が高い傾向があります。

## テスト仕入れすれば、手堅く利益を得られる

国内メーカーからの仕入れでは、送料などの諸経費が海外よりかからないため、比較的少量仕入れで利益を得やすいところがあります。一方、海外送料が高く、商品によっては関税などもかかってくる海外メーカーからの仕入れとなると、どうしても少量仕入れで利益を確保するのが難しくなります。

とはいっても、いきなり大量に仕入れることに不安があるならば、**初回だけテスト仕入れして、2回目以降は適正な数を仕入れれば問題ないでしょう。**海外メーカー品は利益率が国内メーカー品より高めの傾向があるので、結果

としては利益が出やすくなります。

## 転売よりは納期を早くすることが可能

海外の商品を仕入れることで、皆さんが不安に思っているのが、商品が届くまで時間がかかるということ。たしかに、輸入転売ですと、輸入の代行会社に商品を集めて、それから日本に発送という手続きを経るので、時間がかかります。国にもよりますが、2週間～1ヶ月くらいはかかるでしょう。

しかし、**海外メーカーであれば、メーカーから直接日本に送ることができるので、転売よりは納期が短くなります。**早ければ1～2週間くらいで商品が届きます。また、海外メーカーは、基本的にPayPalを通じてカード払いができる場合もありますので、その場合は資金繰りをよくすることが可能です。

## コロナ禍の影響はほとんどない

輸入というと、「コロナ禍の影響で配送に影響がある」と心配する方も多いでしょう。しかし、これはコロナが流行り始めた2020年の2～3月の話で、**この本を書いている現在（2021年7月）では、コロナによる配送遅れが起きることはほとんどありません。**

## メールの返信、回答は海外でも問題なし

海外メーカーというと、国内メーカーより「連絡が遅い」「メールしても返事が返ってこない」と思われがちです。

実は、そんなことは決してなく、世界を相手にビジネスをしているしっかりしたメーカーであれば、返信が早いので安心してください。ただ、なかには返信が遅く、求めている回答が返ってこないケースもあります。その場合は、深く関わらずにちゃんとしたメーカーを見つければ大丈夫です。

# 04

# 海外メーカー直取引の8つのメリット

海外メーカー直取引には、従来の転売ビジネスに比べて以下のようなメリットがあります。まずは、国内メーカー直取引と共通する部分も含めてお伝えします。

## 【メリット①】最安値で仕入れることができる

最上流から仕入れるので、一番安い価格で仕入れることができます。

最安値で仕入れることができるのは大きなメリットです。また、海外メーカーも関係性を築いていけば、卸値を下げて利益率を高めることが可能です。

## 【メリット②】リピート性が高く、長期的に商品の仕入れが可能

海外メーカーは、独占契約も実現しやすいので、日本市場にライバルが誰もいない状態を作ることができます。また、「在庫がない！」ということが起きず、メール1通でリピート仕入れができるようになります。

ライバルが周りにいないので価格競争に巻き込まれることもなく、長期的な利益を得ることが可能になります。

そのため、転売のようにリサーチ地獄に疲弊することがなく、利益を安定させることがでるので、自分の時間を確保しやすくなります。

## 【メリット③】直取引ならではの抜群の品質と信頼性、保証も効く

どうしても転売商品には不良品のリスクが伴います。ですから商品をAmazonに納品する前に、一度不良品がないかどうかチェックする人もいるかと思います。中国や欧米など、海外からの輸入品の場合は特に、商品の品質が心配な方も多いでしょう。

しかし、メーカーから直接仕入れることができれば、このような不安はなくなります。**供給元の販売メーカーから直接商品を仕入れるので商品の品質・信頼性があります。これは海外メーカー品でも同様です。**

仮に商品の問題が発生しても、保証が効くので、自分は損害を受けることがありません。また、海外メーカーでも、国内メーカー同様に迅速かつ丁寧にクレーム・返品対応してくれるところが大半なので安心してください。

## 【メリット④】Amazonアカウント閉鎖のリスクが極端に低い

Amazonビジネスをしていると、たまに真贋調査が入ることがあります。

真贋調査とは「適切な商品を出品していますか？」「偽物の商品を出品していませんか?」というAmazonからの緊急調査で、拒否はできません。

真贋調査はお客様の返品理由をもとにAmazonが判断して行います。真贋調査で不適切な商品を売っていると判断されれば、Amazonのアカウントを閉鎖される可能性があります。そのため、商品の品質が保証されていない転売商品はリスクが高いのです。

しかし、販売メーカーから直接新品を仕入れることで、品質や信頼性が担保できますから、真贋調査が入る確率は低くなります。

また万が一真贋調査などが入った際にもメーカーの請求書を提出できるので、アカウント閉鎖リスクは限りなく低く抑えられるでしょう。

## 【メリット⑤】販売価格が崩れにくい

ネット物販の最大の弱点とも言える価格崩壊ですが、メーカー直取引では、このリスクは最小限になります。

例え独占販売でなくても、メーカー側が販売者に対して価格固定の指示をしているので、価格が崩れにくい傾向にあります。**価格崩壊のリスクを抑えられますし、販売者はメーカーから一番安値で商品を買うので、底値も理解しやすく、無駄に赤字にするような価格にはしません。**

逆に転売だと二次、三次から商品を買うことで底値の把握ができません。よって販売者は「一番安い値で買っている」といった自信が持てないため、販売価格を下げ、早く商品を売り切ろうとする、負のスパイラルに陥ります。

## 【メリット⑥】信頼関係を築いて利益率アップやビジネス拡大を図れる

国内メーカー直取引も海外メーカー直取引も、メーカーと直接信頼関係を築いて取引を継続するのが基本です。信頼関係を築いていくと何がいいかというと、最安値よりさらに安い卸値で、しかも長期的に仕入れることができます。

その場合、相手から多くの仕入れを約束されることもありますが、独自の安い卸値を得ることで安定した利益を得ることができます。

従来の転売ビジネスでは、このようにメーカーとの取引で卸値をコントロールすることはできません。これがメーカー直取引独自の魅力であり、信頼関係の構築が、このビジネス成功の重要なポイントになります。

また、信頼関係を築くことで、販売者を限定してもらったり、別の新商品を紹介してもらったりできることがあります。

## 【メリット⑦】海外メーカーなら日本市場を完全に独占することも可能

メーカー直取引は、メーカーと信頼を構築していくほど、ライバルが参入できない、自分にしかできないビジネスに発展していきます。しかも、先ほどからお伝えしているように、海外メーカーではAmazonに限らず、商品そのものの独占契約を結び、日本市場を任せてもらえることがあります。

国内メーカーでも、Amazonのプラットフォーム内での販売を任されたりと、限定的に商品を販売することは可能ですが、日本の市場すべてを独占することは不可能です。しかし、海外の場合は、販路に関係なく、日本市場そのものを独占できてしまうことがあります。**日本市場で商品を扱えるのがあなただけなので、Amazonに限らず、他の大型百貨店などで大量出品してもいいわけです。**そのため海外メーカー直取引は、数千万〜億単位の大規模なBtoBビジネスに発展するという夢のような展開も期待できます。

転売はこれができません。転売ビジネスが安定した利益を得られないのは、こういった発展性がないのも原因です。要は転売だと利益が毎月守られないので、ライバルが増加する途端にダメになってしまいます。ですが、メーカー取引だと、こういったメーカー側に対する働きかけで利益を長期的に守り、ライバルと差別化することができます。こういった状態になると、さらに安定した利益を拡大させることができます。しかも作業時間を増やさずに。

この点では国内メーカー直取引でも同様ですが、1日2〜3時間程度の作業で利益を安定させることができます。

## 【メリット⑧】OEMで自社商品を販売していくこともできる

OEMとは「original equipment manufacturer」の略で、他社ブランドの製品を製造することを言います。やや上級者向きの内容にはなりますが、**メーカーと組んでOEMで自社商品を作り、自分だけの商品を販売していくことも可能です。**これは国内の場合も、海外の場合も変わりません。メーカーと信頼関係を築きながら、メーカーから提案してもらうことになります。

このように、海外メーカー直取引は独自のビジネスを構築できる可能性に満ちたビジネスなのです。

05

# 国内メーカー直取引と海外メーカー直取引のメリット

メーカー直取引には、国内メーカー直取引と海外メーカー直取引の両方が存在します。私は両方やっていますが、国内メーカー直取引に関することは『Amazon国内メーカー直取引完全ガイド』で書きました。

国内メーカー直取引のほうが、初心者にとっては敷居が低いところはあるものの、海外メーカー直取引もそこまで難しくありません。次のことを理由として、海外メーカー直取引のほうが向いているという人もいるでしょう。

## 【メリット①】国内メーカーより利益率が高い

国内と海外を比較すると、資金繰りの目安となる在庫回転率（商品がよく売れていることを示す指標）では国内メーカー直取引のほうに軍配が上がります。しかし、利益率は海外メーカーのほうが大きくなります。

- **新品せどり：10～20%**
- **中古せどり：20～30%**
- **国内メーカー直取引：10～20%**
- **海外メーカー直取引：15～30%**

国内メーカー直取引は、メーカーに交渉したり、仕入数を増やしたりして卸値を安くしても最大でも20％程度が目安です（商品の限定化やAmazonにおける独占が取れれば30％も狙えはしますが）。

**しかし、海外メーカー直取引であれば、平均して15～20%は見込むこと**

**ができます。**良いときで30%前後の利益率も期待できます。もちろん、海外送料や消費税、関税などの掛かる費用を差し引いた利益率での話です。これは中古せどりの高い利益率と、だいたい同じくらいくらいですが、さらにメーカー直取引の場合はライバルの差別化やリピート性の高さという重要なメリットがついてきます。

在庫回転率も重要なので、必ずしも利益率が高ければよいというわけではありませんが、利益率が高いのは魅力的ではあります。

## 【メリット②】商品代金のカード払いができることが多い

もうひとつ、資金繰りという点では、どうしても納期の早い国内メーカー直取引のほうが、海外メーカー直取引より資金繰りがよくなります。

ただ、先ほどもお伝えした通り、海外メーカー直取引は、輸入転売に比べれば納期は短くできます。

**また、海外メーカーは、PayPalを通じてクレジットカード払いができることがあるので、資金繰りをよくすることは可能です。**

一方、国内メーカーは、信頼関係を深めるまでは現金先払いになることが多いため、最初からカードが使える海外メーカーは有利と言えます。利益率も高いので、資金繰りについては、思った以上に問題ないことが多いです。

## 【メリット③】会いに行く必要がない

国内メーカーとの取引では、「ぜひ直接お会いしましょう」と言われることがたまにあります。これは国内メーカー直取引の醍醐味でもありますが、人と会って話すのが得意でない人にとっては、余計な手間に感じるでしょう。

一方、海外メーカーの場合は、時折通訳さんを交えたZoomで打合せすることはありますが、直接会いに行けないことは、先方も理解しています。

そのため、基本的にはメールでしっかりコミュニケーションを取っていれば問題ありません。電話がかかってきたり、会いに行ったりするのが苦手な人は、海外メーカー直取引のほうが向いています。

## 海外メーカー直取引は個人でもできる！

これまで、海外メーカー直取引の概要についてお話してきましたが、「そもそもメーカー直取引は法人でないと相手にされないのでは？」という質問を多くいただきます。

これは、国内メーカー直取引でも、海外メーカー直取引でも一緒で、基本的には個人でも問題ありません。

私自身も当初は一個人としてビジネスを開始しましたし、副業でやっている方も多くいます（利益が出た場合は納税義務が発生するので、必ず個人事業主にならなければなりませんが）。

むしろ、海外は、国内以上に個人でもウェルカムなところがあり、法人とほとんど変わらず対応してくれるので安心してください

個人として、ぜひチャレンジしてみてくださいね。

# 海外メーカー直取引はwin-win-winのビジネス

ここまでお読みになって、海外メーカー直取引に対してどのような印象を受けましたか?
国内メーカー直取引も、海外メーカー直取引も、リスクを抑えながら長期安定的な利益が見込めるAmazonビジネスであることが理解できたと思います。

そして、メーカーと深い信頼関係を築いて、商品の独占契約ができたり、大規模なBtoBビジネスに発展させたりすることも可能です。

メーカー直取引は、転売ビジネスのように「リサーチ⇒仕入れ⇒出品」の繰り返しではありません。利益を積み上げることが可能です。

今月5万円の利益を得たら、その利益はほぼ、次月にも残ります。5万、10万、15万、20万……とあなたの努力が階段状に積み上がるわけです。

**大切なことは、ひとつでも多くのメーカーと関係構築をしていくこと。これは海外メーカーでも十分可能です。**販売の限定化や独占契約がしやすいので、ライバルとの差別化が簡単にできます。そのため価格競争に巻き込まれることもなく、常に新しい商品を追い求めるリサーチなどに費やす膨大な作業時間に追われることもなくなります。

メールを送るメーカーの選定作業などのリサーチはどうしても必要になってきますが、徐々にその作業量を減らすことも可能です。

そのうえで、まだ日本にない「こんなのがあったら嬉しいな」という商品を広めることができるのは、とても素晴らしいことです。

「自分が探した素晴らしい商品のメーカーと交渉して、自分の裁量で販売するのは、純粋に面白い。しかも社会的に誇れる」

私のコンサル生には、このような感想を言う人も多いです。

消費者にとっても、品質の担保された商品を届けることができますから、もう転売ビジネスのように偽物や不良品に泣かされることはなくなります。

**海外メーカー直取引は、国内メーカー直取引同様、自分だけでなく、メーカーや消費者も喜ぶwin-win-winのビジネスなのです。**

転売ビジネスというと、先に書いたAmazonアカウント閉鎖リスクに怯える人、転売目的で出品することに後ろめたさを感じる人も少なくありません。

消費者にとっても、メーカーにとっても不利益になることがありますから、イメージも年々悪化しています。後ろめたさを感じるのも仕方ありません。

しかし、メーカー直取引はwin-win-winを目指すビジネスなので、正々堂々と自分の子どもにも胸を貼れるビジネスです。

私も、今のビジネスにとても誇りを持っています。

どのビジネスを見ても、どちらかが不幸になるようなビジネスは生き残ったことがありません。

海外メーカー直取引でwin-win-winを目指し、ビジネスオーナーとして一生食べていくだけのスキルを身につけましょう。

07

# 海外メーカー直取引の3つのデメリットと打開策

ここまでのお話で、海外メーカー直取引の魅力についておわかりいただけたと思いますが、もちろんメリットもあればデメリットもあります。

メリットだけではなくデメリットも把握して打開策を考えることで、より海外メーカー直取引は成功に近づきます。

## 【デメリット①】資金がある程度は必要

海外メーカー直取引は、国内のように現金前払いではなく、PayPalでのカード払いができることが多いですが、だからといって資金はがなくても大丈夫というわけではなく、ある程度の資金は準備しておいた方がいいです。

**目安としては、国内メーカー直取引と同様、現金で50～100万円は用意できるとベストです。**いくらカード払いで対応しようとしても、用意できる現金がないというのは精神的に不安で仕方ありません。

物販は、基本的には資金がいらないビジネスではありません。本書では、最低限の資金があればステップアップできる内容を本書で用意しています。

## 【デメリット②】翻訳ツールや通訳の外注が必要

海外メーカー直取引では、メールもWebサイトも英文になります。

**そのため、Google翻訳やDeepLなどの翻訳ツールは必要になりますし、Zoomの打合せとなれば通訳も必要です。**

ただ、言葉の壁については、それくらいで、ほとんどデメリットにもならないくらい大したことではありません。本書では、通訳の外注の仕方も教えるので、安心してください。

## 【デメリット③】国内メーカーより資金繰りが悪い

どうしても海外メーカー直取引の場合は、国内メーカー品よりは商品の発送は遅れるので、資金繰りは悪くなります。ただ、先ほどもお伝えしたように、輸入転売ビジネスに比べれば、納期は短くなります。

また、国内メーカーの場合は、初めての取引の際は、現金を前納することが多いですが、海外メーカーであればクレジットカード払いの対応ができるところが多いです。そのため、そこまで大きな問題にはなりません。

＊PayPal払いの場合は、メーカーより別途ペイパルの受取手数料として4～5％インボイス（請求書）に課せられる場合があります。

## 「副業でやりながら1年後月利160万円達成しました！」

参考までに、私のコンサル生のけんさんの実例をご紹介します。けんさんは副業ということもあり、なかなか時間が取れないのは理解していました。ですが、本業のお仕事が終わって帰宅したあと、1日最低でも2〜3時間は作業するようにアドバイスしました。さらに1週間に1度のリサーチ表の提出、1ヶ月に1回の売上・利益金額を報告してもらうことにしました（目標管理についてはp192）。

結果、けんさんは海外メーカー直取引スタート直後から、メーカーとの取引を次々と成立させるなど早い段階で成果を出しました。今では最高月利で380万円を達成するほどになっています。以下、けんさんの声を紹介します。

私は元々Amazon輸入での単純転売を行っていましたが、自己流でやっていたので、平均月利20万円達成がやっとで、これ以上伸びませんでした。

また単純転売だったため、仕入れが安定せず、すぐに値下がりすることも多く月利20万円すら保てないのでは? という不安がありました。そこでメーカー直取引に興味を持ち、中村さんのコンサルを受けることにしました。中村さんを選んだ理由は、メーカー直取引の実績があり、優しく丁寧に教えてくれそうだったからですが、イメージ通りだったので満足しています！

中村さんのアドバイス通りに開始したら、初月15社ほどから取引OKの返事を頂くことができてびっくりしました！ 一度取引ができるようになれば、その後は基本的にリピート仕入れをするだけでいいので、階段状に利益が伸びていきました。

| | |
|---|---|
| **受講前:平均20万円前後** | **受講5ヵ月後利益:79万円** |
| **受講1ヵ月後利益:32万円** | **受講6ヵ月後利益:86万円** |
| **受講2ヵ月後利益:50万円** | **受講7ヵ月後利益:110万円** |
| **受講3ヵ月後利益:44万円** | **受講1年後利益:160万円** |
| **受講4ヵ月後利益:60万円** | |

取引メーカー数は現在約30社で、1年後には月利160万円を出せるまでになりました。中村さんはそのメーカーと深く付き合って、WIN-WINな関係を構築する方法も教えてくださいます。

そのため、価格表にないディスカウントをいただいたり、取引セラー数を絞ってもらったりすることもできました。また、たまに想定外のトラブル・悩みに出くわしても、中村さんが丁寧に教えてくださるので、すぐに前進することができました。

本業の勤務時間の半分以下の作業時間で、上記のような収入を得られるようになり、とても嬉しく思っています。

けんさんは、その後会社を辞めて独立し、さらに大きく飛躍して今では最高で月利380万円を達成する規模まで成長しています。

けんさんの事例は、副業でもメーカー直取引の正しい作業を1日2〜3時間でも継続すれば、十分結果が出ることを示すいい例だと思います

Chapter 2

# 「出品アカウント」の取得と「商品登録」簡単ガイド

## ～超ビギナーでもすぐにできるAmazonビジネス準備編～

Amazon海外メーカー直取引を始めるにあたり、用意するものをご説明します。パソコンの準備からAmazonの出品アカウントの開設、商品登録の方法まで、具体的に解説していきます。本書の手順に従って登録していけば、諸々の登録作業はすぐに終わります。簡単なのでやってみましょう。

# 01 Amazon物販ビジネスに必要なもの

## 作業環境とAmazon出品アカウントが必要

それではここからはAmazonビジネスを始めるために、何を準備すればよいかについてお伝えします。

とは言っても、何も難しいものではありません。結論からいくと、下記に並べたものが用意されていればOKです。

まずは、作業環境を詳しく解説していきます。

### 最初に用意するもの

**作業環境**

パソコン環境

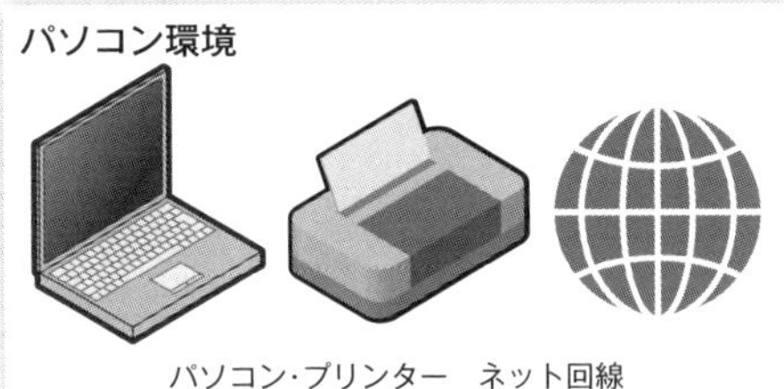

パソコン・プリンター　ネット回線

Googleアカウント

Google Chrome

Gmail

**Amazon出品アカウント**

Amazon出品アカウント開設に必要な情報

●メールアドレス　（フリーメールでも可。ただしメーカーとやりとりする際は独自ドメイン推奨）
●電話番号　（固定電話か携帯電話）
●クレジットカード　●銀行口座　●店舗情報

## パソコン環境はデスクトップで

Amazon物販ビジネスはインターネットビジネスですから、パソコンは欠かせません。

スマートフォンやタブレットでも作業はできなくはないのですが、作業効率を考えればパソコンは必須です。WindowsでもMacでも構わないので、ご用意ください。

**ノートパソコンかデスクトップかでいうと、処理速度の違いでデスクトップをおすすめします。** 特に家での使用頻度が高い人は、間違いなくデスクトップがおすすめです。

モニターについては、デュアルディスプレイにすることで、左右に作業を分けることができます。例えば左でメーカーからの見積書を開いて、右でAmazonページを開くなど、効率的に作業を行うことができます。

おすすめのスペック例を次に挙げておきます（ベストな形ということなので、スペックが例え下回っていても何も問題ありません）。

- ●CPU：core i5 以上
- ●メモリ：8GB 以上 ( 余裕をもって複数のソフトを立ち上げられます )
- ●記録媒体：SSD( ファイル読込みなどの体感速度が非常に上がります )
- ●モニター：21.5 型× 2 台

もちろん安く買いたい気持ちもわかりますが、ここは投資です。処理速度や作業効率が違うだけで、案外稼ぐスピードも変わってきます。何と言っても作業中のストレスがなくなります。

ただ、モニター1台でも十分作業は可能なので、上記は将来的に必要になってくることを見越した上での、理想的なスペックです。

**個人的には、マウスコンピューター製のパソコンが、比較的安く、しかもスペックが良くておすすめです。** 24時間365日対応のサポートが充実していますし、修理に出すときも基本的に4日以内で完了という早いスピードで対応してくれます。

## ネット環境は光回線で

ポケットWi-Fiなどのモバイル回線でもいいですが、速度制限などの制約を受ける場合がありますし、通信速度や安定性を考えてもおすすめはしません。**やはり、ネット回線は光回線が一番です。**

実際にAmazonビジネスではWebページを多く開いていきます。そうなると、回線品質により作業時間に膨大な差が出ます。また光回線をパソコンに直接繋ぐ有線接続にすることで、さらに通信速度や安定性に違いが出ます。

## Googleアカウントを取得しよう

**WebブラウザはGoogle Chromeを使用しましょう。**あとで詳しく解説しますが、リサーチのときにおすすめの拡張機能を使えるようになります。

Google Chromeのホームページ(https://www.google.co.jp/chrome/)から、アプリをダウンロードしてインストール、あとは画面の手順に従ってGmailのアカウントも作成しましょう。

### Google Chromeとアカウントの準備

**Google Chromeのホームページ**
(https://www.google.com/chrome/)で「Chromeをダウンロード」をクリック、そのままインストール

**Googleアドレスの作成ページ**
(https://accounts.google.com/signup/)で、「氏名」「アカウント名」「パスワード」を入力して、アドレスを作る。

## メーカー直取引は独自ドメインのメールアドレスを

メールアドレスは、Amazonの出品アカウント開設の際、必要になります。出品アカウント開設する際は、フリーメールアドレスで十分です。フリーメールとは、プロバイダーやポータルサイトが無料配布しているメールアドレスのことです。YahooMail、Gmail、Outlookなどが代表的なものです。

**しかし、メーカー直取引でメーカーと交渉メールなどのやりとりをする際は、独自ドメインのほうをおすすめします。**@（アットマーク）の後に、独自ドメインで自社名を表記もできます（○○○.co.jpや○○○.comなど）。これは国内メーカー、海外メーカー両方に言えることなので、今のうちに独自ドメインも取得しましょう。

## クレジットカードは必須

クレジットカード情報はAmazonアカウント開設の際に必要な情報でもあります。また、仕入れ代金を現金払いすることの多い国内メーカー直取引よりは、クレジットカードを利用する機会が多くなります。

そのため、海外メーカー直取引では、クレジットカードは必須です。国内メーカー直取引と同様、最初は少量仕入れから試すことをおすすめしますが、利益を得たい場合は、仕入れの金額を上げていく必要があります。

**そこで、なるべく限度額が大きいクレジットカードを作成するようにするといいでしょう。**新しく作成する場合は、自己アフィリエイトの「A8.net」のセルフバックなどを活用すると報酬額がもらえるので、少しお得です。

## 銀行口座は専用にすれば管理が楽

Amazonからの売上金を受け取るために、銀行口座が必要となります。どの銀行口座でも大丈夫ですが、何も使っていない口座を持っていれば、それをAmazonビジネス専用にすることによって管理がしやすくなります。

**おすすめは、いちいち銀行に行かなくてもネット上で取引を完結できるネット銀行です。**楽天銀行、住信SBIネット銀行、PayPay銀行など様々ありますが、手数料も安くて便利です。

02

# すぐできる！Amazon出品アカウントを開設しよう！

## 大口出品と小口出品どちらを選ぶか？

それでは、さっそくAmazon出品アカウントの開設をしていきます。

Amazonには購入専門で使う購入アカウントと、販売専門で使う出品アカウントの2種類があり、それぞれ別個のものです。今までAmazonで買い物するときに使っていた購入アカウントがそのまま自分で販売する際に使えるわけではないので、新たにビジネス用の出品アカウントを取得する必要があるのです。

また、この出品アカウントは、個人や法人が出品できる「マーケットプレイス」にお店を開くためのアカウントで、Amazon本体が販売する「Amazon小売り部門」とは関係ないことも知っておいてください。

まず、大口出品と小口出品どちらを選べばいいのか？　というお話をします。**結論からいくと、必ず大口出品で登録しましょう！**

### 大口出品と小口出品の違い

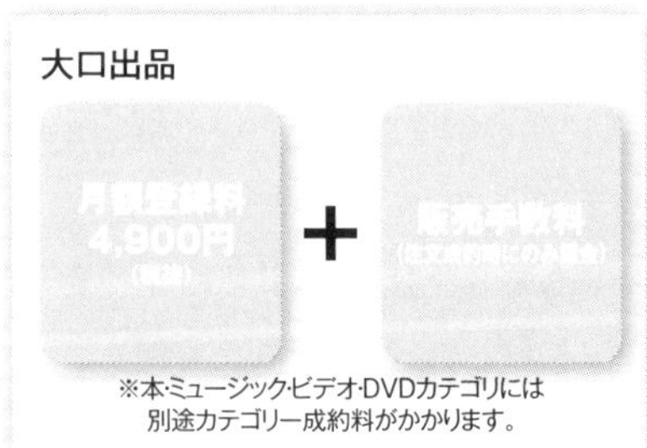


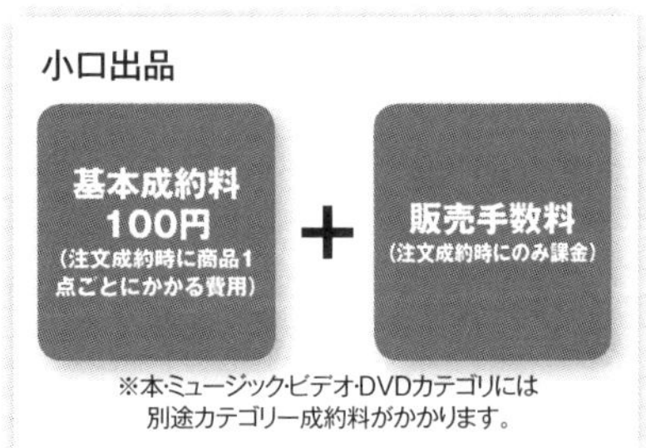

**【大口出品が得な理由①】月に50点以上売ったら成約料が安くなる**

まず、左の図のように大口出品は販売手数料の他に月額4,900円(税抜)の月額手数料がかかります。一方小口商品は、基本成約料100円(税抜)です。

これだけ見ると、大口出品より小口出品のほうが安くていいかなと考えてしまいがちです。しかし小口商品の基本成約料は商品1点あたりの価格です。

月に50点商品を売ったら5,000円かかります。**つまり月に50点商品を売ったら大口出品のほうがお得ということになります。**

メーカー直取引に関わらず、Amazon物販ビジネス全般に言えることですが、月に50点くらいは容易に売れます。それどころか、月に500点くらい売れるようなこともざらにあります。

月に500点売れたら50,000円ですから、大口出品のほうがお得なのです。

**【大口出品が得な理由②】Amazonビジネスで必須の機能が使える**

大口出品の場合、「一括出品登録」「データ分析レポート」「新規カタログ登録」「広告サービス」など多くの機能を使うことができます。

**【大口出品が得な理由③】購入者が多くの支払い方法を選択できる**

大口出品の場合、購入者が多くの支払い方法を選択することができます。

具体的には小口出品の場合は、購入者はクレジットカード、携帯決済、Amazonギフト券しか選択できません。

しかし大口出品になるとコンビニ決済、代金引換も可能になります。

**【理由④】出品できるカテゴリが多い**

出品許可は必要になりますが、大口出品のほうが出品できるカテゴリが多くなります。

以上の理由から、必ず大口出品で登録するようにしてください。

## Amazon出品アカウントの開設手順

では、早速Amazonの出品アカウントを開設してみましょう。以下に手順を追って説明していきます。

### 出品アカウントの作成（1）登録開始

まず、https://sell.amazon.co.jp/から登録を開始します。

### 出品アカウントの作成（2）アカウントを作成し、ログインする

ログイン画面では、以下の2パターンに沿って説明します。

**A** Amazon購入用アカウントをすでに持っていて、同じメールアドレスや名前で登録したい場合。

**B** Amazon購入用アカウントを持っていない場合や、購入用アカウントとは別の情報で登録したい場合

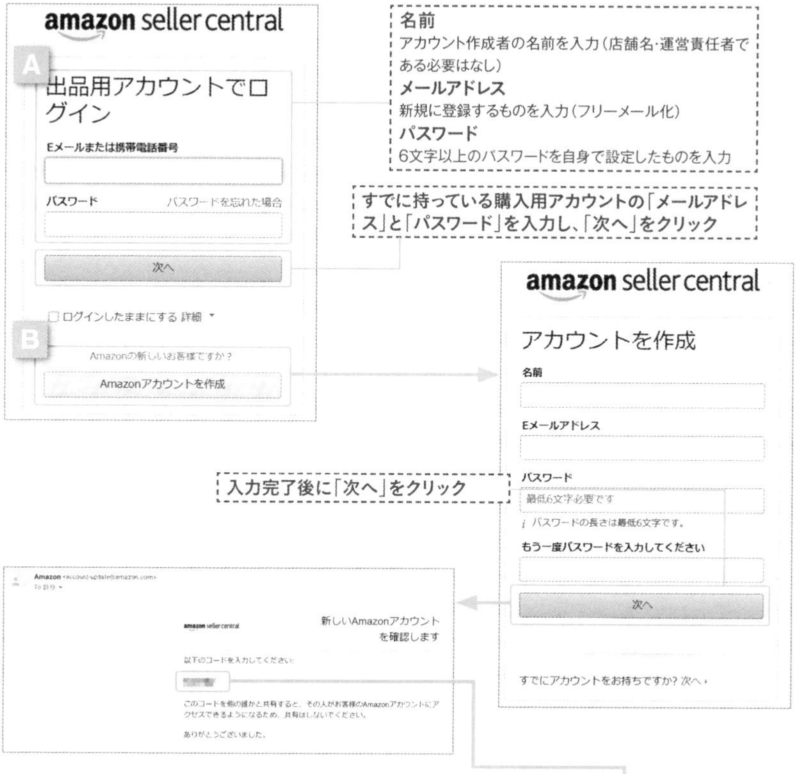

amazon seller central

A

出品用アカウントでログイン

Eメールまたは携帯電話番号

パスワード　パスワードを忘れた場合

次へ

ログインしたままにする 詳細

B

Amazonの新しいお客様ですか？

Amazonアカウントを作成

**名前**
アカウント作成者の名前を入力（店舗名·運営責任者である必要はなし）
**メールアドレス**
新規に登録するものを入力（フリーメール化）
**パスワード**
6文字以上のパスワードを自身で設定したものを入力

**すでに持っている購入用アカウントの「メールアドレス」と「パスワード」を入力し、「次へ」をクリック**

amazon seller central

アカウントを作成

名前

Eメールアドレス

パスワード

最低6文字必要です

パスワードの長さは最低6文字です。

もう一度パスワードを入力してください

次へ

すでにアカウントをお持ちですか? 次へ

**入力完了後に「次へ」をクリック**

amazon seller central　新しいAmazonアカウントを確認します

以下のコードを入力してください:

このコードを他の誰かと共有すると、その人がお客様のAmazonアカウントにアクセスできるようになるため、共有はしないでください。

ありがとうございました。

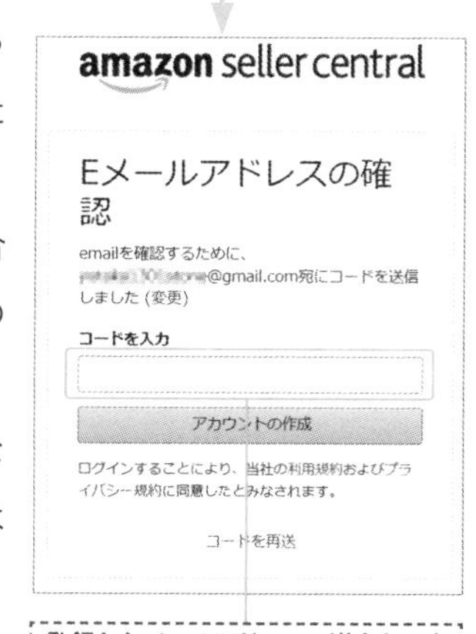


**登録したメールアドレスに送られてきたコードを入力する**

A Amazon購入者用アカウントをすでに持っていて、同じメールアドレスや名前で登録したい場合は、そのままログインしてください。※2段階認証の設定をすでにされている場合は、「ログイン」をクリック後、2段階認証のコード入力を求められます。

B Amazon購入者用アカウントを持っていない場合や、持っていても購入者アカウントとは別の情報で登録したい場合は新規作成になります。そして上図の右の画面が出てきますから、必要情報を入力していきます。

## 出品アカウントの作成（3）事業情報を入力する

事業所の所在地(日本に住んでいるなら日本)、業種、氏名(ローマ字入力)を入力します。

業種については、個人事業主や副業でAmazon物販ビジネスを始める方は「個人・個人事業主」を選択します。

すでに合同会社や株式会社を設立していれば、上場していない限りは「非上場企業」を選択します。

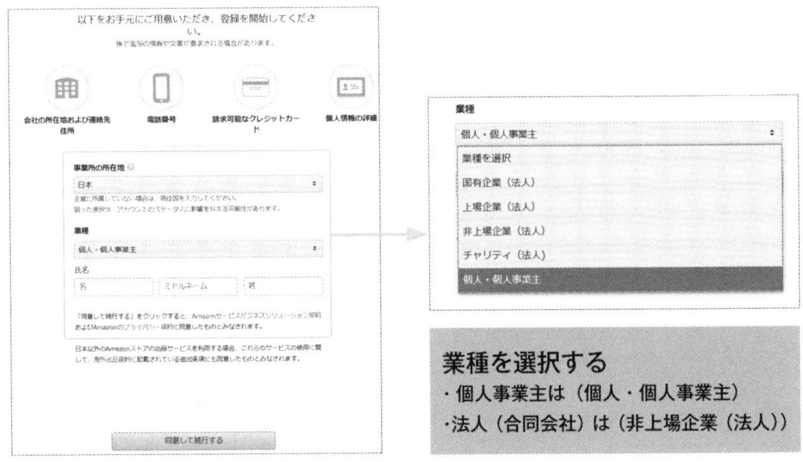


入力が終わったら「同意して続行する」を選択して次にいきます。

## 出品アカウントの作成—（4）身元情報の入力、必要書類も

引き続き、国籍や出生国、生年月日、身元の証明など、必要な情報を入力していきます。身分の証明は、パスポートか運転免許証、戸籍証明書のいずれかを選択して番号を入力します。このあと、必要書類の送付が求められるので、用意できるものを選択してください。

以前は、この入力項目はなかったのですが、名前や住所を偽造して複数アカウントを作成する人が増えてきたために、新しく追加したものと思われま

す。必要書類の送付も必須となっていますので、**ごまかしが効きません。正しい情報を入力するようにしましょう。**

そのあと、電話番号を入力して、SMSもしくは電話認証という流れになります。

電話番号については、ふだん使っている携帯電話番号ではなく、Amazon用の電話番号を使いたい場合は、そちらを入力してください。

そのほうが、Amazonからの電話ということがすぐにわかるので、使い分けるととても便利です。

**SMARTalkというアプリを使えば、月額利用料無料(通話料のみ)で050番号を取得できるので、店舗用の電話番号としておすすめです。**

また、家の固定電話を持っている方であれば、2回線引いてしまうのもいいでしょう。オプションでだいたいプラス数百円くらいで2回線持つことができます。

## 出品アカウントの作成（5）クレカ情報の入力

クレジットカードの情報を入力します。

月額の売上金額が大口出品の月額登録料4,900円(税抜)に満たない場合は、その差額がクレジットカードに請求されます。**また初回の月額登録料については、アカウント登録後にクレジットカードに請求されます。**

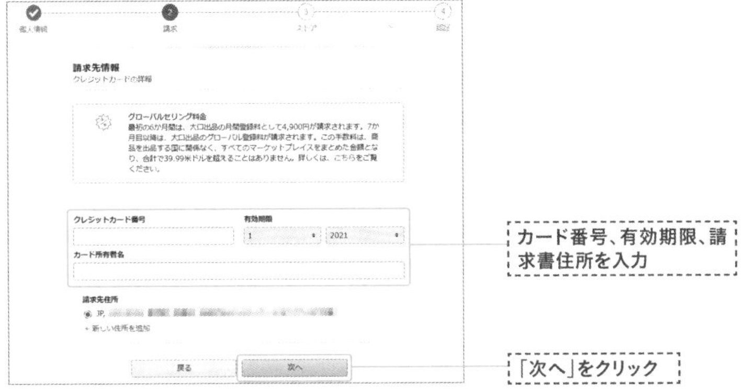


## 出品アカウントの作成（6）「ストアおよび商品情報」を入力

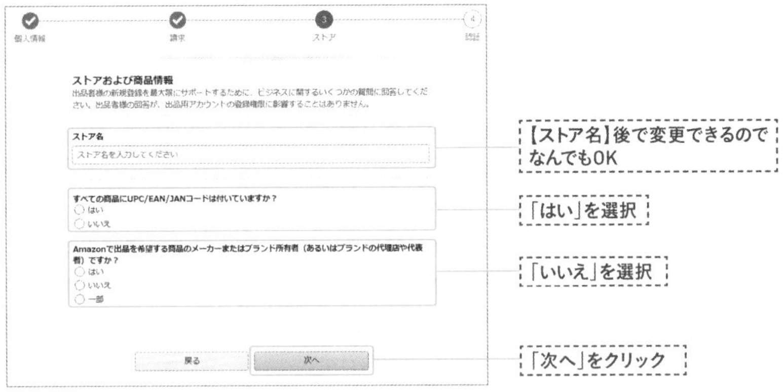


次に「ストアおよび商品情報」を入力します。

ストア名については、後で変更可能ですので、まだ決まっていない方は、仮のストア名でも大丈夫です。

## 出品アカウントの作成（7）本人確認書類の送付

次の本人確認書類を送付します。先にもお伝えした通り、今はAmazon出品アカウント開設にも身分証明書の提出が求められています。

**【身分証明書】**

以下の点に注意して、顔写真入りの身分証明書(パスポート、運転免許証、写真付き住民基本台帳カード、在留カードのいずれか)をアップロードします。

●身分証に記載のある氏名はセラーセントラルに登録する情報と一致している
●身分証には顔写真が入っている
●身分証は有効期限内である
●スマートフォン等で撮影した画像、または原本のスキャンデータを提出すること
●スクリーンショット（画面キャプチャ）は審査対象外となります。
●画像または PDF データはカラーである ( 白黒は審査対象外 )
●ファイル形式は次のいずれかである : *.png, *.tiff, *.tif, *.jpg, *.jpeg, *.pdf.
●ファイル名に絵文字や特殊記号 ( 例 : $, &, #) を使用していない

**※パスポートを提出する場合**

●顔写真の入ったページをスマートフォン、携帯電話、デジタルカメラ等で撮影した画像、または原本のスキャンデータを準備する
●パスポートには必ず署名を記載してあることを確認する

**※運転免許証を使用する場合**

●カードの両面をスマートフォン、携帯電話、デジタルカメラ等で撮影した画像またはカードのスキャンデータを準備する

**【その他の書類】**

以下のいずれか1つ、過去180日以内に発行された取引明細書を準備してください。クレジットカードについては、上記で登録したクレジットカード以外の明細でも構いません。

●クレジットカードの利用明細書
●インターネットバンキング取引明細 *
●預金通帳の取引明細書
●残高証明書

取引明細書の提出についても、必ず下記については注意してください。

●スクリーンショット（画面キャプチャ）及び画面を撮影した画像は無効
●氏名、銀行情報（クレジットカード会社の情報）が確認できること
●発行日または取引履歴のページが確認できること
●クレジットカードやキャッシュカード自体の画像やスキャンデータは無効
●提出書類はパスワードで保護しないこと
●ファイル形式は次のいずれかである：*.png, *.tiff, *.tif, *.jpg, *.jpeg, *.pdf.
●ファイル名に絵文字や特殊記号 ( 例：$, &, #) を使用していない

※Amazonセラーセントラルの記載では、「請求先住所が記載されていること」が条件としてありますが、上記の取引明細書の大半は住所の記載がないと思われます。その場合は、住所の記載がなくても提出して審査結果が出るまで様子見しましょう。私は住所がなくても大丈夫でした。

**※クレジットカードの利用明細を提出する場合**

●郵送で届いた利用明細がある場合：スマートフォン・携帯電話・デジタルカメラ等で撮影をした画像ファイル、またはスキャンデータを提出する
● Web の利用明細を提出する場合：PDF 形式で提出すること。CSV 形式

/Excel の利用明細は無効。パソコンやスマホの画面上に表示された利用明細のスクリーンショット ( 画面キャプチャ ) 及び画面を撮影した画像も無効。

**※インターネットバンキング取引明細 を提出する場合**

● PDF 形式で提出すること。CSV 形式 /Excel の取引明細は無効

**※預金通帳の取引明細書を提出する場合**

●過去 180 日以内の最終取引履歴が確認できるページ＋名前が記載されているページ（表紙か表紙をめくったページに通常名前が記載されています）をスマートフォン・携帯電話・デジタルカメラ等で撮影をした画像ファイル、またはスキャンデータを提出

**※残高証明書を提出する場合**

●過去 180 日以内に発行された残高証明書をスマートフォン・携帯電話・デジタルカメラ等で撮影をした画像またはスキャンデータを提出すること。
●残高証明書は取引履歴の確認はできないため、入出金取引ではなく、発行日が過去 180 日以内であれば審査の対象となる

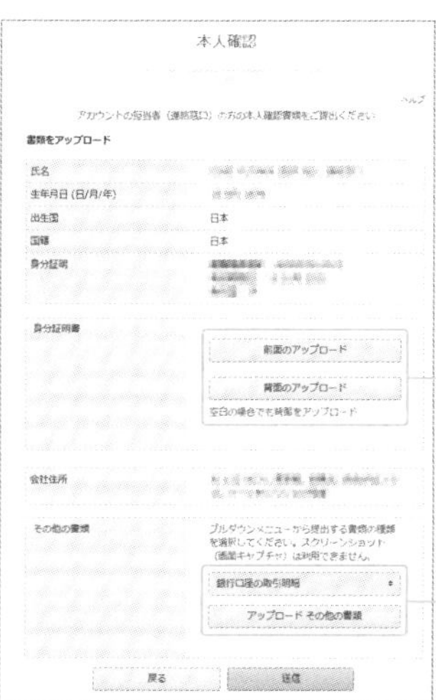

## 出品アカウントの作成（8）「ライブビデオ電話を使う」

必要書類の提出が終わり、次の画面が進むと、上のような画面が出てきて、「ライブビデオ電話を使う」を選択することになります (この画面が出てこなくて、そのまま審査待ちになることもあります)。

最近、特に個人事業主のアカウント開設では、書類の本人確認だけでなく、ビデオ面談が求められることが増えています。

それだけ、Amazonは詐欺的商品や偽物ブランド品の出品を防ぐために、身元確認を重視しているのでしょう。

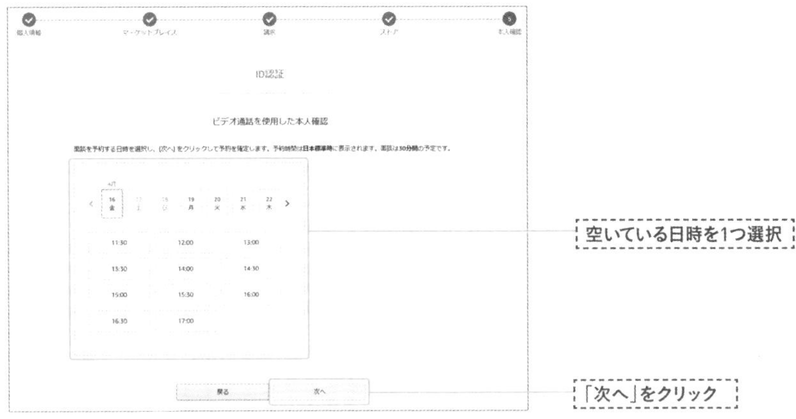


この画面が出てきたら、他に選択肢がないので次に進み、面談可能な日時を選択して、次に進みます。

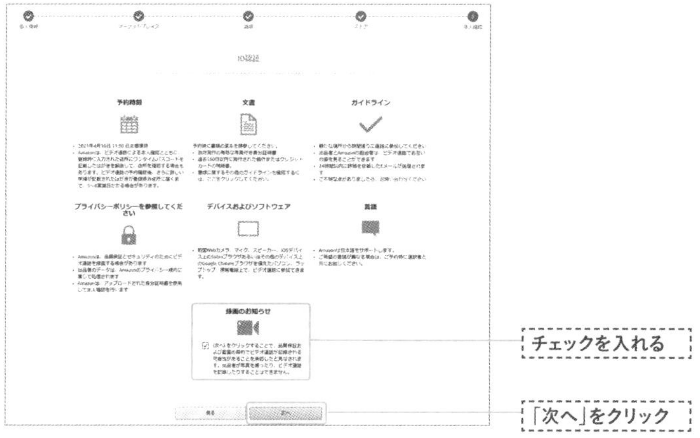


この画面が出てきたら、ビデオ通話の録音を許可する旨のチェックを入れて、次に進みます。

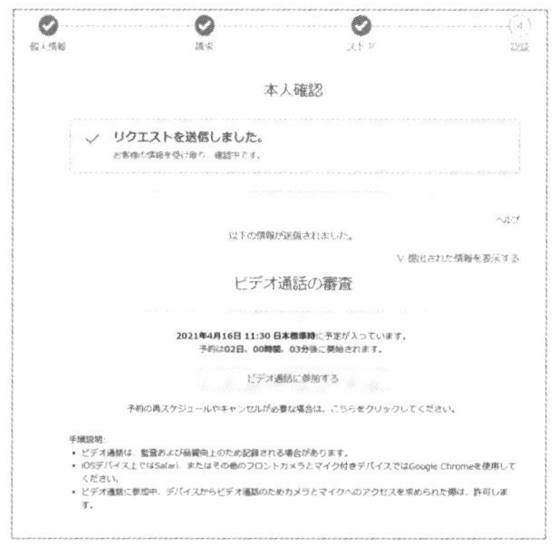


しばらく待って、左の画面が出てきたら、ひとまず終了です。ビデオ通話の日まで待ちましょう。

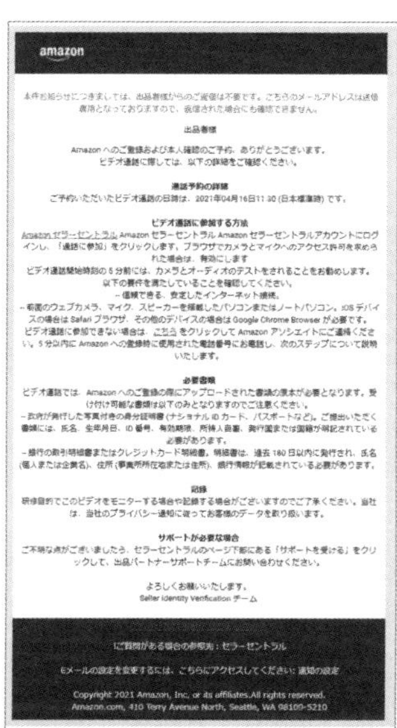

amazon

本件お知らせにつきましては、出品者様からのご返信は不要です。こちらのメールアドレスは送信専用となっておりますので、返信された場合にも確認できません。

出品者様

Amazon へのご登録および本人確認のご予約、ありがとうございます。
ビデオ通話に際しては、以下の詳細をご確認ください。

通話予約の詳細
ご予約いただいたビデオ通話の日時は、2021年04月16日11:30 (日本標準時) です。

ビデオ通話に参加する方法
Amazon セラーセントラル Amazon セラーセントラル Amazon セラーセントラルアカウントにログインし、「通話に参加」をクリックします。ブラウザでカメラとマイクへのアクセス許可を求められた場合は、有効にします
ビデオ通話開始時刻の 5 分前には、カメラとオーディオのテストをされることをお勧めします。
以下の要件を満たしていることを確認してください。
– 信頼できる、安定したインターネット接続。
– 前面のウェブカメラ、マイク、スピーカーを搭載したパソコンまたはノートパソコン。iOS デバイスの場合は Safari ブラウザ、その他のデバイスの場合は Google Chrome Browser が必要です。
ビデオ通話に参加できない場合は、こちら をクリックして Amazon アソシエイトにご連絡ください。5 分以内に Amazon への登録時に使用された電話番号にお電話し、次のステップについて説明いたします。

必要書類
ビデオ通話では、Amazon へのご登録の際にアップロードされた書類の原本が必要となります。受け付け可能な書類は以下のみとなりますのでご注意ください。
– 政府が発行した写真付きの身分証明書 (ナショナル ID カード、パスポートなど)。ご提出いただく書類には、氏名、生年月日、ID 番号、有効期限、所持人自署、発行国または国籍が明記されている必要があります。
– 銀行の取引明細書またはクレジットカード明細書。明細書は、過去 180 日以内に発行され、氏名 (個人または企業名)、住所 (事業所所在地または住所)、銀行情報が記載されている必要があります。

記録
研修目的でこのビデオをモニターする場合や記録する場合がございますのでご了承ください。当社は、当社のプライバシー通知に従ってお客様のデータを取り扱います。

サポートが必要な場合
ご不明な点がございましたら、セラーセントラルのページ下部にある「サポートを受ける」をクリックして、出品パートナーサポートチームにお問い合わせください。

よろしくお願いいたします。
Seller Identity Verification チーム

ご質問がある場合の参照先：セラーセントラル

Eメールの設定を変更するには、こちらにアクセスしてください: 通知の設定


Amazon.com, 410 Terry Avenue North, Seattle, WA 98109-5210

なお、Amazonから登録したメールアドレスに、右のようなメールが来ます。ビデオ通話当日は、このメールで記載のリンクからビデオ通話に参加することになるので、メールは通話当日までに保存しておいてください（ビデオ通話の前日と当日にリマインダーのメールが届きます）。

## 出品アカウントの作成（9）Webカメラその他を用意する

ビデオ通話当日になったら、前ページのメール記載のリンクから入ります。

通知のメールでは、

「前面のウェブカメラ、マイク、スピーカーを搭載したパソコンまたはノートパソコン。iOS デバイスの場合は Safari ブラウザ、その他のデバイスの場合は Google Chrome Browser が必要です」

と書かれているので、ブラウザの対応ができるPCでビデオ通話をするようにしましょう。顔出しが必須になるので、カメラ機能付きノートPCや、そうでなければWebカメラを用意しなければなりません。

なお、ビデオ通話はZoomなどではなく、Amazon ChimeというAmazon特有のサービスを使用します。そのため、「ちゃんと通話できるか」不安になる方もいるかもしれませんが、カメラ機能付きノートPCであれば問題なく通話できます。

ビデオ通話の画面で待機していると、指定時刻ほぼぴったりの時間に、担当者と通話を開始します。ただ、ビデオ通話の内容は、以下のようにとても簡単なものなので、まったく身構える必要はありません。

1. 名前確認
2. 書類確認のため、1～2分ほど待機
3. 身分証明書の提示を求められ、掲載の写真と自分の顔を並べて照合

なお、私は身分証明書として運転免許証を提示しましたが、光が入っていて文字が見えづらいらしく、再提出を求められました。提出書類をスマホやカメラなどで撮影する際は、光が入ってきて、文字が隠れないように撮影しましょう。

これがなければ、写真と顔の照合で終了です。再提出が求められなければ、担当者の審査結果の通知などの説明時間を入れても、だいたい5分くら

いで終わると思われます。

## 出品アカウントの作成（10）出品アカウント作成完了

Amazon出品用アカウントの利用が可能になりました 受信トレイ ×

Amazon Services <noreply@amazon.com>　4月17日(土) 12:32 (12 日前)
To 自分

selling on amazon

**出品者様**

この度はAmazon出品サービスにご登録くださりありがとうございます。ご登録内容とご提出書類が無事に確認できましたため、出品用アカウント（セラーセントラル）へのログインが可能になりました。Seller Central にアクセスし、アカウント作成時に登録したEメールとパスワードを使用してログインをしてください。アカウントに関するご質問については[サインイン]ボタンの下にある[ヘルプ]リンクをクリックしてください。

この度はAmazon出品サービスをお選びいただき誠にありがとうございます。

**この度はAmazon出品サービスをお選びいただき誠にありがとうございます。**
**Amazon出品サービス**

注意：本Eメールは配信専用です。ご返信いただかないようお願いいたします。

ビデオ通話のとき、担当者からは「ビデオ通話から72時間以内に審査結果についてメールでお知らせします」という説明があります。

審査に通ると、上記のように「Amazon出品用アカウントの利用が可能になりました」というメールが来ます(私はほぼ24時間後にメールが来ました)。

このメールの通知をもって、Amazon出品アカウントが利用可能となり、初期設定が可能となります。

こちらもすぐに終えることができるので、そのままやってしまいましょう。

# Amazon出品アカウント開設後の初期設定

Amazon出品アカウント開設が終了したら「セラーセントラル」という出品管理システムが利用できるようになります。

出品アカウントを開設しただけで、すぐにAmazon物販ビジネスが始められるわけではありません。セラーセントラルで取引用の銀行口座を指定したり、出品者プロフィールを書いたりなどの「初期設定」が必要になります。これらはセラーセントラルの画面上で簡単に実行することができます。

では、セラーセントラルでの「初期設定」を解説していきます。

## 出品アカウント開設後の初期設定（1）「設定」をクリック

初期設定に進むには、セラーセントラルの画面右上の「設定」をクリニックします。

### セラーセントラルのトップ画面

## 出品アカウント開設後の初期設定（2）銀行口座情報の入力

まず最初に銀行口座を入力しましょう。基本的にはどの銀行口座でも大丈夫ですが、**できれば何も使っていない銀行口座を登録しておくと管理がしやすいです。**特に売上が大きくなって税理士さんに報告するときなどは、専用の口座を持っておいた方が便利でしょう。

「セラーセントラル」の「設定」から、出品者用アカウント情報をクリックし、「支払い情報」の「銀行口座情報」をクリック、各種銀行口座情報を入力してから、「銀行口座情報を設定」をクリックすれば作業は終了です。

### 銀行口座情報を入力

「銀行口座情報」をクリック

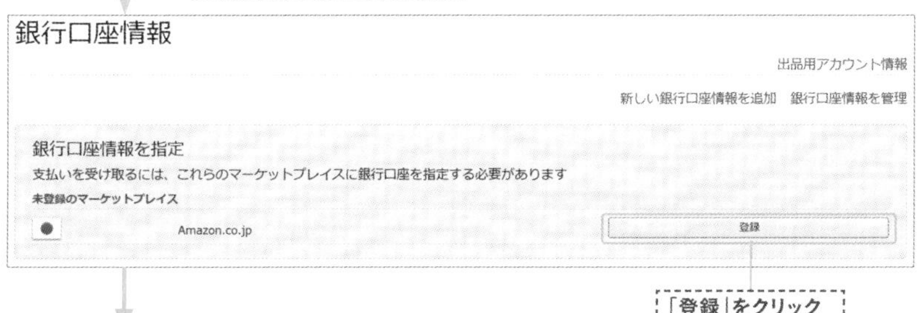

銀行口座情報　　出品用アカウント情報

**銀行口座情報を登録**

マーケットプレイス用

Amazon.co.jp

銀行所在地、口座名義、口座種別、支店コード、口座番号を入力

銀行口座

新しい銀行口座情報を追加

銀行所在地

日本

支払には、銀行が請求する手数料がかかる場合があります

銀行口座は、銀行によって発行されているか、ペイメントサービスプロバイダープログラムに参加しているプロバイダーによって管理されている必要があります。

口座名義人の氏名

銀行口座の名義人名を半角カタカナで入力してください。

口座種別

いずれかを選択

銀行コード

例: 1234

支店コード

例: 012

銀行口座番号

7文字のみ

銀行口座番号を再度入力してください

銀行口座を登録して手続きを行うことにより、出品者は、Amazonが出品者の銀行口座を検証し、詐欺行為、違法行為、不正行為から保護するために、出品者の銀行口座および出品用アカウントに関する情報を出品者の銀行またはペイメントサービスプロバイダーに送信することに同意するものとします。また、詐欺行為、違法行為、不正行為から保護するために、出品者の身元および銀行口座に関する情報をペイメントサービスプロバイダーから受け取ります。AmazonペイメントサービスプロバイダープログラムおよびAmazonによる個人情報の管理方法について詳しくは、利用可能な銀行口座およびペイメントサービスプロバイダー 、およびプライバシー規約をご覧ください。

キャンセル　　銀行口座情報を設定

指定のメールアドレスに口座情報更新のメールが届きます。

## 口座情報更新のメール

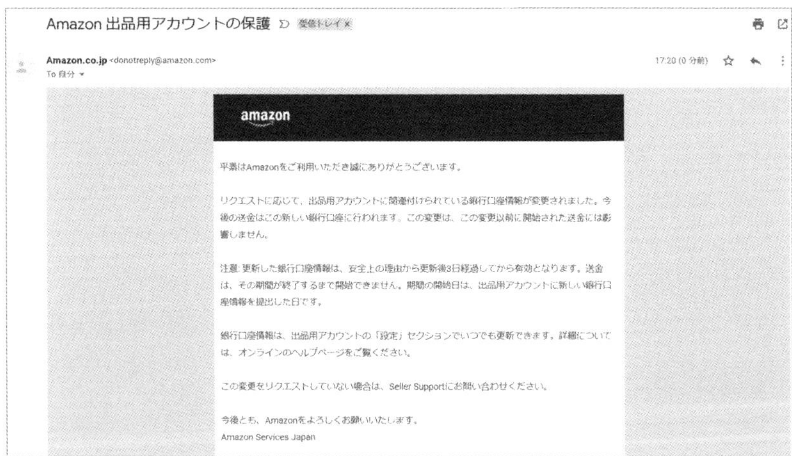

Amazon 出品用アカウントの保護　受信トレイ ×

Amazon.co.jp <donotreply@amazon.com>
To 自分

17:20 (0 分前)

amazon

平素はAmazonをご利用いただき誠にありがとうございます。

リクエストに応じて、出品用アカウントに関連付けられている銀行口座情報が変更されました。今後の送金はこの新しい銀行口座に行われます。この変更は、この変更以前に開始された送金には影響しません。

注意: 更新した銀行口座情報は、安全上の理由から更新後3日経過してから有効となります。送金は、その期間が終了するまで開始できません。期間の開始日は、出品用アカウントに新しい銀行口座情報を提出した日です。

銀行口座情報は、出品用アカウントの「設定」セクションでいつでも更新できます。詳細については、オンラインのヘルプページをご覧ください。

この変更をリクエストしていない場合は、Seller Supportにお問い合わせください。

今後とも、Amazonをよろしくお願いいたします。
Amazon Services Japan

## 出品アカウント開設後の初期設定（3）出品者プロフィールを設定

次に出品者プロフィールを設定していきます。店舗用の電話番号とメールアドレスを設定しておきましょう。

先ほどもお伝えしたとおり、店舗用電話番号については、Amazonからの連絡専用に050番号を取得することをおすすめします。

メールアドレスについてはGmailなど、自分で管理しやすいものを設定しましょう。できれば、ごちゃごちゃにならないように新しいGmailなどを作って管理していくといいでしょう。

セラーセントラルの「設定」→出品者用アカウント情報の「出品者のプロフィール」をクリックし、電話番号とメールアドレスを入力して「送信」をクリックすれば完了です。

### 出品者プロフィールの編集

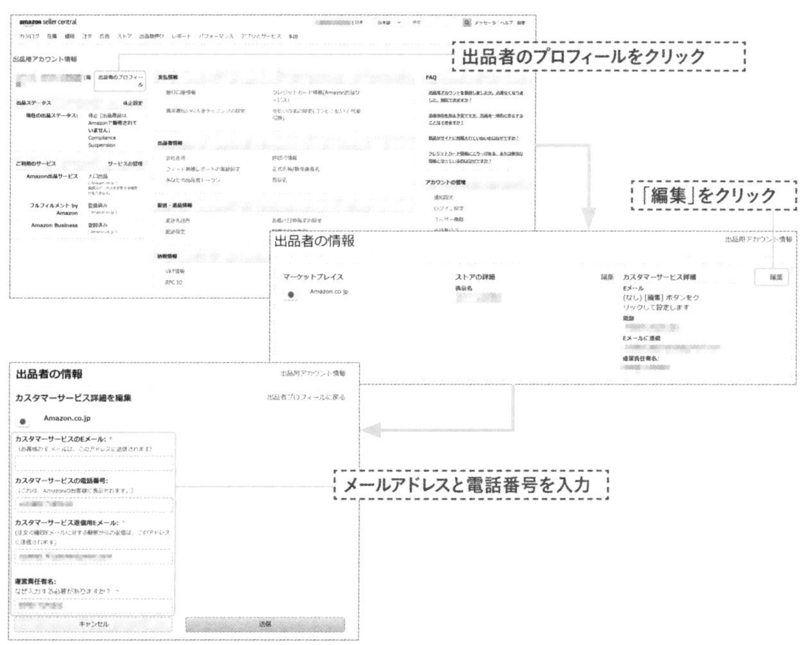

## 出品アカウント開設後の初期設定（4）ギフトオプションの設定

次にギフトオプションです。購入者がギフトラッピングとメッセージを添付できるようになっています。

これを設定することで、クリスマスシーズンなどのプレゼント需要に対応ができます。

セラーセントラルの「設定」メニューから「ギフトオプション」を選んで、出てきた「ギフトの設定」画面で必ず「ギフトメッセージ」と「ギフトラップ」、両方とも「使用可能」に設定するようにしましょう。

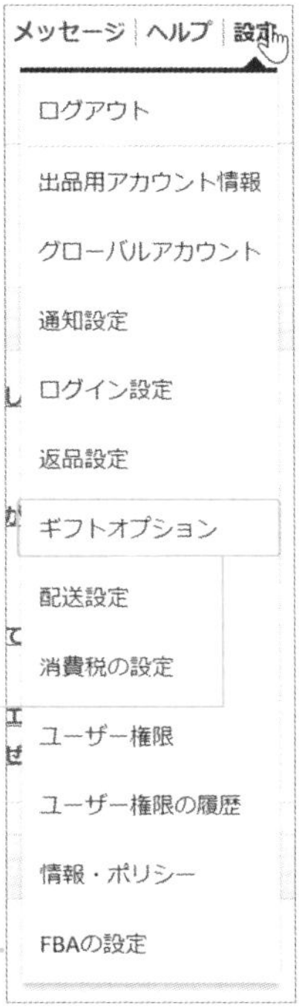

「ギフトオプション」を選択

「使用可能」に設定する

## 出品アカウント開設後の初期設定 （5）支払い方法の設定

次に、購入者の支払い方法の設定です。

通常購入者が選択できる支払い方法はクレジットカード、携帯決済、Amazonギフト券ですが、さらに代金引換、コンビニ決済を有効にすることができます。

セラーセントラルトップの「設定」→「出品者アカウント情報」→「支払い方法の設定(コンビニ払い/代金引換)」をクリックして、「支払い方法の設定」から、「コンビニ決済を有効にする」をオンにして、完了です。

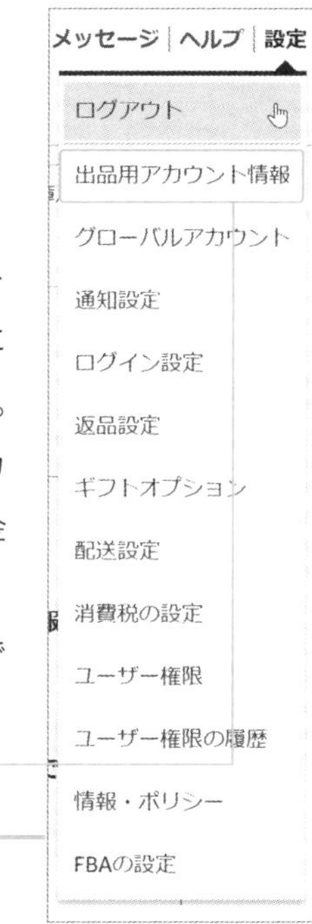

「支払い方法の設定（コンビニ払い／代金引換）」を選ぶ

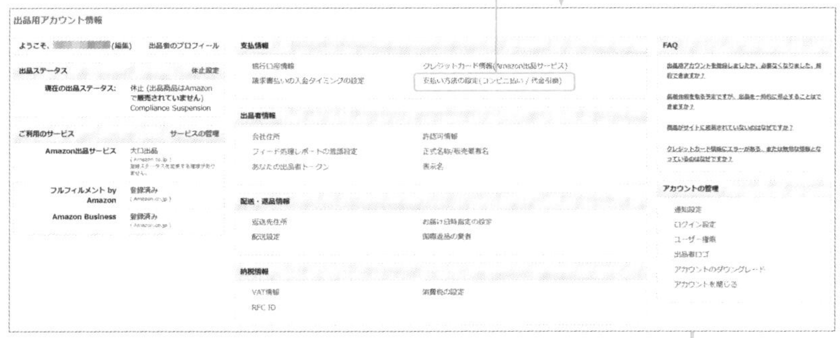


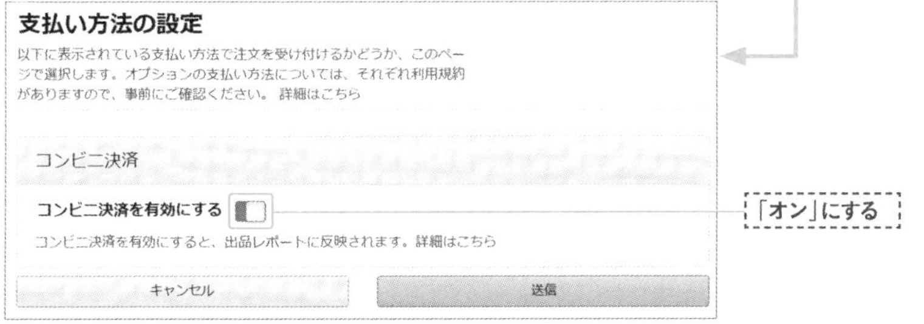


「オン」にする

## 出品アカウント開設後の初期設定（6）割賦販売の情報提供

次に、Amazon割賦販売法に基づく情報提供が求められているので、情報を入力していきます。入力が完了するまで、販売を開始することができませんので、今のうちにやっておきましょう。

### Amazon割賦販売法に基づく情報提供

割販法上要求されている調査・報告のため、追加情報をご入力ください。情報の共有先等については右記FAQをご覧ください。

2/3

店舗情報

国:

日本

郵便番号：日本郵政のデータベースをご確認の上、7桁の正しい番号をご入力ください

都道府県

市区

住所1:

建物名以降

電話番号

送信

^ サポートされている日本語の文字は何ですか？

^ なぜこの情報を提供する必要があるのですか？提供した情報は誰と共有され、どのように使われますか？

^ 半角文字とは何ですか？どのように入力しますか？

**住所を入力**

**※アカウント開設時に入力した住所がデフォルトで入力されています**

割販法上要求されている調査・報告のため、追加情報をご入力ください。情報の共有先等については右記FAQをご覧ください。

3/3

**必要情報を入力**

**(住所はもう1度入力します)**

代表者情報

代表者氏名（日本語）

姓 名

代表者氏名（カタカナ）

セイ メイ

生年月日

年 月 日

国:

日本

郵便番号：日本郵政のデータベースをご確認の上、7桁の正しい番号をご入力ください

半角数字7桁 ハイフンなしで入力してください

都道府県

例：東京都

市区

例：目黒区

住所1:

例：下目黒1－1－1

建物名以降

電話番号

戻る 送信

^ サポートされている日本語の文字は何ですか？

^ なぜこの情報を提供する必要があるのですか？提供した情報は誰と共有され、どのように使われますか？

^ 半角文字とは何ですか？どのように入力しますか？

## コンプライアンスのステータス

出品用アカウント情報

ご協力ありがとうございました。出品が可能となりましたので、商品登録等の販売開始に向けたご準備にお進みください。尚、ご提供頂いた情報を元に調査をした結果、出品権限の削除等、アカウントのステータスに変更が伴う場合のみ、ご登録のEメールアドレスにご連絡いたします。調査結果が出るのは10営業日後（目安）となり、問題なく出品を継続頂ける場合にはご連絡いたしませんのでご了承ください。

**この画面が出てきたら終了**

## 出品アカウント開設後の初期設定（7）混合在庫の設定を解除

最後に、混合在庫の設定を解除します。Amazonアカウント開設時は、混合在庫を取り扱うという設定になっています。

混合在庫とは、自分の在庫と同じ商品を出品している他の出品者の在庫を混ぜて管理をすることです。商品ラベルを貼る手間はなくなりますが、他の出品者の在庫に不良があった場合でも自身の在庫として販売されてしまうリスクがでてきます。

そういった理由から、私は混合在庫は基本的におすすめしません。**そのため、混合在庫の設定は解除しておきましょう。**

### 混合在庫設定の解除

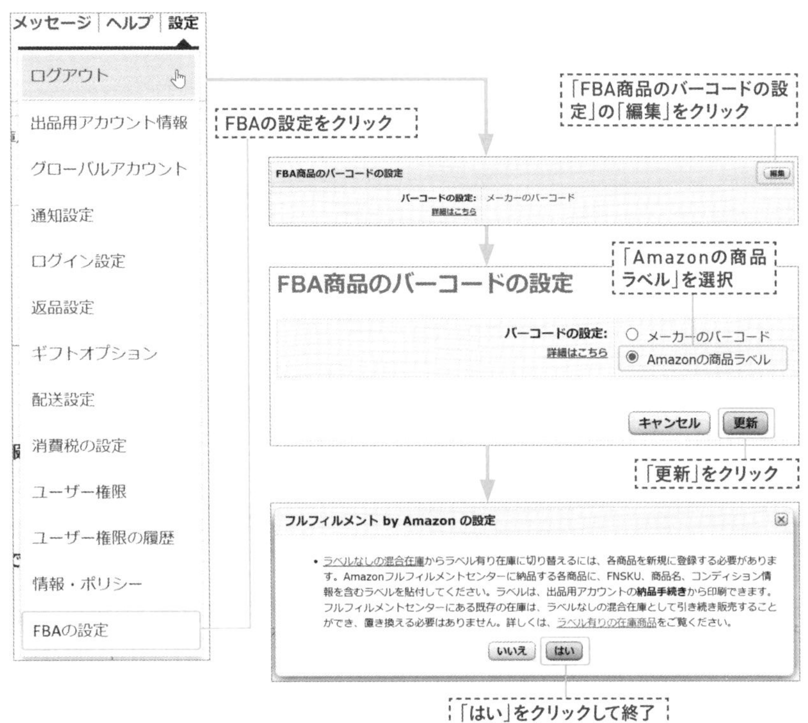

# 商品を登録してみよう

出品アカウントを作成し、初期設定も済んだところで、試しにAmazonに商品を登録してみましょう。

ここでは、他の出品者などからすでにAmazonへの出品が済まされている商品を自分の手で登録してみます。

**Amazonで売られている商品を登録する場合、Amazonにすでに商品ページが作られているので、あとは商品登録をして出品するだけです。**

商品登録は、出品する商品を1点ずつ登録する方法と、複数の商品を一括で登録する方法があります。

本書では両方紹介しますが、一括で登録する場合は、商品数が増えてきたら便利なものの、操作が複雑になるうえに、初心者の方はあまり関わりのないケースです。まずは個別で商品登録してみましょう。

手順は次ページ以降の図解に従ってやっていただければ問題ありません。

**気をつけてほしいのは、必ず商品を仕入れる前に商品登録を済ませること。そして出品制限がかかっているかどうかをまず確認することです。**

出品制限がかかっていると、場合によっては出品できないことがあります。次ページの画面で「出品制限が適用されます」をクリックすると、出品許可申請ができるボタンが出てきます。出品できる商品であればすぐに承認されるのですが、そうでなければ出品できません。

商品を仕入れた後に「出品できませんでした」では損失になるので、必ず商品登録は商品を仕入れる前に行うようにしましょう。

## 商品を個別で登録する手順

セラーセントラルのトップ画面から「在庫」タブを開いて、メニューの中から「商品登録」を選択すれば、商品登録画面が出てくるので、必要事項を入力します。

最後に出荷元の住所の入力画面が出てきますが、当然ですが出荷元の住所は、正しい住所を書きましょう。例えば間違った商品ラベルを貼ってしまった場合など、商品が出荷元に戻ってくることがあります。こういったときのために、出荷元の住所を入力します。

### 商品を個別に登録する手順

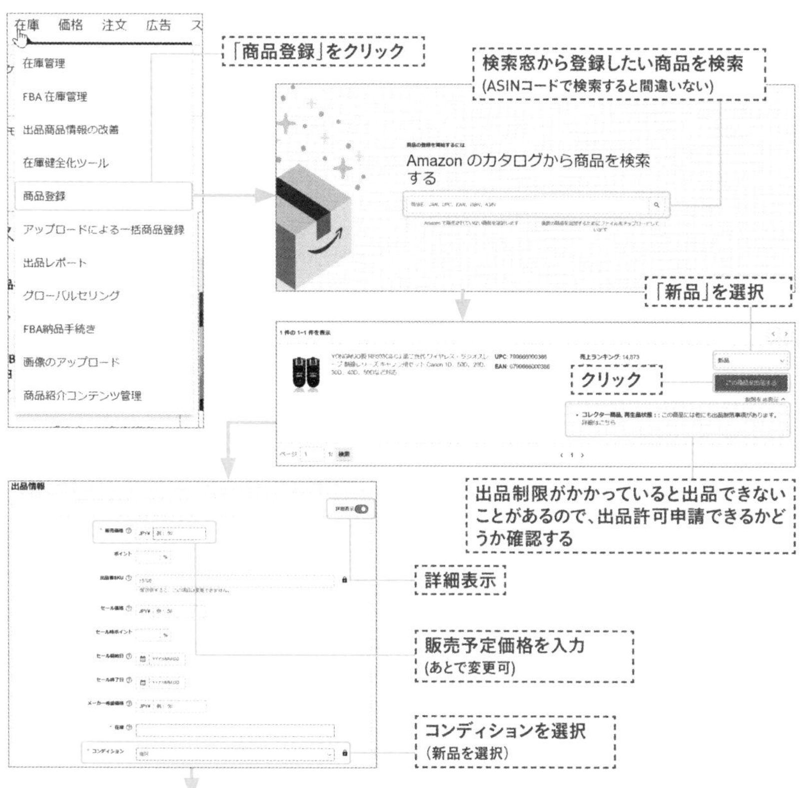

コンディション説明 ⓘ カバーなし。おもて表紙に多少キズがあります。

コンディション説明を入力(任意)

最大注文個数 ⓘ 10

最大注文個数を入力(任意)

出荷作業日数 ⓘ 5

ギフトメッセージ ⓘ 選択

「はい」を選択

ギフト包装 ⓘ 選択

「はい」を選択

商品の入荷予定日 ⓘ YYYY/MM/DD

配送パターン ⓘ 移行された配送パターン

コンビニ決済 ✓

開始日を提案する ⓘ YYYY/MM/DD

商品タックスコード ⓘ A_GEN_STANDARD

フルフィルメントチャネル

○ 私はこの商品を自分で発送します
(出品者から出荷)

● Amazonが発送し、カスタマーサービスを提供します
(Amazonから出荷)

ⓘ この商品の注文は、Amazon から出荷するよう指定されており、Amazon が出品者から商品を受領すると販売可能となります。ご利用にはフルフィルメント by Amazon の手数料がかかります。詳細はこちら

商品が売れた場合は「Amazonが発送し、カスタマーサービスを提供します」を選択

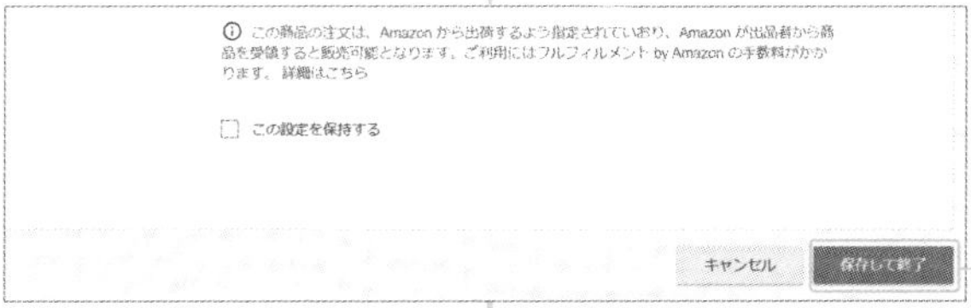

ⓘ この商品の注文は、Amazon から出荷するよう指定されており、Amazon が出品者から商品を受領すると販売可能となります。ご利用にはフルフィルメント by Amazon の手数料がかかります。詳細はこちら

☐ この設定を保持する

キャンセル　保存して終了

「保存して終了」をクリック

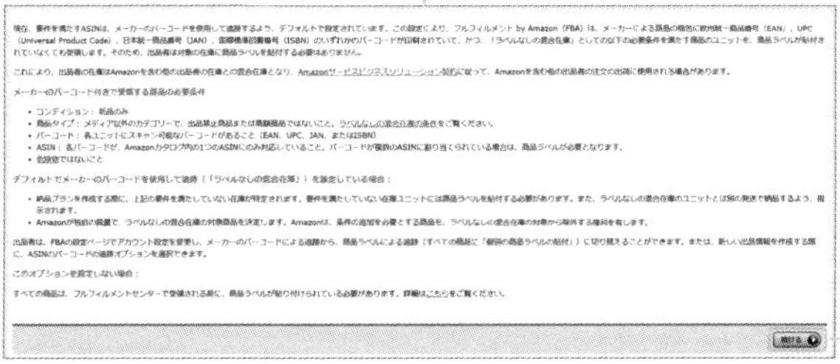

現在、要件を満たすASINは、メーカーのバーコードを使用して追跡するよう、デフォルトで設定されています。この設定により、フルフィルメント by Amazon (FBA) は、メーカーによる商品の梱包に欧州統一商品番号 (EAN)、UPC (Universal Product Code)、日本統一商品番号 (JAN)、国際標準図書番号 (ISBN) のいずれかのバーコードが印刷されていて、かつ、「ラベルなしの混合在庫」としての以下の必要条件を満たす商品のユニットを、商品ラベルが貼付されていなくても受領します。そのため、出品者は対象の在庫に商品ラベルを貼付する必要はありません。

これにより、出品者の在庫はAmazonを含む他の出品者の在庫との混合在庫となり、Amazonサービスビジネスソリューション規約に従って、Amazonを含む他の出品者の注文の出荷に使用される場合があります。

メーカーのバーコード付きで受領する商品の必要条件

- コンディション：新品のみ
- 商品タイプ：メディア以外のカテゴリーで、出品禁止商品または危険商品ではないこと。ラベルなしの混合在庫の条件をご覧ください。
- バーコード：各ユニットにスキャン可能なバーコードがあること (EAN、UPC、JAN、またはISBN)
- ASIN：各バーコードが、Amazonカタログ内の1つのASINにのみ対応していること。バーコードが複数のASINに割り当てられている場合は、商品ラベルが必要となります。
- 危険物ではないこと

デフォルトでメーカーのバーコードを使用して追跡（「ラベルなしの混合在庫」）を設定している場合：

- 納品プランを作成する際に、上記の要件を満たしていない在庫が特定されます。要件を満たしていない在庫ユニットには商品ラベルを貼付する必要があります。また、ラベルなしの混合在庫のユニットとは別の発送で納品するよう、指示されます。
- Amazonが独自の裁量で、ラベルなしの混合在庫の対象商品を決定します。Amazonは、条件の追加を必要とする商品を、ラベルなしの混合在庫の対象から除外する権利を有します。

出品者は、FBAの設定ページでアカウント設定を変更し、メーカーのバーコードによる追跡から、商品ラベルによる追跡（すべての商品に「個別の商品ラベルの貼付」）に切り替えることができます。または、新しい出品情報を作成する際に、ASINのバーコードの追跡オプションを選択できます。

このオプションを設定しない場合：

すべての商品は、フルフィルメントセンターで受領される前に、商品ラベルが貼り付けられている必要があります。詳細はこちらをご覧ください。

続ける

「続ける」をクリック

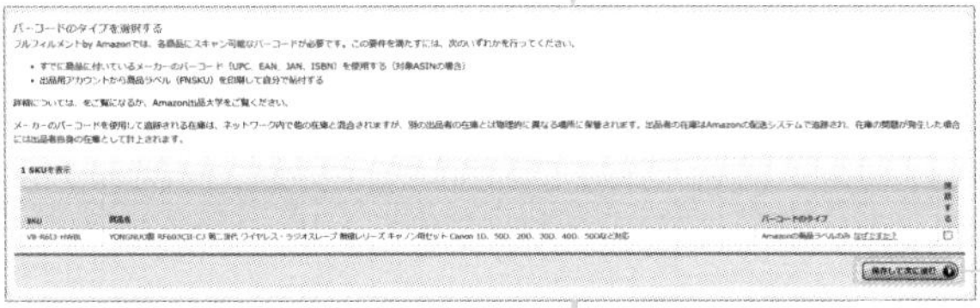

バーコードのタイプを選択する
フルフィルメントby Amazonでは、各商品にスキャン可能なバーコードが必要です。この要件を満たすには、次のいずれかを行ってください。

- すでに商品に付いているメーカーのバーコード（UPC、EAN、JAN、ISBN）を使用する（対象ASINの場合）
- 出品用アカウントから商品ラベル（FNSKU）を印刷して自分で貼付する

詳細については、をご覧になるか、Amazon出品大学をご覧ください。

メーカーのバーコードを使用して追跡される在庫は、ネットワーク内で他の在庫と混合されますが、別の出品者の在庫とは物理的に異なる場所に保管されます。出品者の在庫はAmazonの配送システムで追跡され、在庫の問題が発生した場合には出品者自身の在庫として計上されます。

1 SKUを表示

| SKU | 商品名 | バーコードのタイプ | 除去する |
|---|---|---|---|
| VB-R6I3-HWBL | YONGNUO製 RF603CII-C3 第二世代 ワイヤレス・ラジオスレーブ 無線レリーズ キャノン用セット Canon 1D、50D、20D、30D、40D、50Dなど対応 | Amazonの商品ラベルのみ なぜですか？ | ☐ |

保存して次に進む

「保存して次に進む」をクリック

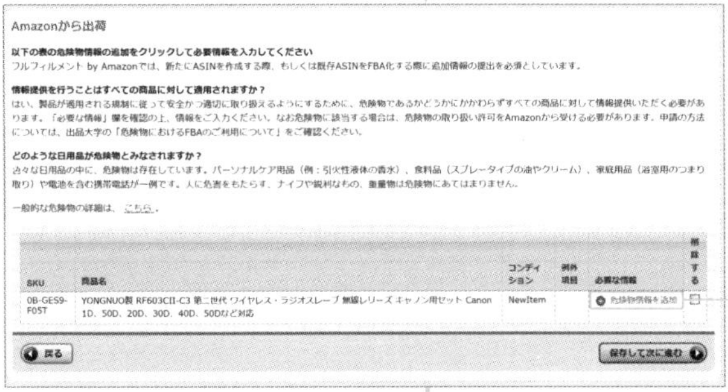

Amazonから出荷

**以下の表の危険物情報の追加をクリックして必要情報を入力してください**
フルフィルメント by Amazonでは、新たにASINを作成する際、もしくは既存ASINをFBA化する際に追加情報の提出を必須としています。

**情報提供を行うことはすべての商品に対して適用されますか？**
はい、製品が適用される規制に従って安全かつ適切に取り扱えるようにするために、危険物であるかどうかにかかわらずすべての商品に対して情報提供いただく必要があります。「必要な情報」欄を確認の上、情報をご入力ください。なお危険物に該当する場合は、危険物の取り扱い許可をAmazonから受ける必要があります。申請の方法については、出品大学の「危険物におけるFBAのご利用について」をご確認ください。

**どのような日用品が危険物とみなされますか？**
色々な日用品の中に、危険物は存在しています。パーソナルケア用品（例：引火性液体の香水）、食料品（スプレータイプの油やクリーム）、家庭用品（浴室用のつまり取り）や電池を含む携帯電話が一例です。人に危害をもたらす、ナイフや鋭利なもの、重量物は危険物にあてはまりません。

一般的な危険物の詳細は、こちら。

| SKU | 商品名 | コンディション | 例外項目 | 必要な情報 | 削除する |
|---|---|---|---|---|---|
| 0B-GES9-F0ST | YONGNUO製 RF603CII-C3 第二世代 ワイヤレス・ラジオスレーブ 無線レリーズ キャノン用セット Canon 1D、50D、20D、30D、40D、50Dなど対応 | NewItem | | 危険物情報を追加 | ☐ |

戻る　保存して次に進む

「危険物情報を追加」をクリック

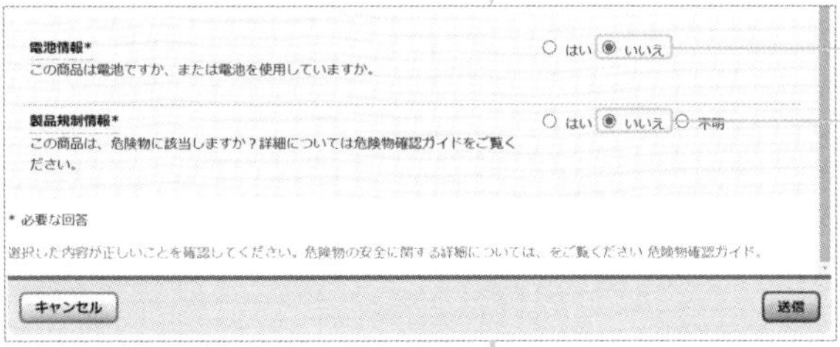

**電池情報***　○ はい ◉ いいえ
この商品は電池ですか、または電池を使用していますか。

**製品規制情報***　○ はい ◉ いいえ ○ 不明
この商品は、危険物に該当しますか？詳細については危険物確認ガイドをご覧ください。

* 必要な回答

選択した内容が正しいことを確認してください。危険物の安全に関する詳細については、をご覧ください 危険物確認ガイド。

キャンセル　送信

危険物ではない場合は2箇所に「いいえ」にチェック

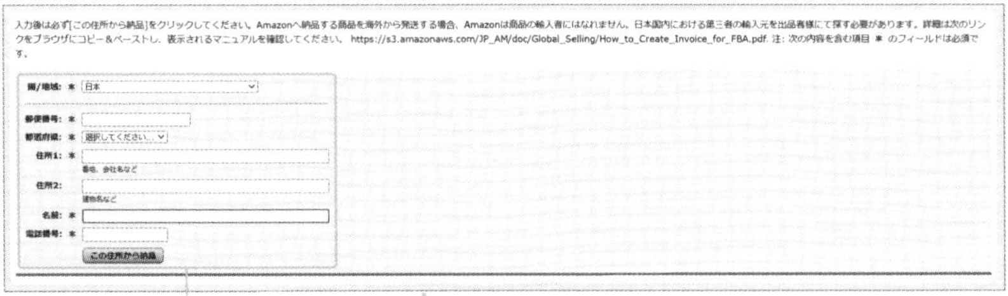

入力後は必ず[この住所から納品]をクリックしてください。Amazonへ納品する商品を海外から発送する場合、Amazonは商品の輸入者にはなれません。日本国内における第三者の輸入元を出品者様にて探す必要があります。詳細は次のリンクをブラウザにコピー＆ペーストし、表示されるマニュアルを確認してください。 https://s3.amazonaws.com/JP_AM/doc/Global_Selling/How_to_Create_Invoice_for_FBA.pdf. 注：次の内容を含む項目 ＊ のフィールドは必須です。

国/地域：＊ 日本
郵便番号：＊
都道府県：＊ 選択してください…
住所1：＊
番地、会社名など
住所2：
建物名など
名前：＊
電話番号：＊
この住所から納品

住所、名前、電話番号を入力後、「この住所から納品」をクリック

## 商品を一括で登録する手順

商品登録の一括登録は複雑なところがあるものの、商品数が多くなったときは作業を効率化できるようになります。以下、簡単に手順をお伝えしますが、Excelの入力など、わからないことが出てきたらAmazonに直接聞きながらやってみると良いでしょう。

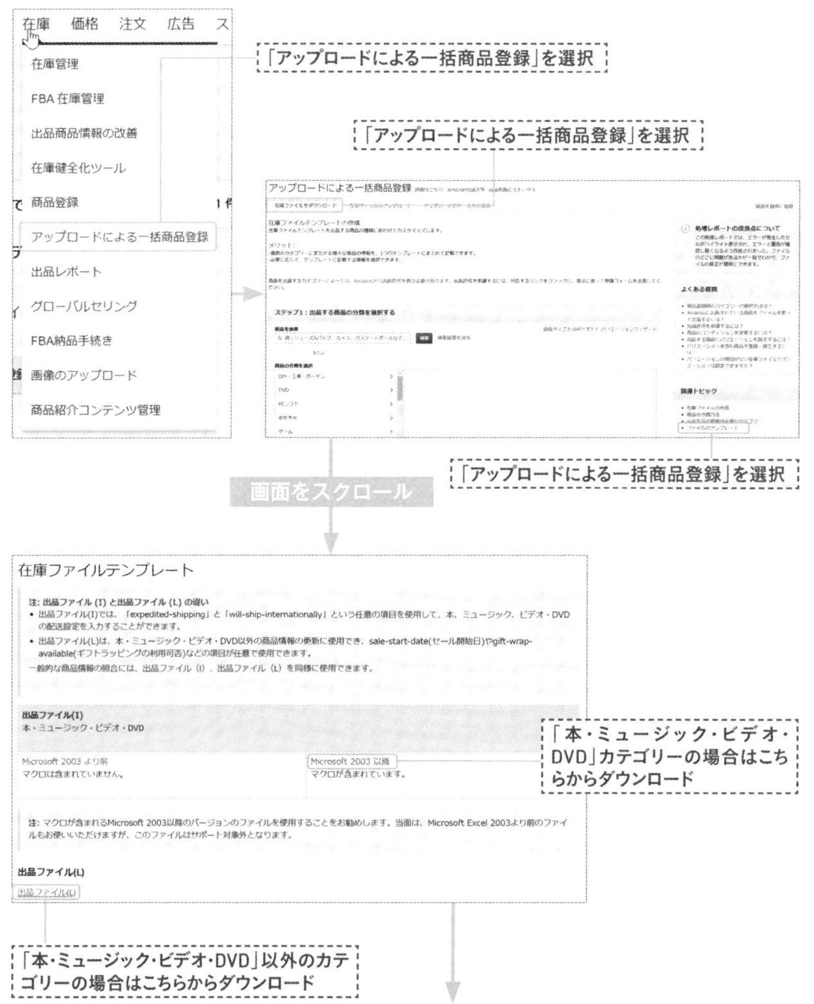

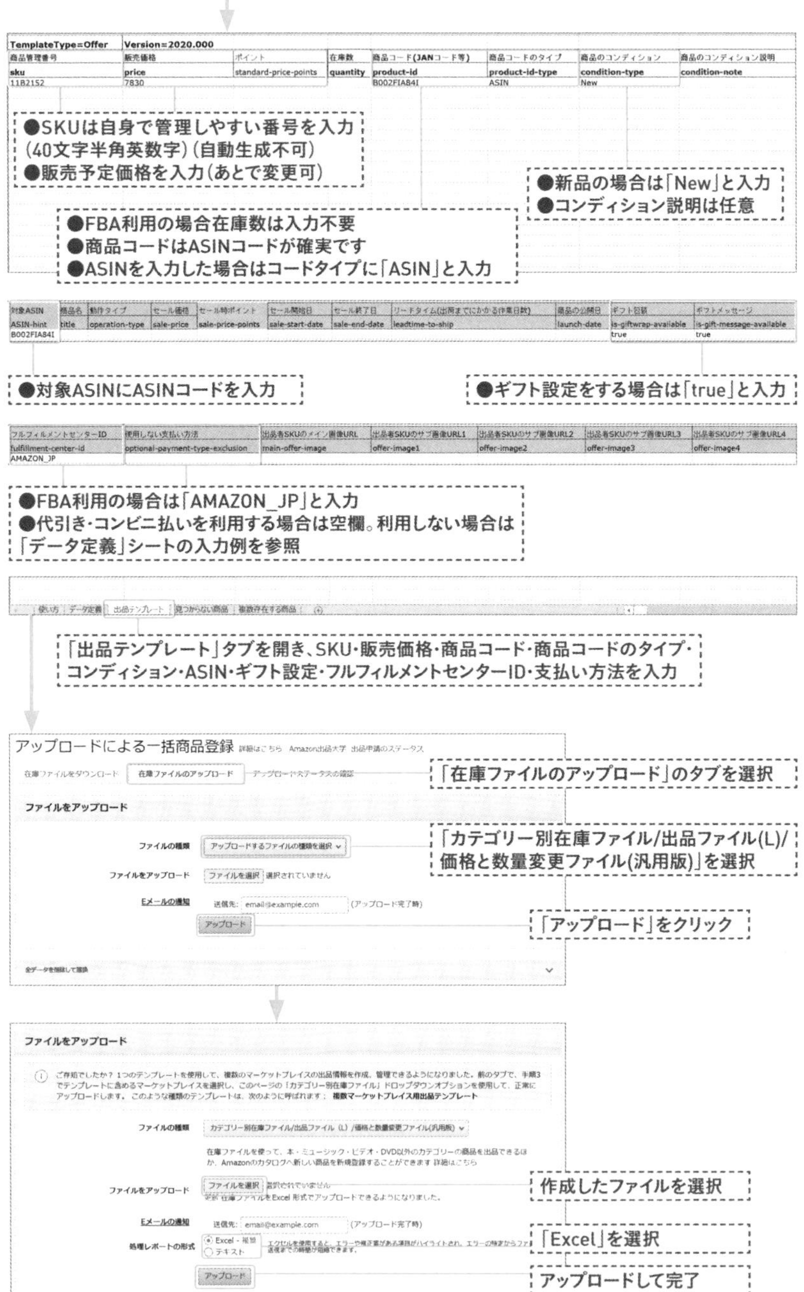

TemplateType=Offer
Version=2020.000
商品管理番号 sku 11B2152
販売価格 price 7830
ポイント standard-price-points
在庫数 quantity
商品コード(JANコード等) product-id B002FIA84I
商品コードのタイプ product-id-type ASIN
商品のコンディション condition-type New
商品のコンディション説明 condition-note
●SKUは自身で管理しやすい番号を入力
(40文字半角英数字)(自動生成不可)
●販売予定価格を入力(あとで変更可)
●新品の場合は「New」と入力
●コンディション説明は任意
●FBA利用の場合在庫数は入力不要
●商品コードはASINコードが確実です
●ASINを入力した場合はコードタイプに「ASIN」と入力
対象ASIN ASIN-hint B002FIA84I
is-giftwrap-available true
is-gift-message-available true
●対象ASINにASINコードを入力
●ギフト設定をする場合は「true」と入力
fulfillment-center-id AMAZON_JP
optional-payment-type-exclusion
●FBA利用の場合は「AMAZON_JP」と入力
●代引き・コンビニ払いを利用する場合は空欄。利用しない場合は
「データ定義」シートの入力例を参照
「出品テンプレート」タブを開き、SKU・販売価格・商品コード・商品コードのタイプ・
コンディション・ASIN・ギフト設定・フルフィルメントセンターID・支払い方法を入力
アップロードによる一括商品登録
在庫ファイルのアップロード
「在庫ファイルのアップロード」のタブを選択
ファイルをアップロード
ファイルの種類
「カテゴリー別在庫ファイル/出品ファイル(L)/
価格と数量変更ファイル(汎用版)」を選択
Eメールの通知
アップロード
「アップロード」をクリック
ファイルをアップロード
ファイルの種類
カテゴリー別在庫ファイル/出品ファイル(L)/価格と数量変更ファイル(汎用版)
ファイルを選択
作成したファイルを選択
処理レポートの形式
Excel
テキスト
「Excel」を選択
アップロード
アップロードして完了

# 登録した商品を確認しよう

## 商品登録状況の確認

商品登録を終えたら、今度は正しく商品が登録されているかどうか、確認してみましょう。

### 在庫を納品/補充

在庫を納品/補充 詳細はこちら

PLN (2021/04/29 19:50) 納品プラン名を変更

数量を入力　商品の準備　商品ラベルを貼付　納品の確認　発送準備　納品内容の確認

発送元

JP

住所を変更

梱包タイプ これは何ですか？

個別の商品（異なる商品で構成）

メーカー梱包に変更

全商品　情報が不足している商品　納品できない商品　商品を追加

各商品の数量を入力してください。

商品: 1 - 1/1

| SKU | 商品名 | コンディション | 情報/必要なアクション | 数量 | 削除 |
|---|---|---|---|---|---|
| | ASIN/FNSKUを表示 | | 発送する販売可能な商品の数量を入力してください。 | | |
| V5-R6I3-HWBL | YONGNUO製 RF603CII-C3 第二世代 ワイヤレス・ラジオスレーブ 無線レリーズ キャノン用セット Canon 1D、50D、20D、30D、40D、50Dなど対応 EAN: 0799866000386 | 新品 | – | | |
| 合計 | | | | 0 | |

商品: 1 - 1/1

納品プランを削除　コピーする　続ける

入力不足がないか確認してください。

商品登録を終えたら、「在庫を納品/補充」という画面にすぐ切り替わります。このため、1個ずつしか商品を納品できないと思う人もいるかもしれませんが、それは間違いです。

１つだけの商品をFBA納品するのであれば、このまま進めてもらって構いませんが、ゆくゆく複数の商品を同時に納品する対応が必要になってくるかと思います。

**例えば仕入れた型番違い商品をまとめて20個納品することもできますし、**

**複数のメーカーから仕入れた複数の商品をまとめて納品することも可能です。**

そのため、商品登録が1つ済んだら、在庫管理画面のタブをクリックしてください。商品がしっかり登録されているかと思います。

1つずつ商品登録して1つずつ納品すると、まとめて発送ができないので、送料が非常に高くついてしまいます。ですから、複数の商品をまとめて仕入れる際は、一緒に納品するようにしましょう。

商品登録を終えたら、次の図のようにいったん在庫管理画面を開きます。そうすると、商品登録された商品の一覧が出てきます。

2つなら2つにチェックを入れて納品すれば、まとめてFBA納品することが可能です(リピート仕入れする際は、新たに商品登録する必要はなく、在庫管理画面を開いてその商品にチェックを入れれば、そのままFBA納品が可能です)。

**商品登録情報を確認**

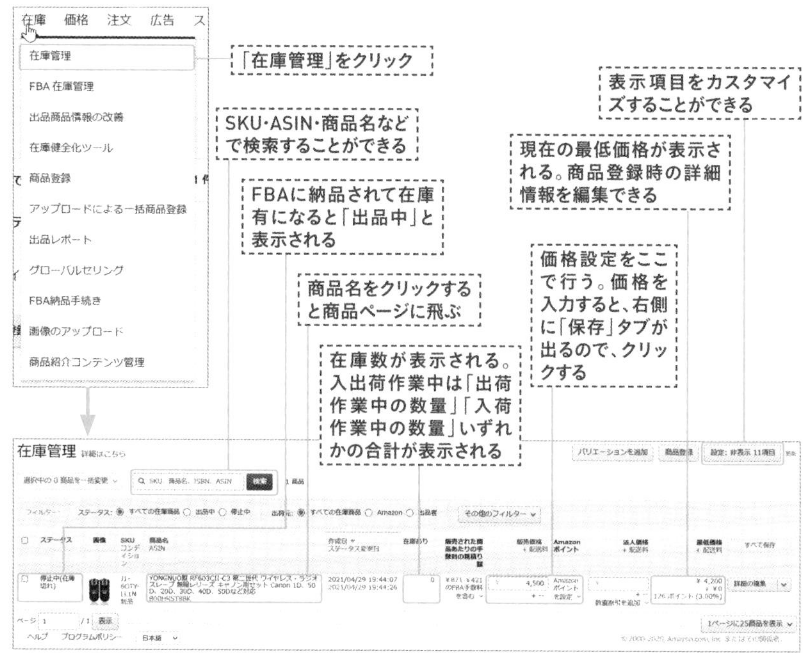

FBAに納品前だと一番左のステータスは「停止中(在庫切れ)」と表示されますが、納品されれば「出品中」と表示され、在庫数が表示されます。

在庫数の欄で「入出荷作業中」となっている場合は、次の状態で数値がカウントされます。要は、商品が最近売れたということを示します。

**●出荷待ち→購入者から注文があったばかりで出荷準備中。**
**●フルフィルメントセンター移管中→在庫を購入者が住んでいる地域に近いフルフィルメントセンターに移管中。**
**●フルフィルメントセンター処理中→商品の寸法や重量確認、調査待ちなどの追加処理のために、フルフィルメントセンターで一時的に保留の状態。**

なお、価格設定は商品登録の際にも行いますが、Amazonポイントも含めて、この在庫管理画面でも設定を変更することができます。

## 登録した商品を削除したい場合

登録した商品を削除するときは、下の図の方法で行えば問題ありません。間違って登録してしまうこともありますし、メーカー直取引を長くやっていれば扱わなくなる商品も出てきます。そういうときは、この方法で削除してもらえれば大丈夫です。

### 登録した商品を削除

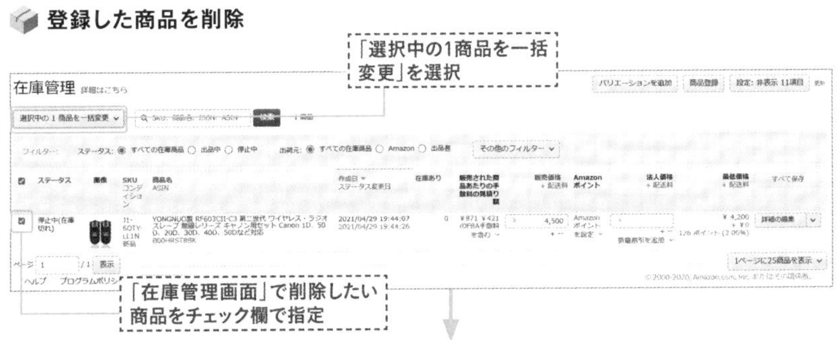

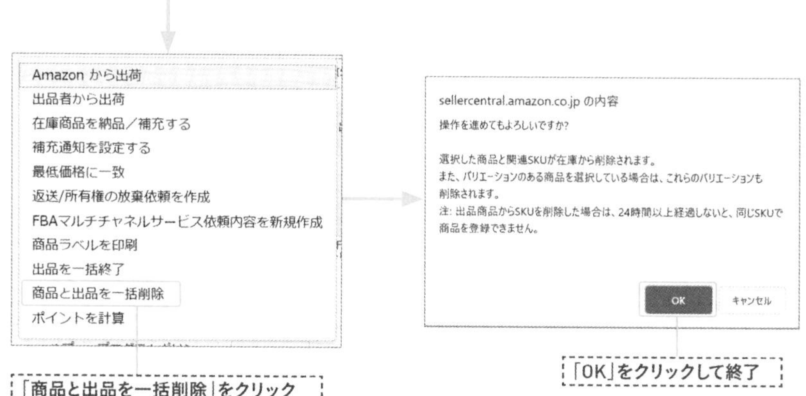


## 出品中商品の一時停止と再出品したいとき

商品登録の削除だけでなく、出品中商品の一時停止や再出品も可能です。型番違いの商品を間違ってFBAに納品してしまった場合、Amazonはその商品についてチェックしてくれるわけではありません。

そういうときは自分で出品を一時停止して売れないようにしておくといいでしょう。また、価格を高く設定して売れないようにするのも選択の1つです。

また、間違えて安すぎる価格設定にしてしまった場合は、Amazon側で出品停止してくれることがあります。そのような場合は価格修正して再出品を利用するようにしましょう。

### 登録した商品を削除

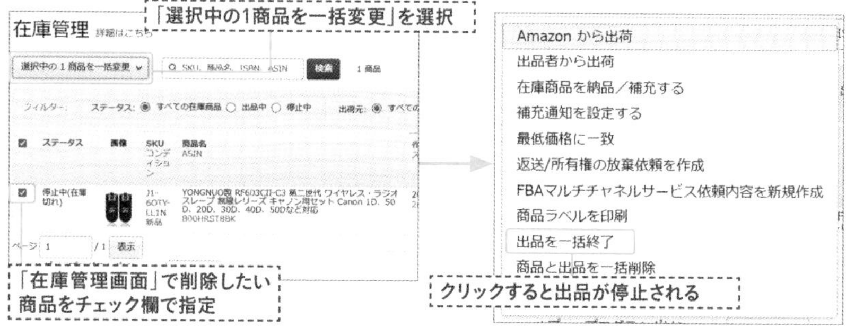

### 一時停止した商品の再出品

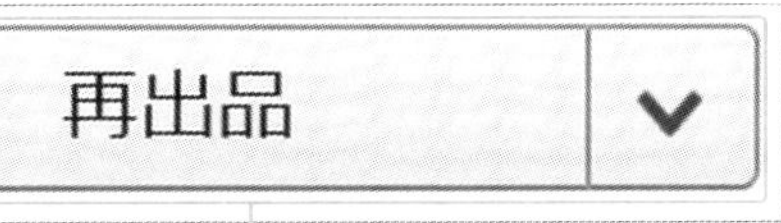


再出品したいときは右側の「再出品」をクリック

キャンセル　保存して終了

「商品詳細ページ」の一番下の「保存して終了」をクリックして終了

## メーカー直取引は儲からないという噂は本当なのか？

最近、「メーカー直取引は儲からない」「メーカー直取引も飽和している」という言葉をたまに聞くようになりました。

国内メーカー直取引にしても、海外メーカー直取引にしても、私やコンサル生は今でも月利100万円、200万円以上の成果を上げています。私の見る限りでは、「儲からない」とは到底思えないのですが、「火のない所に煙は立たぬ」という言葉があるように、何かしら理由があるはずです。

メーカー直取引が儲からないと思われている理由として、大きく分けると次の3つです。

**①個人事業主でメーカー直取引ができないと勘違いしている（p37〜）**

**②メーカー数社から見積りをもらえたが、ほとんど赤字で利益が取れない（p288〜）**

**③「すぐ稼ぎたい」と短期的な利益を追求してしまう**

①②については、本書で詳しく書いているので、そちらをご覧になっていただければよいかと思います。

③「短期的な利益を追求してしまう」も案外多いです。どうしても人間ですから1〜2年後の利益よりは、目先の利益に関心が向いてしまいます。しかし、それではせどり・転売とはあまり変わらず、メーカー直取引の本質ではありません。もちろん、早く成果を出そうとすることは素晴らしいことですが、ビジネスの特性を理解した上で考えなければなりません。

本書の後半で詳しくお伝えしていますが、メーカー直取引の本質は、メーカーさんとの信頼関係を構築しながら長期的に利益が安定させることです。

1度の取引で終わらず、リピート仕入れをすることで卸値を下げてもらえたり、販売者を限定化させてもらえたりするなどの恩恵を受けられます。

例えばライバルセラーが値下げしたら、自分も追従して値下げするのではなく、販売者を限定化するように提案し、いつの間にか独占状態になっていたという事例もあります。

信頼を積み重ね、長期的な利益を積み重ねることが、メーカー直取引の真骨頂です。

ぜひ、短期的な稼ぎではなく、メーカーさんに信頼され、長期的に利益を安定させるという視点で、本書を最後までご覧ください。

Chapter 3

# FBAを使って在庫管理・梱包・発送をAmazonに任せよう

## ～手間のかかる作業をAmazonにやってもらうための手順～

商品登録のやり方を学んだら、今度はAmazon独自のサービスであるFBA納品の方法について、手順を追って説明していきます。一度やり方をマスターしてしまえば、あとは在庫管理から商品の梱包、発送もまとめてやってくれる便利なシステムなので、ぜひ活用してください。

01

# FBAとは何か

## 作業環境とAmazon出品アカウントが必要

Chapter1でもお話しましたが、FBA）Fulfillment By Amazon）とはAmazonが商品の保管から、注文管理、購入者への商品の配送などのカスタマー対応を行ってくれるサービスです。

物販で手間のかかる作業をAmazonが行ってくれるので、その分リサーチやメーカーとの交渉など、売上に直結する作業に時間を当てられます。

物販をやっていると、返品などが発生した場合、自分でお客さんとやり取りして、新しい商品に交換して再発送するようなこともあるかと思いますが、これが結構な手間なのです。

**しかし、FBAは返品のサービスも一任できます。しかも返品の対応が非常にスムーズなので、購入者側にもストレスがありません。**

注文が入ったら自動的に配送してくれるのもいいですが、Amazonはお客様対応もしっかりしているので安心です。

AmazonではFBA出荷の他に出品者が自分で出荷することもできますが、基本的に推奨しません。

ただ、危険物出品などFBAに納品できない商品を販売したい場合は、自分で出荷するケースもあります。

## FBA利用の流れ

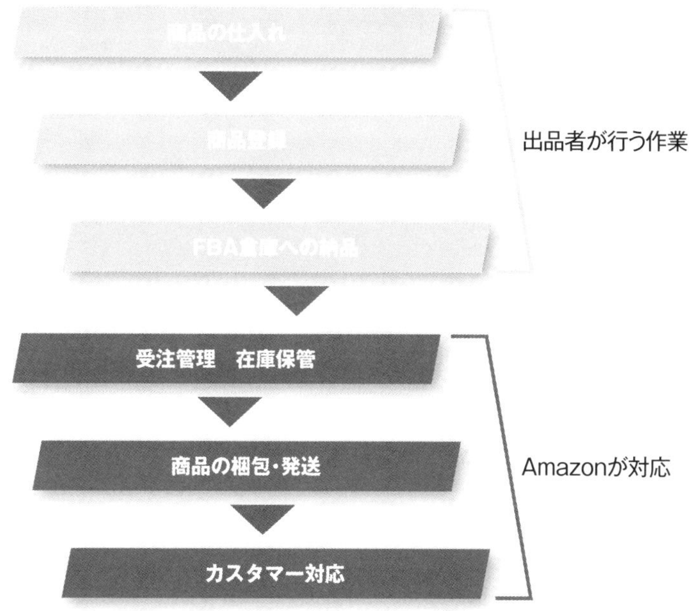


## 出品者から見たFBAのメリット

では、具体的なFBAを使うメリットについて、お話します。

**①送料が安い**

自身で配送業者を手配するよりも安い送料で利用できます（FBA配送料についてはChapter4「03　利益計算」で詳しく解説します）。

**②配送スピードが速い**

購入者がプライム会員ならお急ぎ便の即日出荷や日時指定便が無料で提供できます。通常便でも翌日出荷。

**③出品者の信頼性**

FBA在庫の商品は、Amazonの画面上に「発送: Amazon.co.jp」「出荷元

Amazon」と表記されるので、購入者からの信頼性が増します。

**④ギフト包装サービスを提供できる**

一部の商品を除いて、プレゼント需要に対応することができます。

**⑤多くの支払い方法を提供できる**

コンビニ決済など、クレジットカードを持たない客層にも対応できます。

**⑥カートボックス獲得に有利**

FBAを利用することで、FBAを利用しない自社出荷の販売者よりもカートボックスの獲得が有利になります。

## お客様から見たFBAのメリット

FBAのメリットは出品者側だけではありません。お客さんから見たメリットも非常に大きくなります。

**①送料無料で購入できる**

プライム会員なら2,000円以下の商品でも送料無料で利用できる。

**②配送スピードが速い**

プライム会員ならお急ぎ便や日時指定便が無料で利用できる。通常便でも翌日出荷で利用できる。

**③Amazonから購入しているという安心感がある**

**④ギフト包装サービスを利用できる**

**⑤支払い方法を多く選択できる**

クレジットカード・携帯決済・Amazonギフト券に加えて代金引換・コンビニ払い・電子マネー、振込みなど。

以上のことは、Amazonで買い物をしたことがある人なら、実感したことがある人も多いでしょう。

FBAは作業を大幅に効率化してくれるだけでなく、出品者もお客さんも安心できる優れたシステムなのです。

## FBA以外の出荷パターンの表示画面を見分ける

Amazonでは、「FBA出荷」以外に、自分で商品を発送する「出品者出荷」)オススメはしません)、Amazon本体が販売・発送している商品の3パターンがあります。Amazonの画面上では、下の図のような表示の違いがあります。

### 購入者から見たFBA出荷

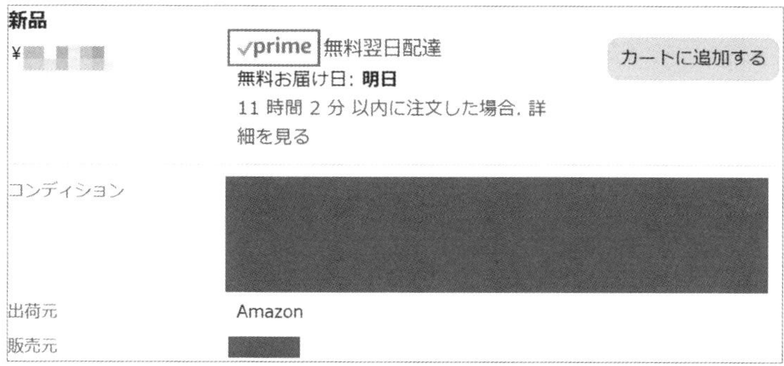


### 購入者から見た出品者出荷

### 購入者から見たAmazon本体

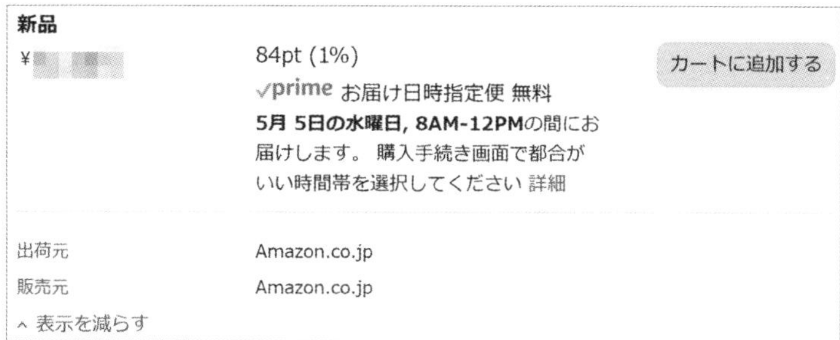


FBA出荷やAmazon本体が販売する場合、上図のようなプライムマークが

付きます。

購入者がプライム会員なら特典の配送サービスを無料で利用できるので、このマークがあると購買率UPが見込めます。ただし、出品者出荷でも条件を満たせばプライムマークをつけることができます。

ちなみに、検索結果の上位表示については、価格が安いものが上位に表示されやすくなります。

ですから、Amazon物販ビジネスをする場合は、一番安い価格に合わせて販売しないといけません。

**もし、価格が同一の場合は、カート獲得の優先順位は1番目は「Amazon本体」、2番目は「FBA出荷」、3番目は「出品者出荷」ということになります。**

ですから、商品リサーチをする場合、Amazon本体が販売している商品は避けたほうが無難です。こちらもあとで解説しますが、ポイントとして押さえておきましょう。

## 【中〜上級者向き】マケプレプライムについて

マケプレプライムとは、出品者出荷商品にプライムマークを付けるプログラムです）大口商品の登録必須)。

ある一定の条件を満たすことでプライムマークを付けることができますが、少し条件が厳しいので、中〜上級者向きですが、メリットは大きいです。

**マケプレプライムの商品ページ**

マケプレプライムを使うメリットとしては、

**●カートボックス獲得に有利になり、検索上位に表示されやすく、売上向上が期待できる。**
**●FBAと同等の配送サービスを提供でき、購買率UPが見込める。**
**●カスタマー対応をAmazonに任せることができる**

といったものがありますが、自分で配送周りを構築し、お客様対応や返品対応も自分でやらなければいけないので、FBAをそのまま利用したほうがいいでしょう。

また、マケプレプライムの参加資格は少し難しくなり、最近も少し厳格化されました。

具体的にはマケプレプライムを利用するにはまず「トライアル」を行ないます。直近10件の出品者出荷を以下の条件で行うことで資格を得られます。

**①文即日の出荷率：99%以上（14:00までの注文は当日中に出荷）**
**②追跡可能率：94%（ヤマト運輸か日本郵便の追跡番号を登録⇒宅急便、宅急便コンパクト、ネコポス、ゆうパック、レターパック）**
**③荷前キャンセル率：1%未満（出品者都合のキャンセルを行なわないように）**
**④週末出荷）土日）対応）2021年7月15日以降追加）**
**⑤配送時間指標の目標値設定）2021年7月15日以降追加）**
**⑥標準サイズ商品の全国配送対応）2021年7月15日以降追加）**

初心者の方がいきなりこのような配送ルートを確立できるとは思えないので、FBAをしっかり活用したビジネスを実践していきましょう。

02

# FBA納品をしてみよう

## FBA納品の手順

　ではさっそく、FBA納品のやり方について説明していきましょう。ここではChapter2で登録した商品をベースにして解説していきます。

　セラーセントラルのトップ画面→「在庫」→「在庫管理」画面の各商品の左端にチェック欄がありますから、まとめて納品する場合は、納品する商品にすべてチェックをしてください。

**納品する商品にチェックを入れる**

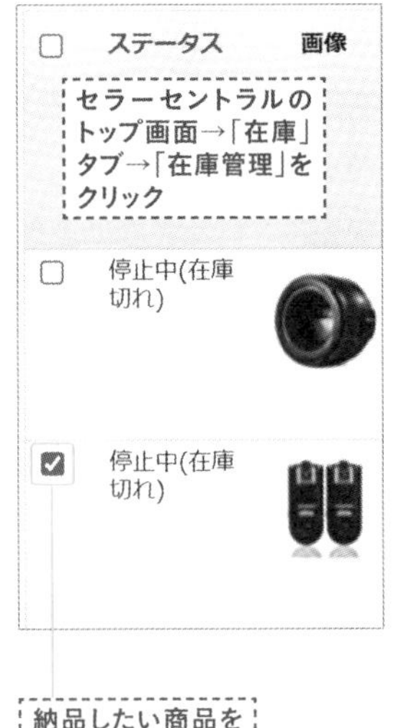


画面左上の一括変更から「Amazonから出荷」をクリック

Amazon から出荷
出品者から出荷
在庫商品を納品／補充する
補充通知を設定する
最低価格に一致
返送/所有権の放棄依頼を作成
FBAマルチチャネルサービス依頼内容を新規作成
商品ラベルを印刷
出品を一括終了
商品と出品を一括削除
ポイントを計算

## 在庫を納品する

「Amazonから出荷」に変換する
選択した出品商品は、既に「Amazonから出荷」に変換されています。今すぐまたは後ほど在庫を補充することができます。
詳細はこちら
1 SKUを表示

| SKU | 商品名 | 現在の取扱い元 | バーコードのタイプ |
|---|---|---|---|
| 0B-GES9-F05T | YONGNUO製 RF603CII-C3 第二世代 ワイヤレス・ラジオスレーブ 無線レリーズ キャノン用セット Canon 1D、50D、20D、30D、40D、50Dなど対応 | Amazon - 変換不要です。 | Amazonの商品ラベルのみ なぜですか? |

戻る　終了　在庫を納品する

「在庫を納品する」をクリック

梱包タイプについては「個別の商品」と「メーカー梱包」が選べますが、**必ず「個別の商品」を選択します。**

例えばA、B、C社の3社の商品を納品する場合、「個別の商品」だと、3社の商品を同じ箱に入れて納品することができます。しかし、「メーカー梱包」は、同じ商品しかまとめて納品できません。当然箱数が多くなりますから、送料が高くなってしまいます。

## 梱包タイプを選ぶ

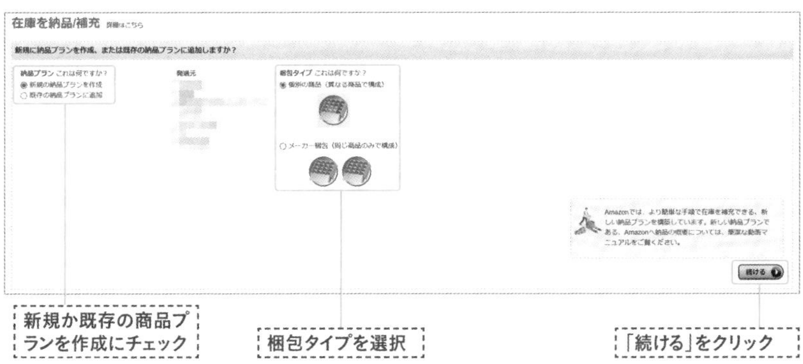


新規か既存の商品プランを作成にチェック

梱包タイプを選択

「続ける」をクリック

次の以下の画面で納品数量を入力します。納品する商品が抜けていた場合は、「商品を追加」ボタンをクリックして商品を追加していきます。

## 納品数量を入力

ASIN/FNSKUを表示できる
商品を追加できる
納品数量を入力
「続ける」をクリック
内容を確認して「続ける」をクリック

次に、商品ラベル貼りを自分で行うか、Amazonに依頼するかを選択できます。

ラベル貼りをAmazonに依頼する場合、小型/標準サイズの商品なら1枚20円、大型商品なら1枚51円です。この価格ならAmazonに依頼したいと思う方もいるかもしれませんが、下記の条件を満たさないと返送されてしまうので注意しましょう。

**●特大型商品ではないこと**

**●高額商品ではないこと**

**●納品予定の商品ページにJANコードが登録されている必要があり、その商品にも同じJANコードとバーコードが表示されていること**

Amazonにラベルを貼ってもらおうとして、条件を満たさず商品が返送されてきて、改めて再納品するとかえって面倒なことになります。そのため、基本的には自分で行うか、代行会社に依頼することになるかと思います。ですから、自宅にプリンタを置くのはほぼ必須です。

ただし、場合によってはメーカーからFBAに直送してもらうことも可能で、その場合はAmazonラベル貼付サービスを利用することができます。

**【Amazonラベル貼付サービス】**

https://sellercentral.amazon.co.jp/gp/help/external/200483750?

**商品ラベル貼りの選択**

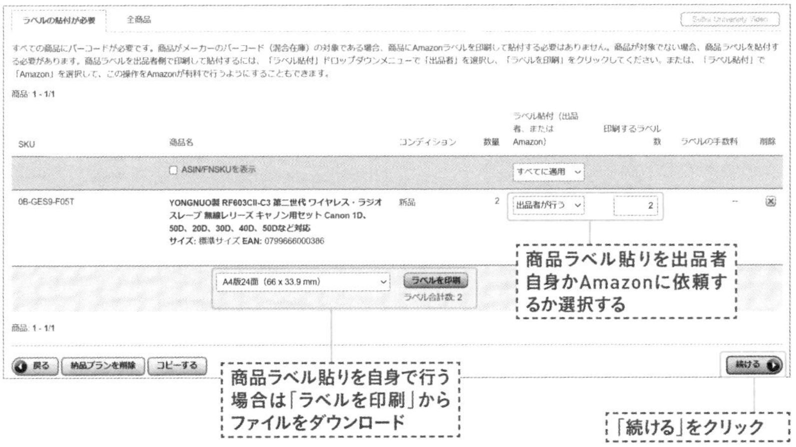


上記「ラベルを印刷」からファイルをダウンロードすると、以下のような

商品ラベルを数量分PDFでダウンロードできるので、プリンタしてラベル張りをしましょう。

なお、ラベル貼りですが、Amazonで検索するとFBA納品対応のラベルシールがいくつも売られているので、そちらを購入すればいいと思います。下の図に従って、正しくラベル張りをしましょう。

**ラベルの間違った貼り方と正しい貼り方**

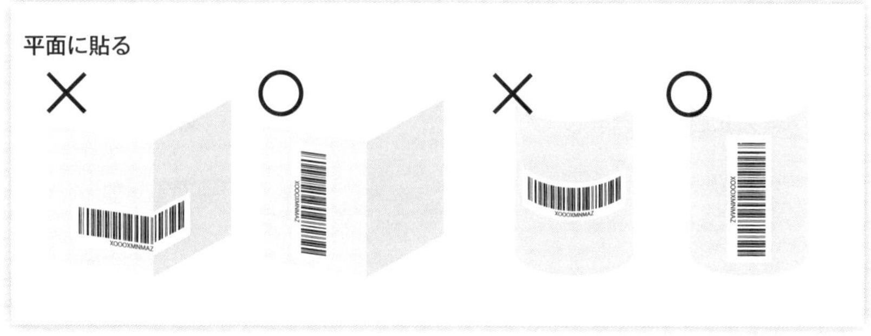


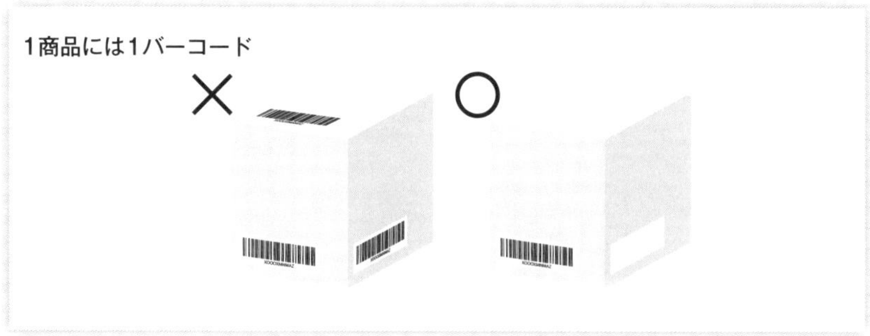

**【バーコードを貼る際の注意点】**

・バーコードをスキャンできるように、折り曲がることのないように平面に貼りましょう。

・基本は商品のJANコードの上に隠すように貼るとベスト。

・商品にJANや別のバーコードが複数ある場合は無地のラベルシールをその上に貼って隠すか、横線を入れて消しましょう。

・商品が小さくラベルが貼れない場合は透明のOPP袋に入れてラベルを貼りましょう。

・2個セットなどのセット商品もOPP袋に入れてラベルを貼付。

ラベル貼りが終わればいよいよ納品するわけですが、納品先のFC）配送センターであるフルフィルメントセンター）を確認します。

納品先FCは自分で選択することができず、また、納品する商品タイプによって納品先FCが複数になる場合があります。

### 納品先の配送センターを確認

次に配送方法と、納品先FCへ発送する配送業者を指定します。

配送方法は「標準配送」と「パレット輸送」のどちらかを選びます。

ここで、パレット輸送とは、パレットという“すのこ”のような木の板の上にのせてトラックで配送することです。納品する商品がよほど大量でないと利用する機会はないと思うので、大半の方は「標準配送」を選択することになります。

「標準配送」を選ぶと、「FBAパートナーキャリア」か「他の配送業者」を選択し、配送業者を選択します。

**配送方法と納品先FCへ発送する配送業者を指定**

「標準配送」か「パレット輸送」を選択

「FBAパートナーキャリア」か「他の配送業者」を選択し、配送業者を選ぶ

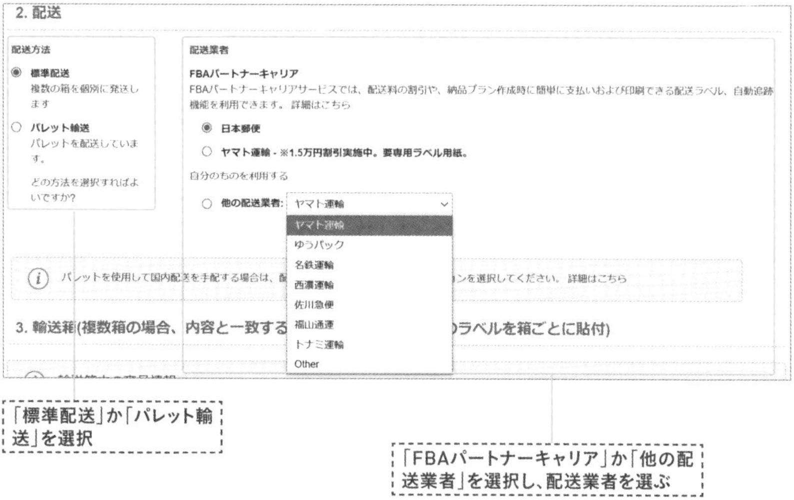

次に輸送箱の数量）1個なのか複数なのか）を設定し、梱包箱内の商品情報を入力するかしないかを選択します。もし、代行会社に配送するような場合など、箱数が現時点で判断できない場合は「複数」を選んでください。

### 輸送箱の数量を設定

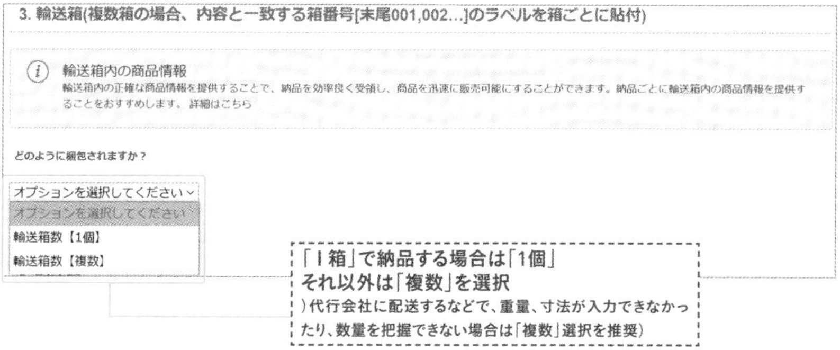

3. 輸送箱(複数箱の場合、内容と一致する箱番号[末尾001,002...]のラベルを箱ごとに貼付)

輸送箱内の商品情報
輸送箱内の正確な商品情報を提供することで、納品を効率良く受領し、商品を迅速に販売可能にすることができます。納品ごとに輸送箱内の商品情報を提供することをおすすめします。詳細はこちら

どのように梱包されますか？

オプションを選択してください
オプションを選択してください
輸送箱数【1個】
輸送箱数【複数】

「1箱」で納品する場合は「1個」
それ以外は「複数」を選択
）代行会社に配送するなどで、重量、寸法が入力できなかったり、数量を把握できない場合は「複数」選択を推奨）

もし、輸送箱を1個で選択した場合は、下記のように重量と寸法を記載します。

### 梱包箱の商品情報を入力（輸送箱が1個の場合）

輸送箱数【1個】

| 商品 | 納品数 | 輸送箱の重量 (kg) | 輸送箱の寸法 (cm) |
|---|---|---|---|
| ASIN/FNSKUを表示 | | | |
| 0B-GES9-F05T<br>YONGNUO製 RF603CII-C3 第二世代 ワイヤレス・ラジオスレーブ 無線レリーズ キャノン用セット Canon 1D、50D、20D、30D、40D、50Dなど対応<br>サイズ: 標準サイズ EAN: 0799666000386 | 2 | | x x |

確認する

重量と寸法を入力

「確認する」をクリック

輸送箱が複数個ある場合は、入力の選択肢がいくつか出てきます。もし、箱数と重量、寸法といった商品情報が明確に把握できる場合は、「画面上で入力」を選択して、正確な情報を入力してください。

### 梱包箱の商品情報を入力（輸送箱が複数個の場合）

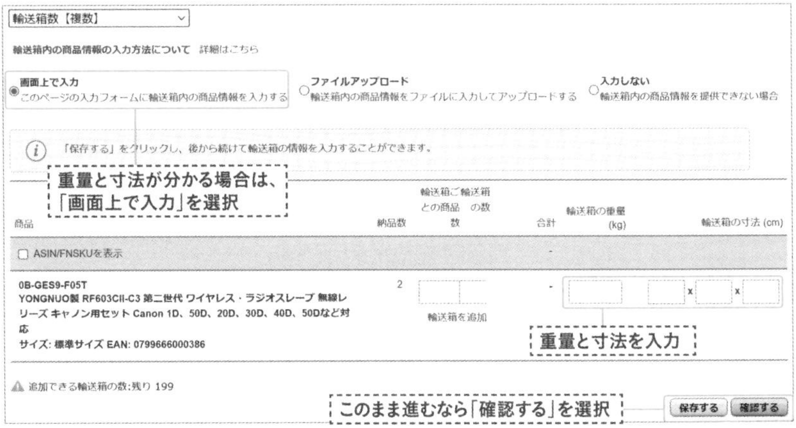

輸送箱数【複数】

輸送箱内の商品情報の入力方法について　詳細はこちら

画面上で入力
このページの入力フォームに輸送箱内の商品情報を入力する

ファイルアップロード
輸送箱内の商品情報をファイルに入力してアップロードする

入力しない
輸送箱内の商品情報を提供できない場合

「保存する」をクリックし、後から続けて輸送箱の情報を入力することができます。

重量と寸法が分かる場合は、「画面上で入力」を選択

| 商品 | 納品数 | 輸送箱ごとの商品数 | 輸送箱の数 | 合計 | 輸送箱の重量 (kg) | 輸送箱の寸法 (cm) |
|---|---|---|---|---|---|---|
| ASIN/FNSKUを表示 | | | | - | | |
| 0B-GES9-F05T YONGNUO製 RF603CII-C3 第二世代 ワイヤレス・ラジオスレーブ 無線レリーズ キャノン用セット Canon 1D、50D、20D、30D、40D、50Dなど対応 サイズ: 標準サイズ EAN: 0799666000386 | 2 | | | - | | x x |

輸送箱を追加

重量と寸法を入力

追加できる輸送箱の数:残り 199

このまま進むなら「確認する」を選択

保存する　確認する

しかし、私は基本的に商品情報を入力していません。面倒なのもありますし、代行会社に配送するような場合、正確な箱数、重量、寸法が把握できないためです。受領完了まで少し遅くなるようなことはありますが、そこまでの影響はありません。

**そのため、商品情報を把握することが不可能であれば、「入力しない」を選択して、仮の数量、重量、寸法を入力するようにしてください。**

代行会社を利用する場合、FBA出荷と同時に正確な商品情報を送ってもらえるので、気になる方はその際に詳細情報を修正すれば大丈夫です。

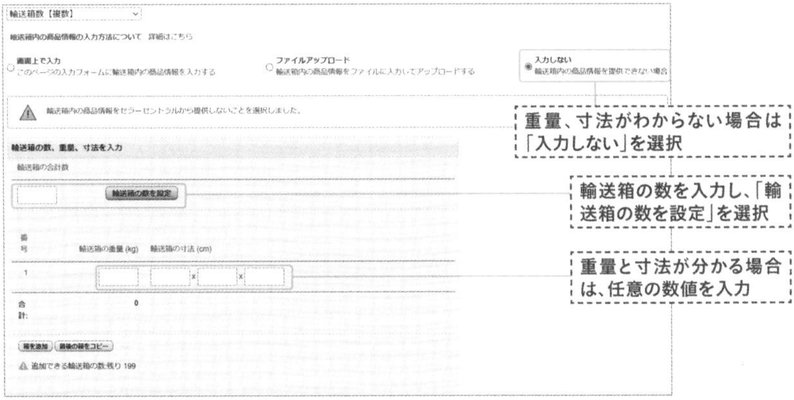

輸送箱数【複数】

輸送箱内の商品情報の入力方法について　詳細はこちら

画面上で入力
このページの入力フォームに輸送箱内の商品情報を入力する

ファイルアップロード
輸送箱内の商品情報をファイルに入力してアップロードする

入力しない
輸送箱内の商品情報を提供できない場合

輸送箱内の商品情報をセラーセントラルから提供しないことを選択しました。

重量、寸法がわからない場合は「入力しない」を選択

輸送箱の数、重量、寸法を入力

輸送箱の合計数

輸送箱の数を設定

輸送箱の数を入力し、「輸送箱の数を設定」を選択

| 番号 | 輸送箱の重量 (kg) | 輸送箱の寸法 (cm) |
|---|---|---|
| 1 | | x x |
| 合計: | 0 | |

重量と寸法が分かる場合は、任意の数値を入力

箱を追加　最後の箱をコピー

追加できる輸送箱の数:残り 199

商品情報を入力したら、配送料の見積もりを確認します。なお、配送料の見積もりの画面は、FBAパートナーキャリアを選択した場合のみ出てきます。通常配送を選んだ方は、次にそのまま進んでください。

### 配送料の見積もりを確認（FBAパートナーキャリアを選択した場合のみ）

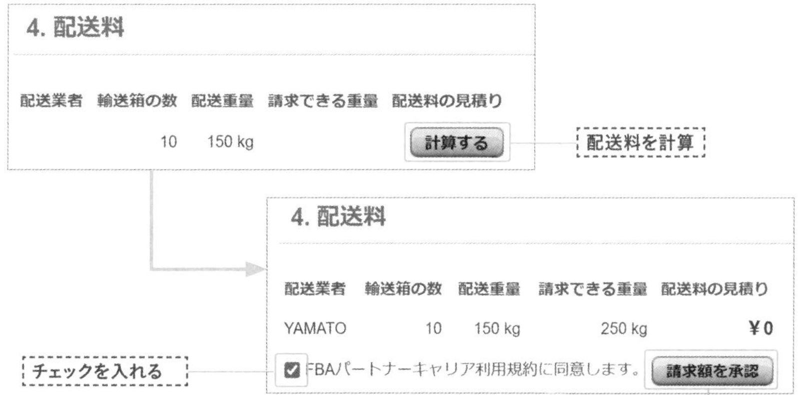


### 配送ラベルを印刷

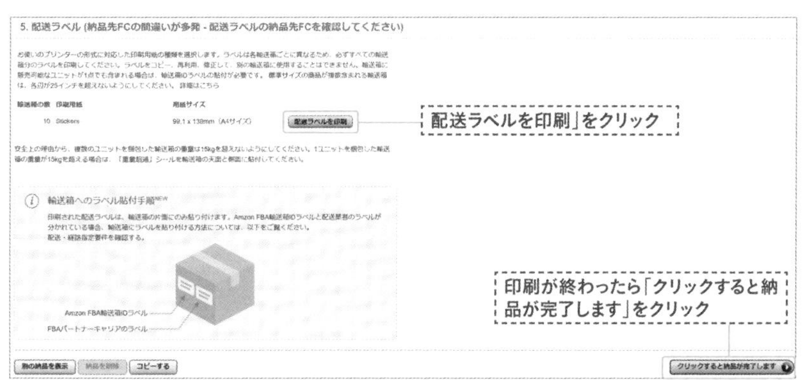


次に配送ラベルを印刷します。PDFファイルをダウンロードし、A4サイズの普通紙で印刷→カットした配送ラベルを梱包箱の天面に貼り付けましょう。剥がれないように、透明テープなどを上から貼るようにしてください。

商品を梱包したら、配送業者の配送伝票を一緒に貼ります。

配送伝票を貼ったら、これでFBA納品作業は終了です。

### 出荷して終了

## 梱包の注意点

梱包は適正サイズのダンボールを用意して、1箱にできるだけまとめて梱包することで配送コストを抑えることができます。

梱包時には緩衝材を利用して輸送時に商品の破損がないように梱包しましょう。緩衝材は紙・エアキャップ、エアクッションを利用できます。

商品の破損や、輸送箱の破損、輸送箱のつなぎ合わせなどの加工をすると受領拒否されてしまうので注意しましょう。

また、納品個数に間違いがないか、商品ラベルは貼ってあるか、最終確認をしてから発送しましょう。以下に、ダンボールや梱包資材のおすすめを紹介しますので参考にしてください。

**●大量にダンボールを購入するなら「ダンボールワン」**

https://www.notosiki.co.jp/

**●小口でダンボールや梱包資材を購入するなら「ロハコ」**

https://lohaco.jp/

これだけでなく、イオンモールやスーパー、薬局などに行って無料でダンボールをもらうのもいいでしょう。私は、名古屋市のダンボールを作っている卸問屋さんなどに連絡して、160サイズ100円くらいで安く購入しています。

## FBA納品プランの一括登録で作業効率化

納品する商品数が増えてきたら、CSVファイルをダウンロードして、一括登録することで作業を効率化ができます。

納品する商品数が100、200とあると、いちいちこれまでのことを手入力していくのは大変な作業になります。これまで1〜2時間はかかっていた納品プランの作成が、数分でできるようになることもあるので、商品数が膨大になってきた方は、ぜひ活用してください。SKUと数量を入力するだけで、あとはコピペしながら使っていけるので、本当に簡単な作業になります。

ただ、これはなかなか複雑で最初はわかりづらいかと思うので、Amazonに直接聞きながら作業したほうがいいと思います）丁寧に教えてくれるので安心してください)。

以下の手順で、CSVファイルをダウンロードします。

### 出品ファイルのダウンロード

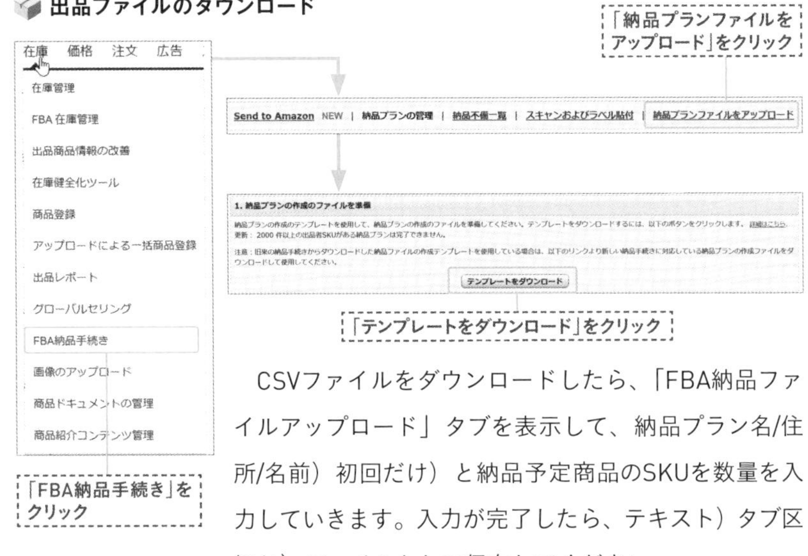


CSVファイルをダウンロードしたら、「FBA納品ファイルアップロード」タブを表示して、納品プラン名/住所/名前）初回だけ）と納品予定商品のSKUを数量を入力していきます。入力が完了したら、テキスト）タブ区切り）ファイルとして保存してください。

### 納品ファイルに必要情報をアップデート

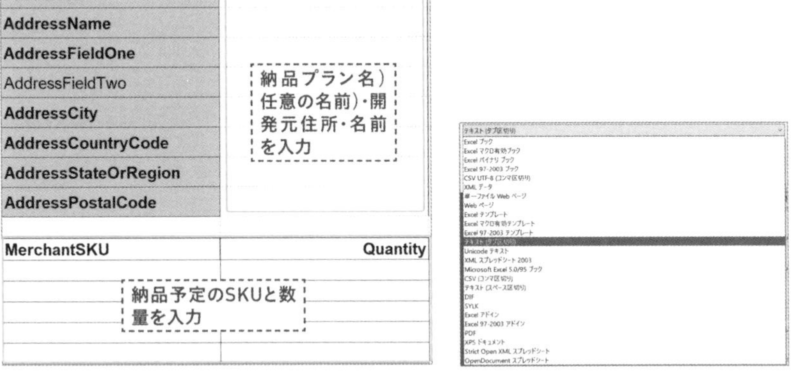


その後、納品ファイルをアップロードします。

## 納品ファイルのアップロード

2. 納品プランの作成ファイルをアップロード

納品プランの作成ファイルテンプレートから作成した、タブ区切りの納品プランの作成ファイルをアップロードしてください。

アップロードするファイルを検索： ファイルを選択 選択されていません

今すぐアップロード

「テンプレートをダウンロード」をクリック

「今すぐアップデート」をクリック

その後、しばらく待って、エラーなくステータス終了したら完了です。

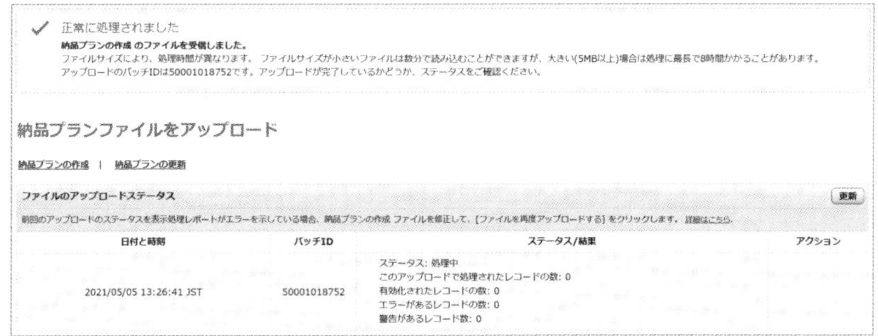

正常に処理されました
納品プランの作成 のファイルを受信しました。
ファイルサイズにより、処理時間が異なります。ファイルサイズが小さいファイルは数分で読み込むことができますが、大きい(5MB以上)場合は処理に最長で8時間かかることがあります。
アップロードのバッチIDは50001018752です。アップロードが完了しているかどうか、ステータスをご確認ください。

納品プランファイルをアップロード

納品プランの作成 | 納品プランの更新

ファイルのアップロードステータス 更新

前回のアップロードのステータスを表示処理レポートがエラーを示している場合、納品プランの作成 ファイルを修正して、[ファイルを再度アップロードする] をクリックします。 詳細はこちら。

| 日付と時刻 | バッチID | ステータス/結果 | アクション |
|---|---|---|---|
| 2021/05/05 13:26:41 JST | 50001018752 | ステータス: 処理中<br>このアップロードで処理されたレコードの数: 0<br>有効化されたレコードの数: 0<br>エラーがあるレコードの数: 0<br>警告があるレコード数: 0 | |

03

# FBA納品で注意したいこと

## 輸送箱の規定サイズと重量

FBAに納品できる輸送箱は商品タイプにより大きさと重量が決められています。規定を守った輸送箱で発送しましょう。

輸送箱のサイズは、商品のサイズに基づき下記の基準を満たしている必要があります。このサイズや重量を超えた輸送箱での納品は受領拒否の対象になるので、ご注意ください。

### 規定サイズと重量

| | 商品サイズ・重量 | 輸送箱サイズ・重要 | 注意 |
|---|---|---|---|
| 小型サイズ商品 | ・三辺が25×18×2cmより小さい<br>・重量が250g未満 | ・三辺が50×60× 50cmより小さい<br>・重量が30kg以下<br>※コロナ禍に伴う重量制限あり | メーカー専用輸送箱の場合95×69.9× 50.9cmより小さいことと重量40kg未満<br>※コロナ禍に伴う重量制限あり |
| 標準サイズ商品 | ・三辺が45×35×20cmより小さい<br>・重量が9kg未満 | ・三辺が50× 60 × 50cmより小さい<br>・重量が30kg以下<br>※コロナ禍に伴う重量制限あり | メーカー専用輸送箱の場合95×69.9× 50.9cmより小さいことと重量40kg未満<br>※コロナ禍に伴う重量制限あり |
| 大型サイズ商品 | ・三辺合計200cm未満<br>・重量が40kg未満 | ・三辺合計216cmまで<br>・重量が40kg未満<br>※コロナ禍に伴う重量制限あり | メーカー専用輸送箱の場合95×69.9× 50.9cmより小さいことと重量40kg未満<br>※コロナ禍に伴う重量制限あり |
| 特殊大型サイズ商品 | ・三辺合計260cm未満<br>・重量が50kg未満 | ・三辺合計400cmまで<br>・重量80kg未満 | |

**※コロナ禍に伴う一時的な重量15kg制限について**

2020年4月27日以降、小型サイズ、標準サイズ、大型サイズ商品については、「15kgを超える梱包の受領に関する制限」が設定されています）特殊大型サイズはありません）。

これはどういうことかというと、商品1点の重量が15kg以下の場合は、1つのパッケージの総重量を15kg以下に抑えるというものです。メーカー専用輸送箱についても同様の制限がかかっています。

そのため、実態としては、1点15kg以上の商品を除けば、輸送箱の重量制限が15kg以下の運用となっています。

これは、15kg以上のダンボールを2人以上運ぶと「密」の状態になるというのが理由で、コロナ対策の一種です。

コロナ禍がおさまれば解除はされるかと思いますが、Amazonに聞いてみたところ、解除の目途は経っていないとのことなので、しばらくかかるかもしれません）2021年5月現在）。

小型/標準サイズは本来30kgまで、大型サイズなら40kgまでOKなので、小さくまとめることで、手間とコストがかかってしまいます。しかし、15kg以上で送ってしまうと返品されてしまうことになり、かえって余計な手間とコストがかかることになるので、制限は守るようにしましょう。

## FBAに納品できない商品について）出品者出荷は可能）

FBAに納品ができない「FBA禁止商品」に注意しましょう。

**他のFBAセラー）AmazonのFBAを使っていて、Amazonの倉庫から自動的に商品を発送する出品者）がすでに販売している商品であれば基本は大丈夫ですが、Amazonの判断でFBA禁止としている商品があります。その場合は返送手続きをする必要があります。**

FBA禁止商品でもAmazonで出品を禁止されていない商品であれば、出品者出荷として販売することは可能です。

Amazon上でFBA禁止と認定されている商品であれば、納品プランを作成するとFBA禁止商品と警告が出ます。

**【FBA禁止商品】**

◆日本の規格および法律を満たしていない商品（銃刀法など）

◆室温で保管できない商品

◆動植物

◆危険物および化学薬品

◆出品に必要な届出や許可取得などが行われていない商品(食品衛生法など)

◆医療機器（血圧計などが該当。ガーゼ・絆創膏などの一般医療機器は納品可)

◆医薬品

◆金券、商品券、プリペイドカード、ギフト券、テレホンカード、切手、収入印紙、イベント入場券など

◆ゴールド、プラチナ、銀などの貴金属バー・インゴッド・地金、金貨・銀貨・銅貨・記念コイン、古銭・古札

◆プログラムのポリシーによって出品が禁止されている商品（タバコなど）

◆リコール対象の商品、または日本で販売が禁止されている商品

◆ネオジウム磁石および、その他の商品に影響を及ぼす恐れのある磁性商品

## FBA納品も出品者出荷もできない商品について

先ほどの商品は、FBA納品はできないが出品者出荷はできる商品でした。一方、FBA納品も出品者出荷もできない商品もあります。

たまに他のセラーが知らずに販売していることがありますが、真似するのはNGです。販売し続けると出品停止だけでなく、Amazonアカウントの停止や閉鎖リスクもあります。また、法律に抵触している場合は、罰則が科される可能性もあります。

## 【Amazon出品禁止商品】

○非合法の製品および非合法の可能性がある製品

○許認可を受けていない出品者による販売や、許認可を受けていない商品

○リコール対象商品

○不快感を与える資料

○ヌード

○アダルト商品

○アダルトメディア商品

○18歳未満の児童の画像を含むメディア商品

○オンラインゲームのゲーム内通貨・アイテム類

○Amazon.co.jp限定 TVゲーム・PCソフト商品

○同人PCソフト

○同人CD

○一部ストリーミングメディアプレーヤー

○Amazon Kindle商品

○プロモーション用の媒体

○鯨肉、鯨肉加工品、イルカ肉、イルカ肉加工品、鮫肉、鮫肉加工品、およびその他類する食品

○輸入食品および飲料

○ペット

○動物用医薬品

○Amazonが販売を許可していないサプリメント・化粧品・成分例品

○医療機器、医薬品、化粧品の小分け商品

○海外製医療器具・医薬品

○海外直送によるヘルス&ビューティ商材

○ペダル付電動自転車

○ピッキングツール 盗品

○クレジットカード現金化
○広告
○無許可・非合法の野生生物である商品
○銃器、弾薬および兵器
○不快感を与える商品
○制裁対象国、団体並びに個人

「そんなの売るわけないじゃん」と思うのが大半だと思いますが、なかには「これダメなんだ、気をつけよう」という商品もあるので注意しましょう。

## 要期限管理商品について

要期限管理商品とは、消費期限の印字がある商品です。食品・ドラッグストア・ペット用品に多く存在し、Amazonの規約に沿ってFBA納品をする必要があります。

**ルールを守らずに納品してしまうと納品不備として扱われ返送しなくてはなりません。**

すでに他のFBAセラーの販売実績がある商品は、先ほど説明したように納品プランで自動で入力項目が出ますので、必ず入力しましょう。

要期限管理商品に関する詳しいAmazonの規約は、「要期限管理商品FBA実践マニュアル」（https://s3.amazonaws.com/JP_AM/doc/FBA/DatelotManual.pdf）で確認してください。

**【FBA納品できる商品】**

●室温で保管できる商品（温度指定や要冷蔵・要冷凍の指定がある商品は不可）

●FC到着時に消費期限が60日以上残っていること（仕入れる際にメーカーに期限がどのくらいある商品なのか聞くと確実）

※納品後、消費期限の近い商品から購入者へ発送され、期限まで45日以下になった在庫は自動的に「廃棄」されます。廃棄手数料は出品者負担。
※ただし、申請すれば消費期限が30日以上、期限切れとなるタイミングが15日前とできる場合がある。
●消費期限の印字が外から見える場所にあること（商品ラベルで隠れないように納品しましょう。外から見えない場所にある時は自身でラベルを作成して貼る）

以下に、Amazonが注意喚起している、よくある納品不備の例を示しますので、注意してください。

### よくある納品不備の例

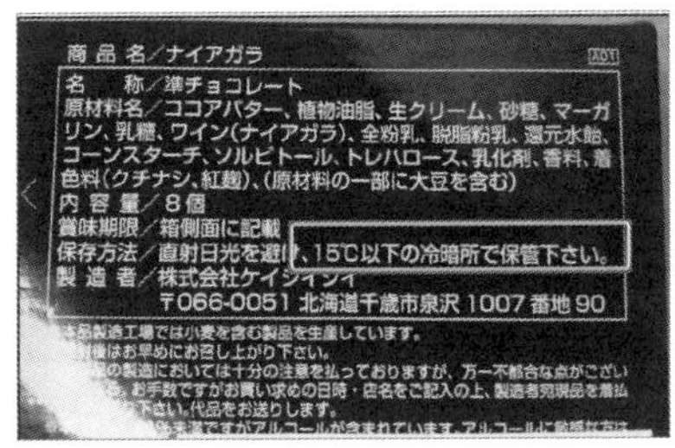

①商品に「○○度以下で保存」など、具体的な温度の指定がある。

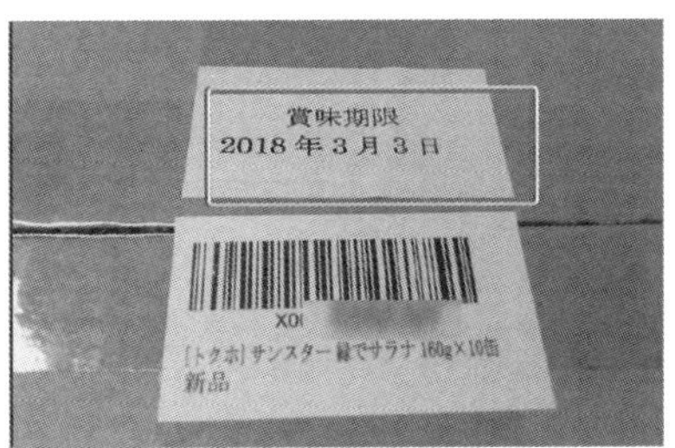

②期限切れ（例：2018年4月ご納品分）

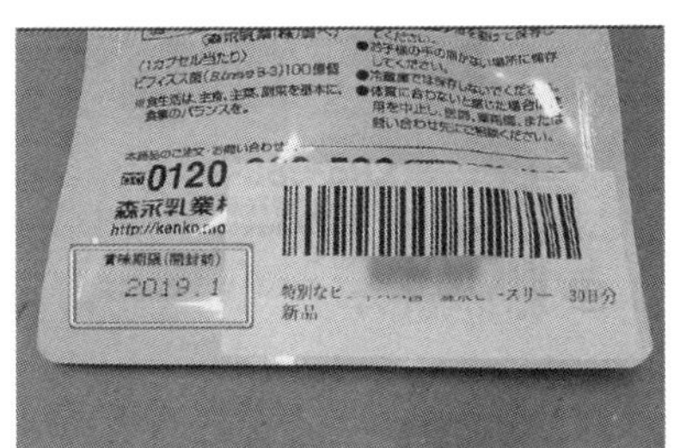

③期限がFBAラベルで隠れている

④ルールに沿っていない期限印字フォーマット

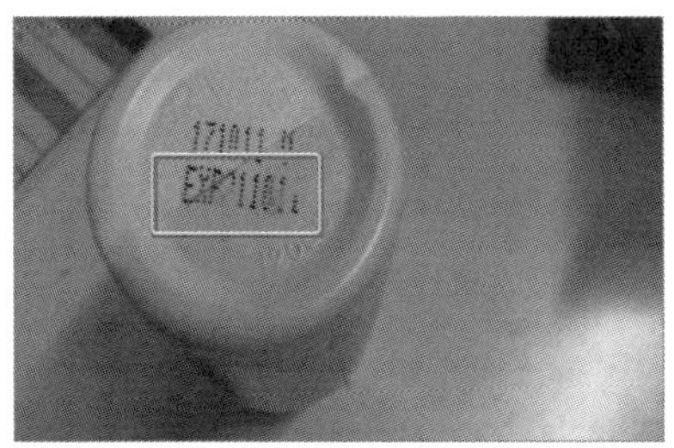

⑤印字不要で期限が不鮮明

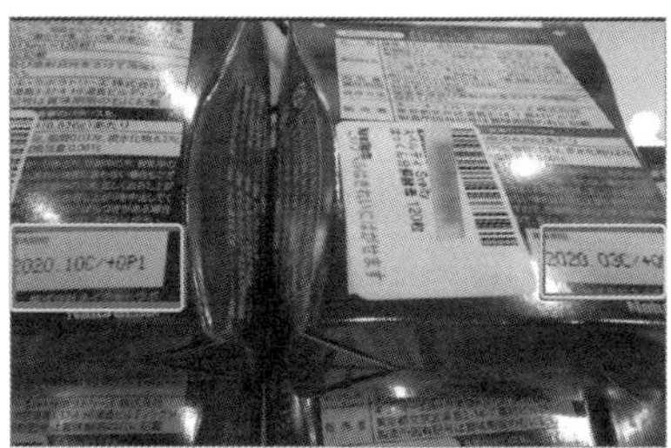


⑥同一納品設定かつ同一ASINで、期限の異なる商品がある
※期限ごとに納品プランを分けてもらえれば納品可能

⑦セット品で、外装から複数の期限が確認できる
※透明の袋にラッピングし、一番早く期限を迎える商品の期限を、外から見える場所

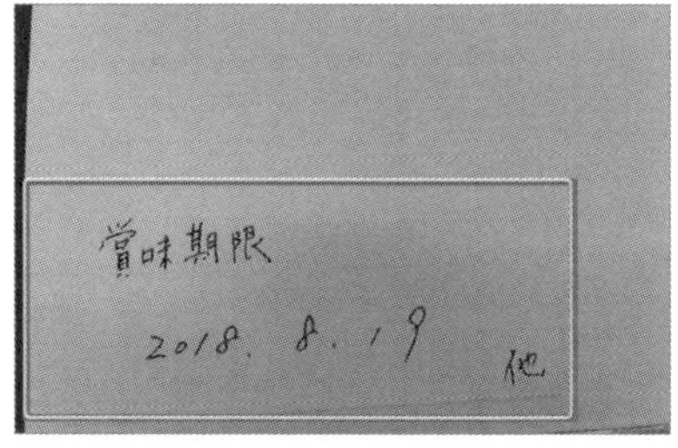


⑧期限印字が手書き

**【消費期限の印字ルール】**

❶「2021年12月31日」、「2021/12/31」、「21/12/31」 など【年・月・日】が表示されているもの。

❷「2021年12月」、「2021/12」、「21/12」 など【年・月】が表示されているもの（納品プランに入力する日付は末日を入力しましょう）。

❸ 1、2に当てはまらない商品は期限の読み方が記載されているか、出品者が読み方のシールを商品に貼る必要があります（食品以外）。

**【FBA納品時の注意事項】**

●同一商品の消費期限は同じ期限のものを納品する必要があります（期限の

違う商品がある場合は納品プランを分けて発送しましょう)。

●1つの輸送箱の中には要期限管理商品のみでなければありません(要期限管理商品であれば別商品でも同梱しても大丈夫です)。

●輸送箱に要期限管理商品のシートを貼る必要があります(公式マニュアル9ページにあるものをA5サイズ以上で印刷して貼る)。

FBA

amazon.co.jp

要期限管理商品

このシートはA5サイズ以上で印刷してください。

発送前の最終チェックリスト

全商品でチェック

○ 「要期限管理商品」ではない商品と同梱していない

期限の印字がある商品ならチェック(食品は期限の印字が原則必須)

○ Amazon到着時に期限まで60日以上残っている

○ 期限の印字がはっきりと読み取れるか検品した
(印字のかすれ、商品ラベルで隠れている　などの不備に注意!)

○ ASINごとに期限が同じだと確認した

**【セット商品の納品をする場合】**

1セット商品に対して1つの消費期限が見えるようにします。

①2個セットなどの場合は同一の消費期限のものをセットする(どちらかが見えるようになっていればOK)。

②それぞれ違う商品で消費期限も違うものをセットする場合は、一番期限が近い商品の期限を見えるようにする。

※違う消費期限が見えてしまう場合は包装するなどして隠して、その上から自身でラベルシールを作成して貼る。手書きは不可。

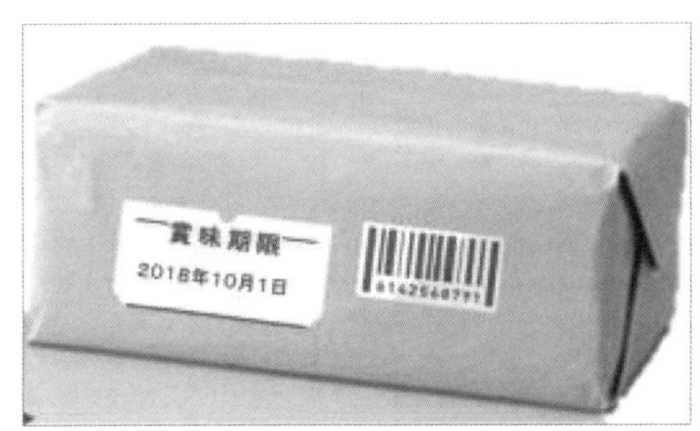

**【納品した商品の消費期限を確認する】**

以下の手順でレポートを作成して管理して、45日前間近の商品が販売不可として廃棄される前に返送するなどの対応をしていきましょう。

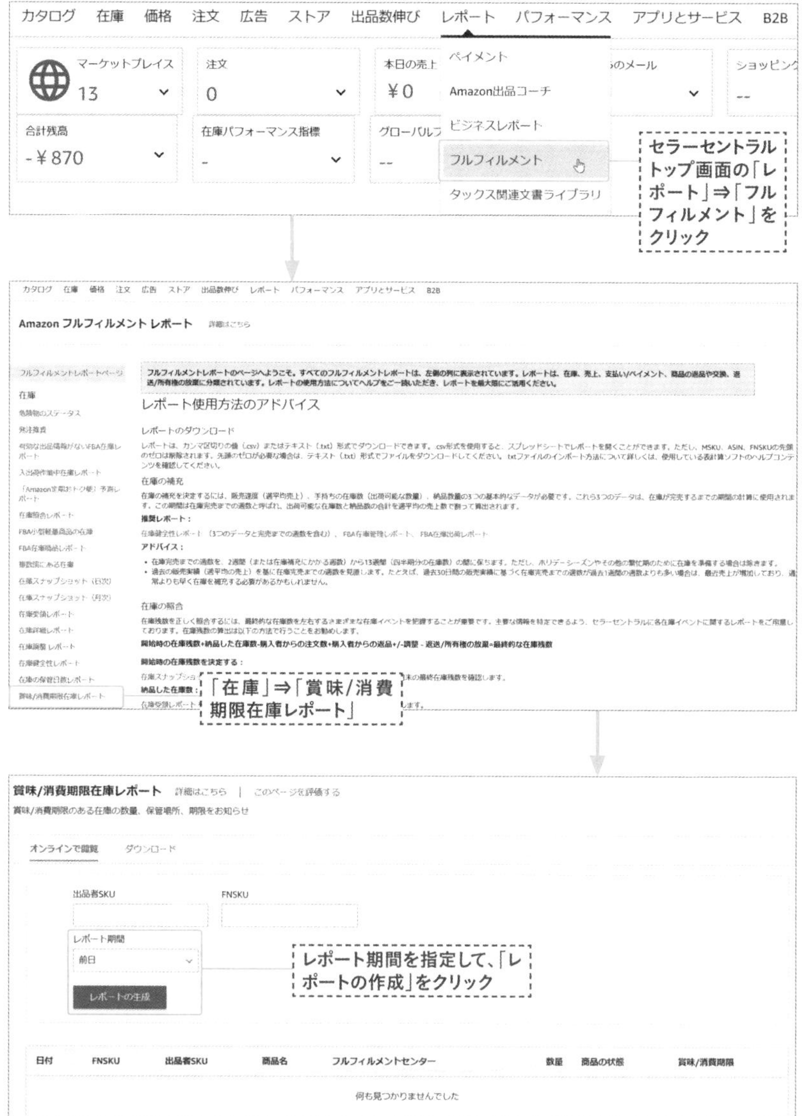

【要期限管理商品の出品許可申請】

要期限管理商品については、初回納品前に出品許可申請が必要となります。各カテゴリーにつき、出品許可申請は一度だけで結構です。

具体的には、以下のカテゴリーについて申請が必要となります。

| 商品カテゴリー | 対応内容 |
|---|---|
| ①食品&飲料 | 下記の方法にて申請が必要 |
| ②食品&飲料）消費期限の印字がない商品） | 「賞味期限の印字のない食品　事前申請リクエストフォーム」より申請 https://amazonjp.asia.qualtrics.com/jfe/form/SV_eL07PP08hvRYiVw |
| ③食品&飲料）消費期限までの期間が短い商品） | 「短賞味期限商品 事前申請リクエストフォーム」より申請 https://amazonjp.asia.qualtrics.com/jfe/form/SV_6h6unkWnG4EMvop |
| ④ドラッグストア、ビューティー、ペット用品、ベビー&マタニティ、おもちゃ）食玩） | 下記の方法にて申請が必要 |
| ⑤上記以外 | テクニカルサポートにどのASINが要期限管理商品なのかを記載したうえで申請 |

上の表①③の場合は、以下の手順に従って申請し、請求書と商品写真を提出します。

**請求書の必須条件**

・申請日より 180 日以内の発行日が記載されている

・出品者様のお名前とご住所が記載されている。

・メーカーまたは卸業者様のお名前とご住所が記載されている

・商品名と、10 点以上の仕入点数が記載されている）商品名にパッケージ画像の商品が含まれる）

**画像の必須条件**

・コンピューターで作成された画像ではなく、実際の写真であること

・商品またはパッケージのすべての側面がはっきりと表示されていること

・型番、商品名、またはその両方を記載すること

・法人またはメーカーの名称と所在地を記載すること

・重要な情報は現地の言葉で表示していること

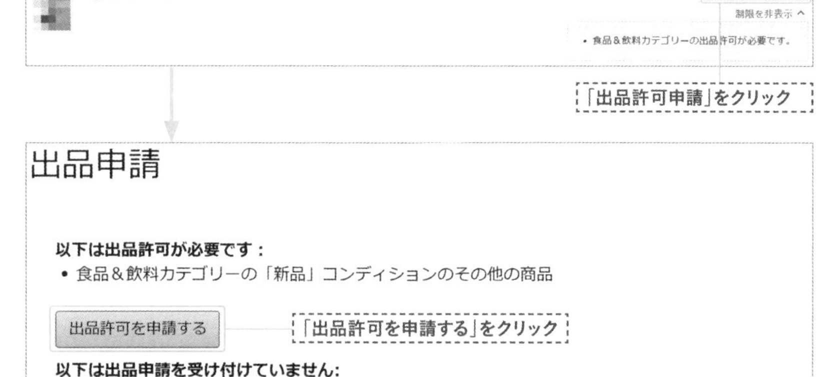

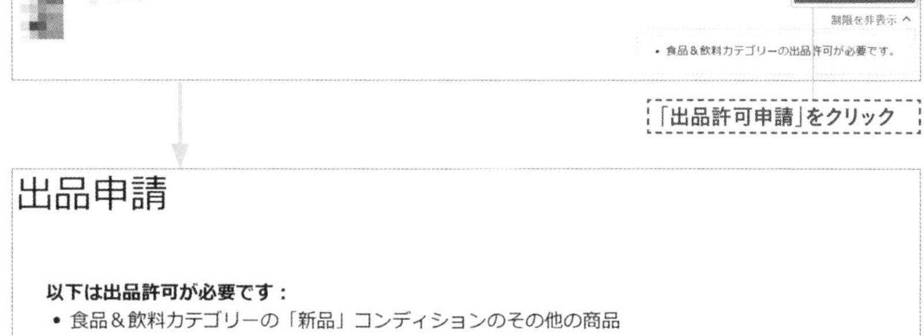


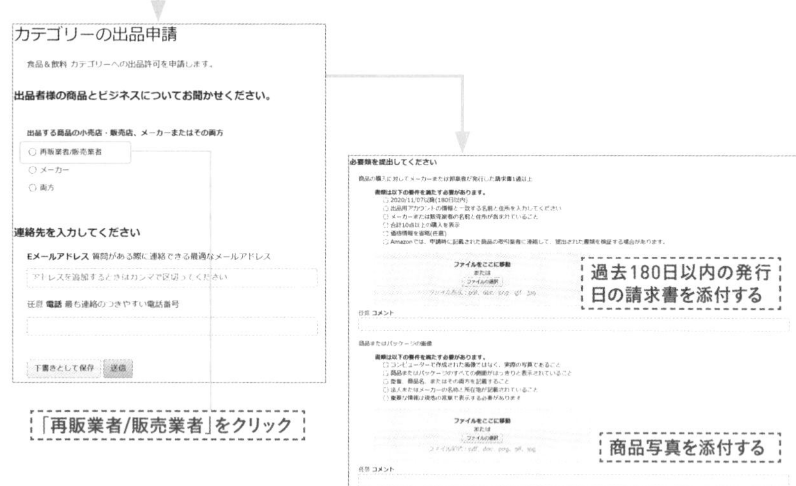

**連絡先を入力してください**

**Eメールアドレス** 質問がある際に連絡できる最適なメールアドレス

アドレスを追加するときはカンマで区切ってください

任意 **電話** 最も連絡のつきやすい電話番号

下書きとして保存　送信

メールアドレスと電話)任意)を入力して「送信」をクリック

メーカー直取引であれば請求書を送ってもらうことができるので、正しい方法で申請すれば、出品許可を得ることができます。

しかし、提出する請求書については、セラーセントラルで掲載している情報と完全一致していることが求められます。

請求書に関しては、次のようなミスで出品許可が得られないケースが多いので注意しましょう。

①請求書に記載の amazon ショップ名が、実際ストア情報のものと違う。
②請求書が見づらい。
③請求書にはAmazonショップ名だけの記載で、自分の名前がない。
　※責任者氏名と完全一致しているか amazon 側は見ます。
④請求書記載の住所・氏名がセラーセントラルの情報と完全一致していない。
　※アパート名等が抜けていると申請が通らない可能性があります。
　※番地のハイフンまで、すべてをamazonの情報と完全一致させてください。
⑤請求書記載の電話番号がアカウント情報と違う。

直接メーカーとやり取りしない単純転売では、請求書をもらうことは実質不可能であるため、メーカー直取引の醍醐味と言えます。この時点でライバルとの差別化が図れるでしょう。

## 危険物の納品について

危険物の中にもFBAに納品できるものと納品できないものがあり、納品するには上記Amazon公式の危険物マニュアルを読む必要があります。

公式マニュアルを読み進めると、17ページ目に申請リンクが記載されていますのでこちらから申請を済ませておきましょう。

**納品方法にはAmazonのルールがあり、ルールを守らずに納品してしまうと納品不備として扱われ返送しなくてはなりません。**

危険物の申請は、基本的にはSDSデータシート）安全性データシート）か製品情報確認シートが必要です。これはメーカーに送ってもらわないと入手できないこともあり、単純転売では難しいでしょう。要期限管理商品もそうですが、メーカー直取引の場合は扱える商品の幅が広がるメリットがあります。

※危険物におけるFBAのご利用について
https://s3.amazonaws.com/JP_AM/su/376.pdf

**【FBAに納品できる商品とは】**

規約に沿った商品でAmazonが倉庫に保管しても問題ないと判断した商品は納品することができます。

化粧水やマニキュア、香水、インク、消毒液、殺虫剤、漂白剤などの商品が納品できる危険物として見られます。

**基本的にFBAセラーがすでに販売している商品であれば納品可能と判断できますが、Amazonの判断で納品不可商品になる場合があります。**

**【危険物に該当する商品か調べる方法】**

公式マニュアル6ページ目以降に記載されています。ASINを入力して危険物かどうかとFBAに納品できる危険物か調べることができます。

また危険物を含む納品プランを進めていくと「この納品プランには危険物が含まれています」という注意書きが表示されます。

**【危険物の商品登録について】**

要期限管理商品と違い、危険物は個々の商品での申請が必要で、申請する内容も個々の商品によって違いがあります。基本的にはメーカーからSDSデータシート）安全性データシート）か製品情報確認シートをもらい、それをもとに申請をしていく流れです）危険物に関しては商品を仕入れる前にメーカーからもらうようにしてください)。

以下に危険物の商品登録の手順についてお伝えします。SDSデータシートを見てもわからないことがあれば、メーカーやAmazonに直接確認しながら申請を進めるようにしてください。

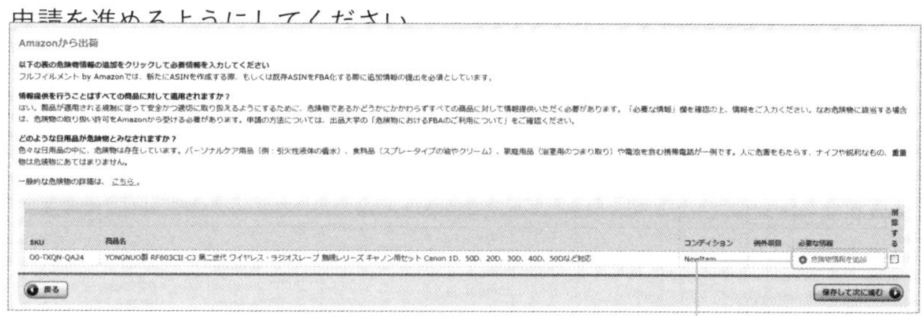


商品登録の途中で、上記の画面が出てきたら、「危険物情報を追加」をクリック

**【電池情報】**

電池自体が商品だったり、電池を使用していたりする商品であれば「はい」を選択し、製品情報を入力します。

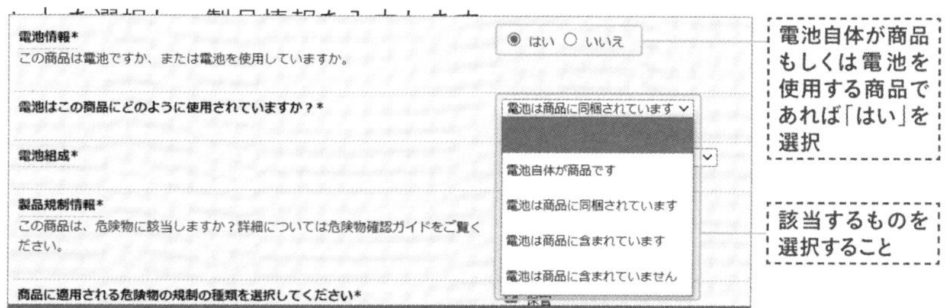

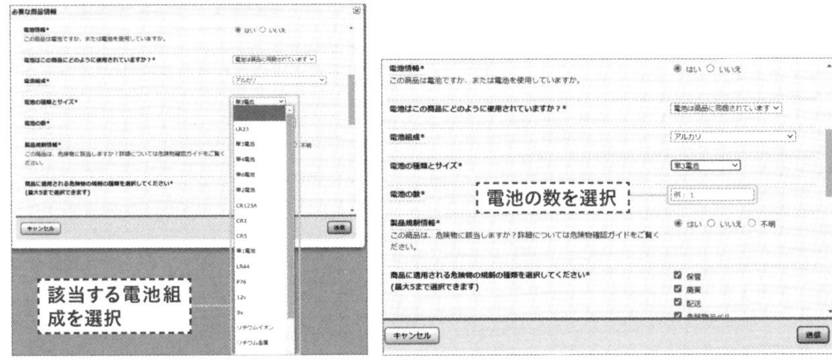


## 【製品規制情報】

危険物に該当していれば「はい」を選択します。

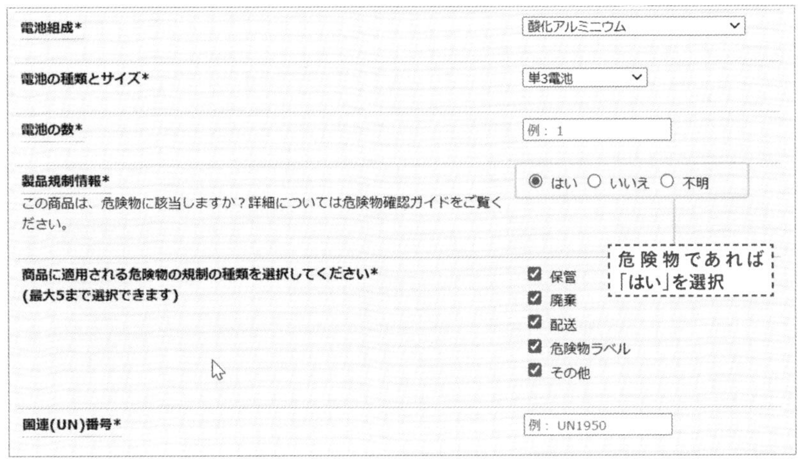


危険物に該当するかどうかは、公式マニュアルを見て確認するか、以下のセラーセントラルの「危険物判定作業」のASINチェックツールから確認するようにしてください）https://sellercentral.amazon.co.jp/gp/help/external/G201749580?)。

**【商品に適用される危険物の規制の種類】**

「保管」「廃棄」「配送」「危険物ラベル」「その他」で該当するところはすべてチェックしてください。

商品に適用される危険物の規制の種類を選択してください*
(最大5まで選択できます)

☑ 保管
☑ 廃棄
☑ 配送
☑ 危険物ラベル
☑ その他

該当する項目にチェック)複数選択可能)

国連(UN)番号* 例：UN1950

安全データシート(SDS) URL* 例：https://

製品重量(キログラム)* 例：5 kg

または

製品容量(ミリリットル)* 例：1000 ml

引火点(°C) 例：93 °C

分類／危険物ラベル(適用されるものをすべて選択)*

キャンセル　送信

**保管：**温度・湿度、室内外、保管容量など保管方法に規制がある場合

**廃棄：**「ガスを抜いて廃棄する」「他の物質との混触防止」など廃棄方法に規制がある場合

**配送：**「振動、落下などで爆発する危険性がある」など配送方法に規制がある場合

**危険物ラベル：**危険物ラベルが貼り付けてある場合

**その他：**上記4つ以外の危険物に関する規制がある場合

判断が難しいところがある場合は、メーカーやAmazonに問い合わせて確認するようにしましょう。

チェック内容によっては、以下の情報提供が求められることがあります。

| | | |
|---|---|---|
| 国連(UN)番号* | 例：UN1950 | |
| 安全データシート(SDS) URL* | 例：https:// | |
| 製品重量(キログラム)*<br>または<br>製品容量(ミリリットル)* | 例：5<br><br>例：1000 | kg<br><br>ml |
| 引火点(°C) | 例：93 | °C |

**国連）UN）番号：**SDSデータシートもしくはメーカーに直接確認する

**安全データシート）SDS）URL：**リンクがあれば、そのまま掲載。なければGoogleドライブなどに格納してリンクを掲載する）URLが長くなれば短縮URL推奨）

**製品重量または製品容量：**ポンドなど海外の単位が使われている場合は、kg、mlに換算して記入する。

**引火点：**SDSデータシートなどから確認して入力

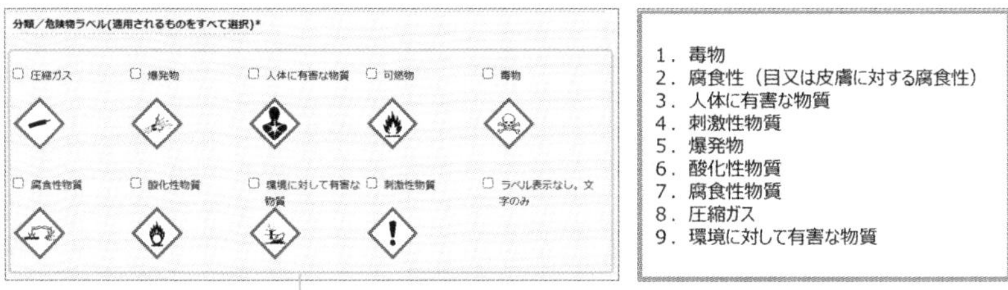


該当する項目にチェック。最大3つまでの選択なので、4つ以上該当する場合は、右記の優先順位で選択する

「分別/危険物ラベル」についても、SDSデータシートを見たり、メーカーに確認したりしながらチェックを入れてください。上記の画像を添付して、メーカーにメールで確認するのもいいでしょう。

【FBA】
危険物 在中
※このシートはA6以上で印刷してください

ただ、最大で3つしか選択できないので、その場合は図に記載の優先順位でチェックを入れてください。

・混合在庫で納品は不可（商品ラベルを貼る必要があります）

・FBAパートナーキャリアの利用、パレット、マルチチャネルの無地ダンボールの利用不可

・引火性液体にあたる商品はASIN毎に納品上限数が設定される。納品先は狭山FC、小田原FC、古河FC、神戸FC、加須C、中台FCのみ

・FBA梱包準備サービスの利用不可）古河FC、神戸FC、加須C、中台FCのみ）

・商品ラベル貼付サービスの利用不可）古河FC、神戸FC、加須C、中台FCのみ）

**【引火性液体の事前申請】**

FBA納品可能な引火性液体商品は納品前に事前申請が必要です。

液体商品で成分にアルコールやグリセリン、精油などを原料にしたものは一度確認した方がいいでしょう。

引火性液体に当たるのか不明な場合はテクニカルサポートに確認することを推奨しています。

一度申請したら再度申請は不要です。申請数量よりも納品数量が増える場合は再申請が必要なので多めの数量を申請しておきましょう。

04

# FBA納品の配送周りについて

## 配送周りのコストも意識しよう

FBA納品をする方法には大きく分けて「納品代行会社」を利用する方法と、「自分で納品」する方法があります。

納品代行会社を利用する場合は代行手数料と送料、「自分で納品」だと送料がかかります。始めたばかりで売上が低いうちは、あまり意識しても意味がありません。**しかし売上が上がってくると、配送周りのコスト削減の意識を持つことで何十万単位と利益が変わることがあります。**ですから納品コストも意識して利益計算をするようにしていきましょう。

ここでは、FBA納品するときの配送方法についてお伝えします。

## 納品代行会社を利用する

メーカーに商品を自宅ではなく、納品代行会社に送ってもらう方法です。

商品の荷受、検品、ラベル貼り、梱包、発送業務を委託できます。それぞれに料金が設定され、月額利用料もかかります。

諸々の代行会社合計手数料を仕入れた商品個数で割ると、1商品あたり50～100円（小型・標準）、200円～（大型）のコストイメージです。

**「FBA代行会社」で検索すると納品代行会社はたくさん出てくるので、ご自身の地域に近い業者を探すといいでしょう。**

自分で作業して発送するよりも、送料が安く済む傾向がありますし、なんといっても自分でやるよりは楽です。50箱以内の大量出品であれば、かなり安く済ませることができるので積極的に利用していきましょう。

ただ、代行手数料などの料金だけで決めてしまうと、納品が遅れるなど痛い目を見るので、丁寧に対応してくれる代行会社を選びましょう。

個人的には、ネット系の代行会社であれば「福富サポート」さんが、信頼できておすすめです）http://fukutomi-support.com/)。

対応が丁寧で安心感がありますし、納品が遅れるようなことがあれば、事前に連絡をしてもらえます。

## 自分で納品―運送会社と契約する

ヤマト運輸・佐川急便・日本郵便・西濃運輸・福山通運などと料金後納契約をします。毎月の発送箱数や地域、運送会社により料金が変わります。発送先が法人なら西濃運輸や福山通運が強いと言われています（近くの拠点に一度見積依頼をしてみるといいでしょう)。

## FBAパートナーキャリアを利用する

Amazonが日本郵便のゆうパック、ヤマト運輸と提携しているサービスです。ヤマト運輸との提携は2021年4月より開始されています。

ゆうパックについては基本的に基本運賃と同額なので、上記の方法よりは少し高くなり、ほとんどメリットはありません。料金の支払いをAmazonで行うことくらいです。しかし、ヤマト運輸の配送料は、基本運賃の最大67%の割引率となる特別料金での提供です。以下の表を見ても、基本運賃との差は歴然です）価格は税込価格)。

FBAパートナーキャリアをヤマト運輸で使う際の配送料

宅急便正規料金

| サイズ | 距離 | FBAパートナーキャリア ヤマトオプション | 基本運賃 |
|---|---|---|---|
| 140サイズ | 関東 - 関東 | ¥608 | ¥1,850 |
| | 関東 - 関西 | ¥857 | ¥1,960 |
| 160サイズ | 関東 - 関東 | ¥762 | ¥2,070 |
| | 関東 - 関西 | ¥1,120 | ¥2,180 |

また、2021年10月15日まで、最大15,000円の割引プロモーションもあるので、期間内であれば利用してみるといいでしょう。ただ、配送する箱数次第ではヤマト便を使って自分で配送した方が安くなることがあります。ヤマト便はヤマト運輸が提供しているサービスで、1箱あたりの容積で料金が設定されます。箱数が多いような場合）10～20箱目安）は、ヤマト便の方が安く発送できる可能性があります。大量出品の場合は比較してみるといいでしょう）ヤマト便は契約しなくても利用できますが、2021年10月3日にて廃止が決定されました、またヤマトのパートナーキャリアの料金もいつまで続くかは未定なので、物量が増えた段階でご自身の契約料金を各運送会社から見積りを取ることが必要だと考えます)。

## 障がい者の方が働く就労支援施設に依頼する

納品代行会社を利用せずに、誰かに納品作業の一部を依頼する方法もあります。最近増えているのが、障がい者の方が働く就労支援施設を利用することです。ラベル貼りの作業をお願いして、1個のラベル貼りの金額を10～20円くらいでお願いする方が多いです）送料は別途自分で負担)。継続的に依頼する場合は時給制にしてもいいでしょう。

納品代行会社よりも安く引き受けてくれますが、あまり安すぎると長続きしないので、ある程度メリットのある金額で依頼しましょう。

具体的には、就労継続支援A型の施設を探して納品作業の一部を依頼するのがおすすめです（場合によっては就労継続支援Ｂ型の施設さんを探すのもありです)。就労支援施設の探し方は、以下のWAM NETという福祉医療機構が運営するサイトで検索をします。

### 障がい者の方が働く就労支援施設を探す

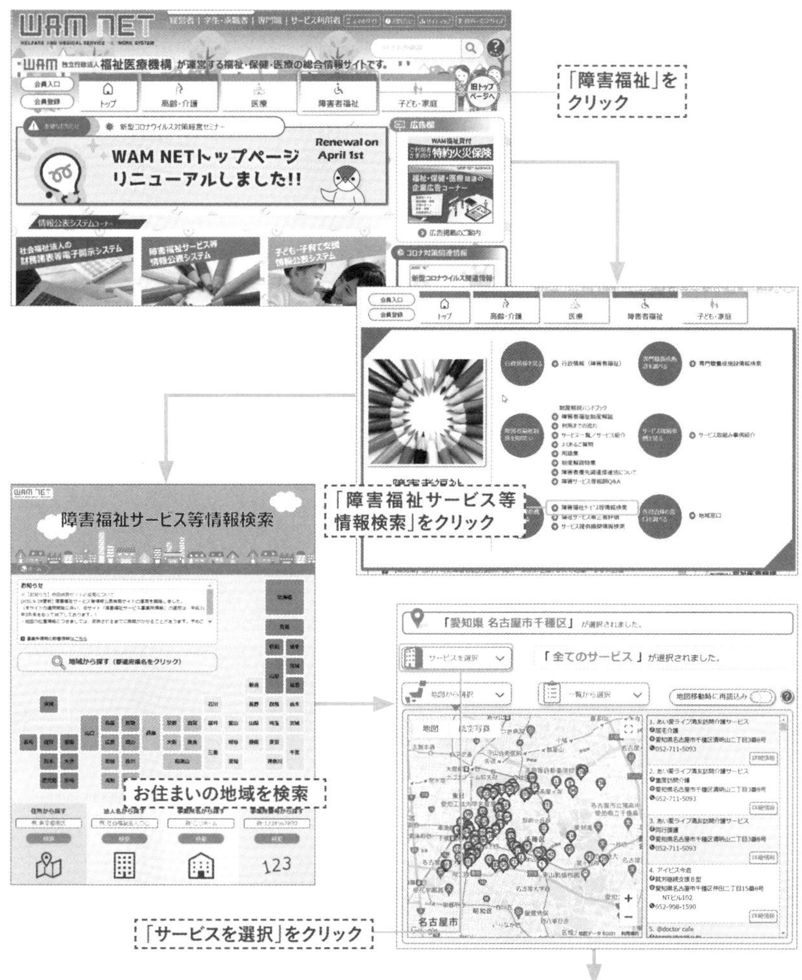

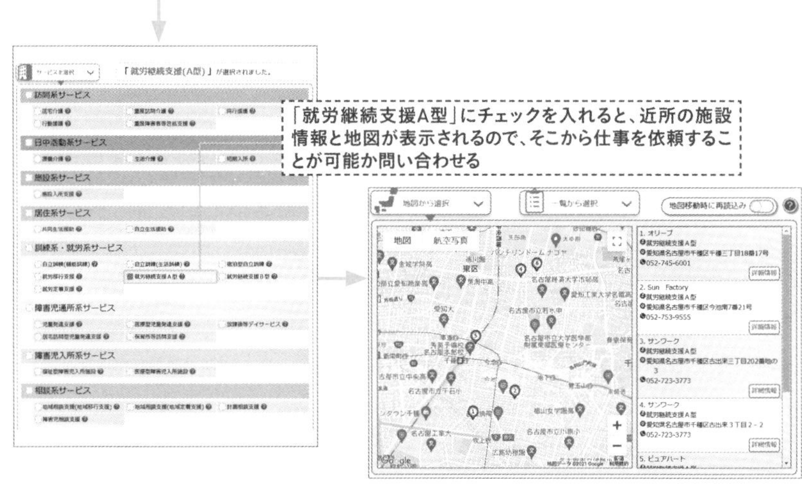


## 【参考】海外メーカーからFBA直送はおすすめしない

国内メーカーの場合であれば、メーカーによってはFBA直送を受付けてくれる場合があります。送料0円で納品できるので、利益率がかなり違ってきますので、Amazonラベル貼付サービス（20～51円/枚））p93参照）を利用してメーカーに頼んでみることをおすすめしています。

海外メーカーでもラベルを貼ってもらって納品することはできますが、あまりおすすめしません。なぜかというと、メーカーからFBA直送だと、検品できないため、違う商品を届けたり、不良品を届けたりするリスクがあるためです。国内メーカーの商品ではそのリスクはほとんどないのですが、海外メーカーの商品は、不良品のリスクがどうしても出てきます。そのため、FBA直送は避けたほうが無難です。

05

# 注文管理と売上管理



## 注文状況の確認

商品が売れたりすると、初めての方は注文の状況など確認したいのではないかと思います。ただ、FBAで商品が売れると出品者には出荷通知メールが届くので、そちらで確認することができます。

また、下図の方法で注文が入った商品や売上を「注文管理」で確認することができます。

### 注文管理画面で確認

## 売上と入金額の確認

FBAから出荷されると売上が反映され、約2週間周期で登録口座へ入金されます）現在は毎日でも売上金の入金をAmazonに促すボタンがあります）。

入金額はAmazonの各種手数料を差し引いた金額となり、入金額よりも各種手数料が上回る場合は、登録したクレジットカードに請求されます。

確認方法は下の方法を参考にしてください。

トランザクションの詳細画面では、売上や入金額の内訳の詳細を確認できます。

売上管理は重要なことですが、最初は内訳の詳細を理解するのに時間がかかると思います。**Amazonのカスタマーサービスに電話すれば、丁寧に教えてもらえるので活用するようにしましょう。**

なお、トランザクションデータの詳細はExcelなどにダウンロードすることが可能です。

### ペイメントで確認

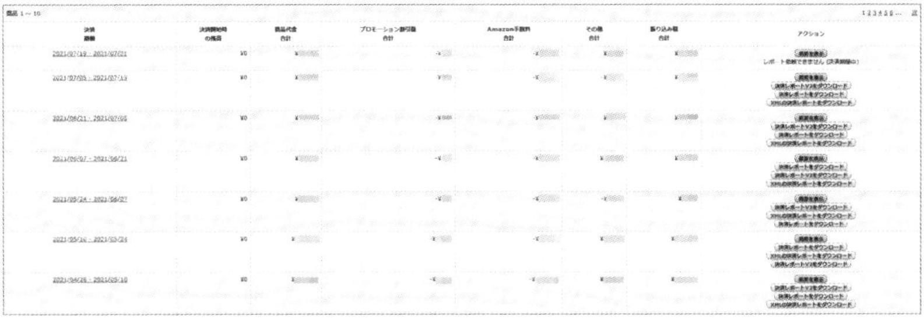

## Amazonの支払いサイクルについて

Amazonの支払いサイクル）周期）は、通常は2週間に1回という形になっています。

例えば、11/1～11/14までの売上が締められて、11/14の3日後ぐらいに2週間分の売上がご自身が指定した銀行口座に振り込まれるということです。

支払いサイクルは決められているわけではなく、ご自身がAmazonのアカウントを作成した日によって異なります。

また、2021年現在の仕様で新しくAmazonのアカウントを作成すると、「振込をリクエスト」というボタンがペイメント画面に出現します。それをクリックすると、2週間に1回のサイクルでなく、毎回売上金を指定の銀行口座に振り込み手続きをすることが可能になります。

ただし、ひとつ注意点があります。それは新しいアカウントを作成すると、

Amazonから「引当金」といった項目をアカウントに留保されることです。

これは商品を購入したお客様への返金や払い戻しに対応するために作られた項目のことで、一時的に売上金がアカウントに残った状態になります。

引当金の割合は50％から始まると言われており、新しくアカウントを作った人の2週間の売上が100万円なら50万円分が留保され、次回の振込に回され支払われます。

しかし、徐々にこの引当金の割合は解消されるので、ご安心ください）どのくらいの期間で引当金が解消されるかは定かではありませんが、40％、30％と月日が経つにつれ割合が低くなるのが通常です）。

Amazonの支払いサイクルを理解して、メーカー取引のほうもご実践ください。

06

# メール便で送料を抑える FBA小型軽量商品プログラム

## FBA小型軽量商品プログラムとは?

FBA小型軽量商品プログラムとは、メール便で送れる小さなサイズで低単価商品に適用される送料を安くできるプログラムです。

通常のFBA料金では利益が出ない商品を、送料を抑えることで利益の出る商品にすることができます。

適用条件は次の通りになります。

①販売価格：1000円以下

②商品重量：1000g以下

③商品サイズ：35.0cm x 30.0cm x 3.3cm以下

④過去4週間に25点を超える販売がある、または今後4週間に25点を超える販売が見込まれること（出品者出荷およびFBAセラーの総販売数）

※2021年7月現在

## FBA小型軽量商品プログラムの配送代行手数料（2021年7月現在）

| | FBA小型軽量商品プログラム | | 参考:通常FBA配送代行手数料 | | |
|---|---|---|---|---|---|
| | | | 小型商品 | 標準1 | 標準2 |
| 配送パッケージサイズ | 25.0cm×18.0cm×2.0cm以下 | 35.0cm×30.0cm×3.3cm以下 | 25cm×18cm×2.0cm未満 | 35cm × 30cm ×3.3cm未満 | 三辺合計60cm未満 |
| 重量 | 250g以下 | 1000g以下 | 250g未満 | 1000g未満 | 2000g未満 |
| 配送代行手数料 | ¥193 | ¥205 | ¥290 | ¥381 | ¥434 |

左の図を見てわかる通り、配送代行手数料については同じ商品サイズで小型・標準のFBA手数料と比較すると、最大85〜241円の差額になります。

FBA小型軽量商品プログラムの最大のメリットは、FBA配送手数料の削減ができて利益額と利益率を向上させることができることです。

例えば、条件が近い標準1サイズの商品で見てみると、販売価格1000円、仕入500円、販売手数料10%、配送代行手数料381円で発送をした場合の利益は19円です。利益率は1.9％で、物販では非常に悪い利益率です。しかし小型軽量商品プログラムを利用すると381円→205円の発送代行手数料となるため、利益が195円となり、利益率が1.9%から19.5%に跳ね上がります。

大型の商品だけでなく、このような小型軽量商品で利益を得る方法もあります。やっている人は少ないので、試してみてもおもしろいと思います。

**対応FC（2021年7月現在）**

FBA商品の小型・標準サイズを取り扱う全FC対応

**対象外の商品（2021年7月現在）**

●中古商品
●アダルト商品
●混合在庫管理対象商品
●FBA禁止商品
●危険物
●お酒類
●温度管理商品
※これまで対象外とされていたFBA定期おトク便利用中の商品については、現在は使用可能となっています。

**注意事項**

①FBA梱包準備サービスは利用できない

②購入者がお急ぎ便を利用した場合、代引き、コンビニ払いやコンビニ受け取りができない
③FBA料金シミュレーターの計算には反映されないので別途利益計算をする必要がある。
④1回の納品で、1商品あたりの納品数量が24個以上必要（ある程度の販売数量が見込める商品選定が必要）
⑤対応FCが専用FCになる（標準サイズなどをよく納品するFCとは別に納品をする必要がある）

**すでに実績のある商品の申請方法**

その商品をすでに販売しているセラーがプログラムを利用している場合、事前申請を行なわなくてもすぐにプログラムの開始が可能です。

対象商品の条件をFBA料金シミュレーターで確認して、条件が合致していれば商品登録できます。

**新規の商品のプログラム申請方法**

すでに自身で販売している商品などで、プログラム条件に合致する場合、事前申請をすることでプログラムを利用することができます。

申請をしても却下されることはありますが、一度却下になっても何度かトライすることで申請が通ることがあります。

プログラムの申請方法は、次の2パターンがあります。

## 100〜5000点登録する場合

日本　日本語　FBA小型軽量商品　メッセージ｜ヘルプ｜設定

セラーセントラル右上検索窓から検索し「登録ページ」を表示

FBA小型軽量商品

FBA小型軽量商品プログラムを利用して出荷コストを削減しましょう

プログラムの詳細について　商品を登録する　商品の登録を解除する

注意：FBA小型軽量商品プログラムを利用する場合、プログラムポリシー（こちらを確認するを参照）の対象となります。

クイック登録

簡単な手順で、SKUの利用資格の確認と最大100点までの商品登録ができます。詳細はこちら

クイック登録

最大50,000点までの商品を登録

ステップ1。テンプレートをダウンロードして入力します

テンプレートをダウンロードし、FBA小型軽量商品プログラムに追加する商品を入力してください。詳細はこちら

テンプレートのダウンロード

テンプレートのダウンロードをクリック

| COUNTRY | JP |
| --- | --- |
| MSKU | |

チェックを入れる

SKU入力済のファイルを選択

ステップ2.FBA小型軽量商品プログラムへ商品を追加するファイルをアップロードする

FBA小型軽量商品プログラムへ商品を追加するファイル（.xls、.xlsx、.csv、またはタブ区切り.txt）をアップロードします

アップロードするファイルを選択してください。　ファイルを選択　選択されていません

箱の寸法と重量の要件

箱の寸法が2.3 x 23.5 x 30.0 or 3.3 x 30.0 x 35.0 cm以下、重量が950 g以下の商品を登録していることを確認して、このチェックボックスにチェックを入れてください。

今すぐアップロード

「今すぐアップロード」をクリック

**FBA小型軽量商品プログラムの登録 のファイルを受信しました。** ×

処理時間はファイルのサイズによって異なります。 サイズの小さなファイルの読み込みは数分で完了しますが、ファイルのサイズが5MBを超える場合は、最大8時間かかる場合があります。 参考までに、このアップロードのバッチIDは50004018754です。以下のアップロードのステータスを確認して、アップロードが正常に完了したことを確認してください。

この画面が出てきたら、メールで申請結果を待つ

メールが届いたら、「こちら」をクリックして申請結果を確認する

2021/05/07 12:30:37 GMTにFBA小型軽量商品プログラムに商品を追加しました 受信トレイ ×

fba-small-and-light@amazon.com 21:30 (6 分前)
To 自分

様

Amazonテクニカルサポートよりご連絡いたします。FBA小型軽量商品プログラムへの商品登録リクエストの結果につきまして、こちらからダウンロードしてご確認ください。

商品が承認された場合は、「追加」の列に「はい」と表示されます。「推奨される最小納品数」列に表示される、おすすめの最小納品数量を参照してください。

商品が承認されなかった場合は、「追加」の列に「いいえ」と表示されます。承認されなかった理由は、「商品が追加されなかった理由」の列に表示されます。この時点で、これらの商品はFBA小型軽量商品プログラムの利用資格対象ではありません。通常のFBAプログラムにご登録ください。

Amazonのポリシーの詳細とよくある質問については、こちら
https://sellercentral.amazon.co.jp/gp/help/201706140

をご覧ください。FBA小型軽量商品プログラムについてさらにご質問がありましたら、テクニカルサポートまで電話またはEメールでお問い合わせください。

テクニカルサポートには、以下のリンク先からご連絡いただけます。
https://sellercentral.amazon.co.jp/hz/contact-us

Amazonをご利用いただき、ありがとうございます。

今後ともよろしくお願いいたします。
フルフィルメント by Amazon

## 100点までの登録の場合

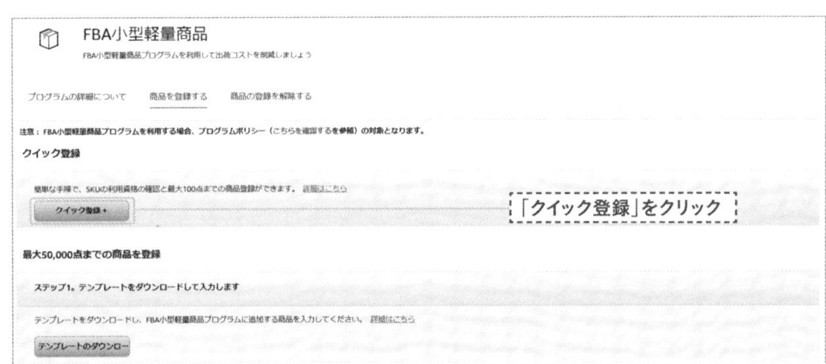
FBA小型軽量商品
FBA小型軽量商品プログラムを利用して出荷コストを削減しましょう
プログラムの詳細について
商品を登録する
商品の登録を解除する
注意：FBA小型軽量商品プログラムを利用する場合、プログラムポリシー（こちらを確認するを参照）の対象となります。
クイック登録
簡単な手順で、SKUの利用資格の確認と最大100点までの商品登録ができます。 詳細はこちら
クイック登録 +
「クイック登録」をクリック
最大50,000点までの商品を登録
ステップ1。テンプレートをダウンロードして入力します
テンプレートをダウンロードし、FBA小型軽量商品プログラムに追加する商品を入力してください。 詳細はこちら
テンプレートのダウンロー

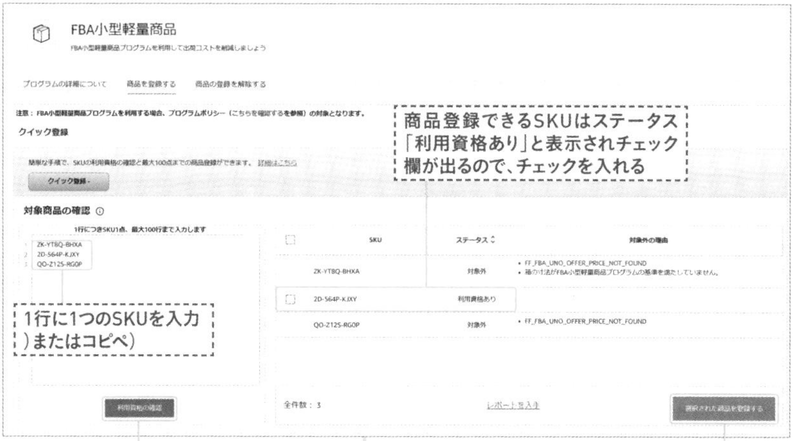

FBA小型軽量商品

FBA小型軽量商品プログラムを利用して出荷コストを削減しましょう

プログラムの詳細について　商品を登録する　商品の登録を解除する

注意：FBA小型軽量商品プログラムを利用する場合、プログラムポリシー（こちらを確認するを参照）の対象となります。

クイック登録

簡単な手順で、SKUの利用資格の確認と最大100点までの商品登録ができます。 詳細はこちら

クイック登録

対象商品の確認

1行につきSKU1点、最大100行まで入力します

1 ZK-YTBQ-BHXA
2 2D-564P-KJXY
3 QO-Z12S-RG0P

利用資格の確認

| | SKU | ステータス | 対象外の理由 |
|---|---|---|---|
| | ZK-YTBQ-BHXA | 対象外 | • FF_FBA_UNO_OFFER_PRICE_NOT_FOUND<br>• 箱の寸法がFBA小型軽量商品プログラムの基準を満たしていません。 |
| ☐ | 2D-564P-KJXY | 利用資格あり | |
| | QO-Z12S-RG0P | 対象外 | • FF_FBA_UNO_OFFER_PRICE_NOT_FOUND |

全件数：3　レポートを入手　選択された商品を登録する

商品登録できるSKUはステータス「利用資格あり」と表示されチェック欄が出るので、チェックを入れる

1行に1つのSKUを入力)またはコピペ)

「利用資格の確認」ボタンをクリックすると、結果が右の欄に出てくる

最後に「選択された商品を登録する」をクリック

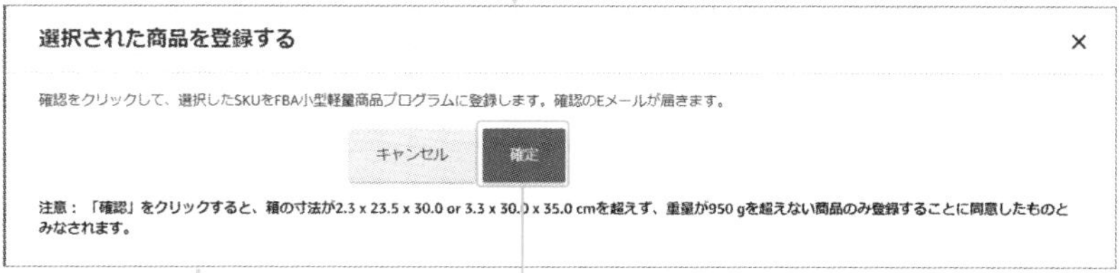

選択された商品を登録する

確認をクリックして、選択したSKUをFBA小型軽量商品プログラムに登録します。確認のEメールが届きます。

キャンセル　確定

注意：「確認」をクリックすると、箱の寸法が2.3 x 23.5 x 30.0 or 3.3 x 30.0 x 35.0 cmを超えず、重量が950 gを超えない商品のみ登録することに同意したものとみなされます。

「確定」ボタンをクリック

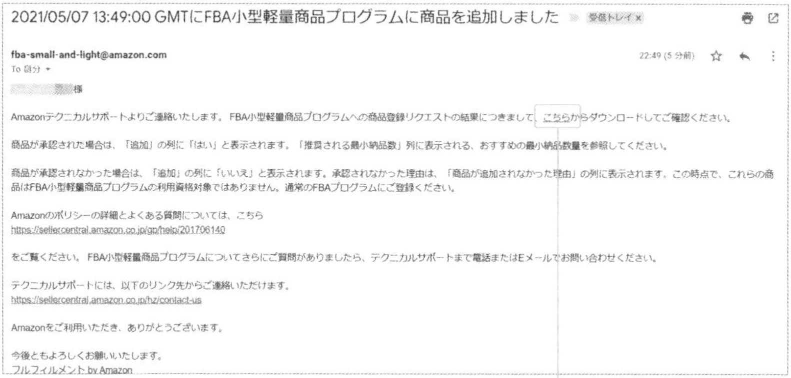

2021/05/07 13:49:00 GMTにFBA小型軽量商品プログラムに商品を追加しました　受信トレイ ×

fba-small-and-light@amazon.com　22:49 (5 分前)

To 自分

様

Amazonテクニカルサポートよりご連絡いたします。FBA小型軽量商品プログラムへの商品登録リクエストの結果につきまして、こちらからダウンロードしてご確認ください。

商品が承認された場合は、「追加」の列に「はい」と表示されます。「推奨される最小納品数」列に表示される、おすすめの最小納品数量を参照してください。

商品が承認されなかった場合は、「追加」の列に「いいえ」と表示されます。承認されなかった理由は、「商品が追加されなかった理由」の列に表示されます。この時点で、これらの商品はFBA小型軽量商品プログラムの利用資格対象ではありません。通常のFBAプログラムにご登録ください。

Amazonのポリシーの詳細とよくある質問については、こちら
https://sellercentral.amazon.co.jp/gp/help/201706140

をご覧ください。FBA小型軽量商品プログラムについてさらにご質問がありましたら、テクニカルサポートまで電話またはEメールでお問い合わせください。

テクニカルサポートには、以下のリンク先からご連絡いただけます。
https://sellercentral.amazon.co.jp/hz/contact-us

Amazonをご利用いただき、ありがとうございます。

今後ともよろしくお願いいたします。
フルフィルメント by Amazon

「こちら」をクリックして申請結果を確認する

## FBA小型軽量商品プログラムの梱包・納品方法

以前は透明ビニール袋に入れて梱包する必要がありましたが、現在は撤廃され、通常FBAと同じルールとなっています）2021年7月現在)。

ただし、小型サイズのため、貼りづらい、剥がれやすいといったことが起きやすくなるので注意しましょう。

### 間違った梱包・納品方法と正しい方法

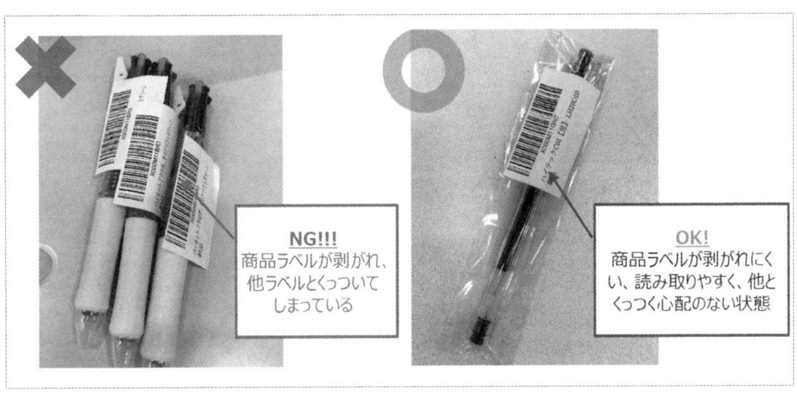

07

# 他のネット物販でも利用できるFBAマルチチャネル

## ヤフオクや楽天など、他販路で売れた商品も発送できるサービス

Amazonだけでなく、ヤフオクや楽天、もしくは自社ネットショップで商品を販売している方もいると思います。

その場合、FBAのような優れた配送の仕組みがなく、FBAに代行できることを自分でやらないといけなくなります。ちょっと面倒ですよね。

**このときに便利なのがFBAマルチチャネルです。FBAマルチチャネルは、AmazonのFBA倉庫に納品した在庫を、楽天やヤフオクで買ったお客さんに配送できるサービスです。他販路販売する際は非常に役立つサービスです。**

また在庫を自宅で保管しているような人は、保管スペースがなくて困っている方も多いでしょう。そういった場合にAmazonのFBA倉庫に納品しておくのもいいでしょう。

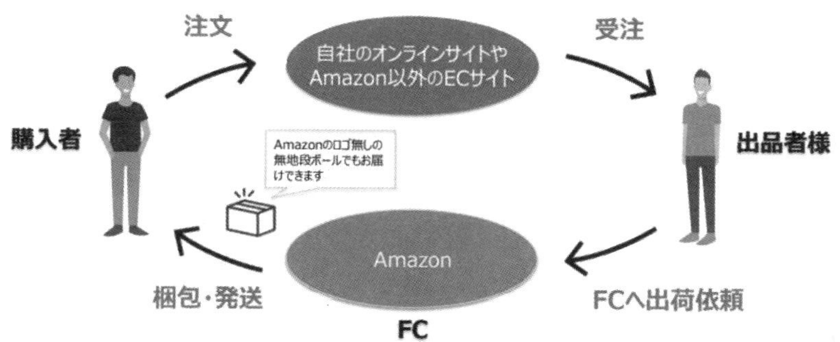

## FBAマルチチャネルサービス配送代行手数料

| | 寸法 | 寸法 | 商品重量 | 配送代行手数料 | |
|---|---|---|---|---|---|
| | | | | 通常配送 | お急ぎ便/お届け日指定便 |
| 小型 | | 25cm×18cm×2.0cm以下 | 250g以下 | ¥430〜550 | ¥500〜660 |
| 標準 | 1 | 35×30×3.3cm以下 | 1kg以下 | ¥450〜570 | ¥520〜680 |
| | 2 | 60cm以下 | 2kg以下 | ¥520〜730 | ¥520〜780 |
| | 3 | 80cm以下 | 5kg以下 | ¥590〜810 | ¥590〜870 |
| | 4 | 100cm以下 | 9kg以下 | ¥700〜940 | ¥700〜900 |

| | 寸法 | 寸法 | 商品重量 | 配送代行手数料 | |
|---|---|---|---|---|---|
| | | | | 通常配送 | お急ぎ便/お届け日指定便 |
| 大型 | 1 | 60cm以下 | 2kg以下 | ¥680〜860 | ¥680〜900 |
| | 2 | 80cm以下 | 5kg以下 | ¥690〜870 | ¥680〜910 |
| | 3 | 100cm以下 | 10kg以下 | ¥800〜1040 | ¥800〜1060 |
| | 4 | 120cm以下 | 15kg以下 | ¥960〜1170 | ¥960〜1190 |
| | 5 | 140cm以下 | 20kg以下 | ¥1180〜1210 | ¥1180〜1230 |
| | 6 | 160cm以下 | 25kg以下 | ¥1280〜1300 | ¥1280〜1320 |
| | 7 | 180cm以下 | 30kg以下 | ¥1920 | ¥1950 |
| | 8 | 200cm以下 | 40kg以下 | ¥1940 | ¥1980 |

※その他、「特大型」配送代行手数料もあり。　　(2021年8月30日以降)

上の表のような配送代行手数料が、1注文ごとに請求されます。

発送料としては割と安いほうだと思うので、他にプラットフォームのある方は利用してみるといいと思います。

配送スピードについては「標準」「お急ぎ便」の2パターンで選択できます。

その他、他販路の注文で代金引換を設定した場合、代金の徴収をAmazonに依頼することができます。）1注文あたりの手数料：330円）

## FBAマルチチャネル初期設定

FBAを利用していれば利用申請は不要です。ここでは他販路で販売する前に設定しておくと役立つことを紹介していきます。

**無地ダンボールの申請方法**

利用を希望する場合は、以下の文面を申請フォームにメールを送ります。(2週間ほどでAmazonから返信があります)

1. 出品者様の正式名称
ショップ名：[]
2. セラーセントラルにご登録のＥメールアドレス
アドレス：[]

※申請フォーム「https://amazonjp.asia.qualtrics.com/jfe/form/SV_3lKYL4Cpy79g4zb」

無地ダンボール対応FCは次の通りです。）2021年5月現在）

| FC | |
|---|---|
| 小田原FC(FSZ1) | 多治見FC(NGO2) |
| 川島FC(HND3) | 大東FC(KIX2) |
| 川越FC(NRT5) | 市川FC(NRT1) |
| 堺FC(KIX1) | 八千代FC(NRT2) |
| 鳥栖FC(HSG1) | 八王子FC(HND8) |
| 藤井寺FC(KIX4) | 高槻FC(TPF3) |
| 印西FC(TPF6) | 茨木FC(KIX3) |
| 川崎FC（HND6,9) | 川口FC（TYO1) |
| 京田辺FC（KIX5) | 久喜FC（TYO2) |
| 府中FC（TYO3) | 坂戸FC（TYO6) |
| 上尾FC（TYO7) | 吉見FC（TPF2) |
| 稲沢FC（TPF4) | 野田FC（TPFA) |
| 伊勢原FC（TPFB) | 習志野FC（TPF9) |
| 戸田FC（TPFC) | 古河FC（TPZ1) |
| 神戸FC（TPZ2) | 加須FC（TPZ3) |
| 阿見FC（TPX1) | 八幡FC（TPFD) |
| 中台FC（TPZ4) | |

## 【納品書のカスタマイズ】

納品書のカスタマイズもできます。例えばAmazonと他販路で店舗名が違えば、お客さんは困惑しますので、他販路の店舗名に合わせましょう。

### 納品書のカスタマイズ

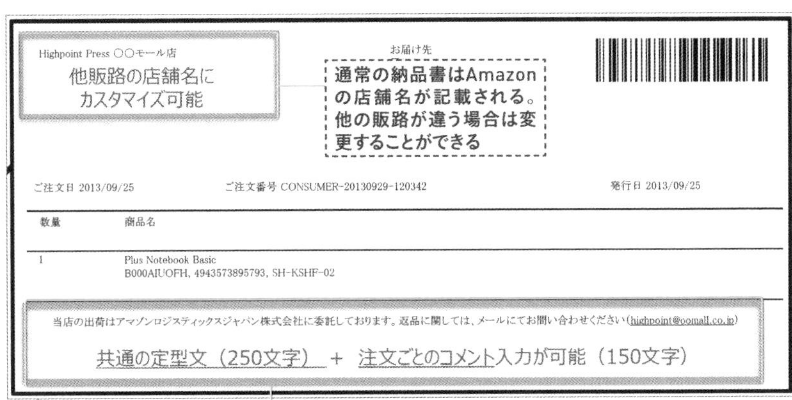


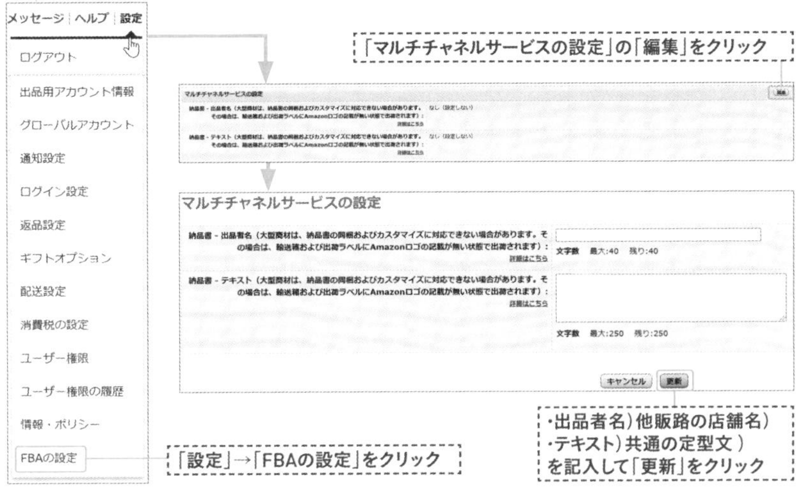

## 注文が入ったら

Amazonで商品を売る場合と違って、注文が入ったら出荷依頼は自分で行う必要があります。ただ、下図の方法に従ってやっていけばいいだけなので、とても簡単です。

### 出荷依頼の手順

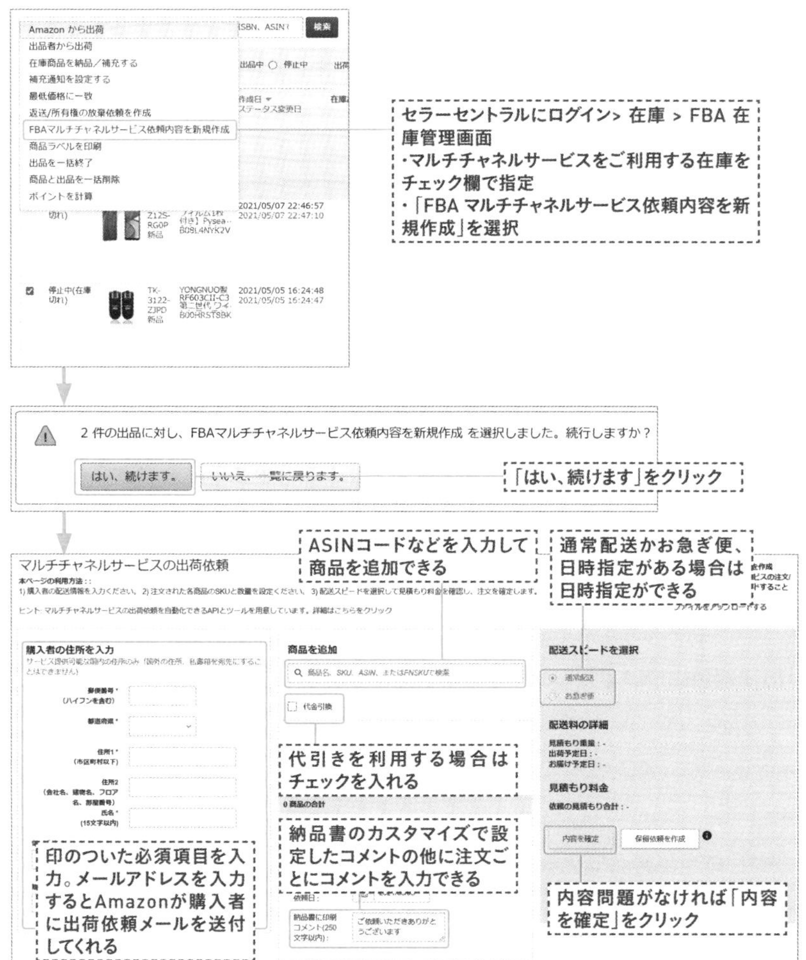

**【発送元の表記について】**

無地ダンボール設定をしていても発送元には「amazon.co.jp」と記載がされ、不在伝票にも発送元が記載されます。

出荷する際に購入者には「当店では発送をAmazonに委託しており発送元にAmazonと記載があります」と伝えるのがいいでしょう。

**【メルカリやラクマで利用するのは規約違反】**

メルカリやラクマなど、フリマサイトでは、「手元にない商品」を販売することを禁止しているところがあります。

このようなフリマサイトでは、FBAマルチチャネルを利用するのは規約違反になるので注意しましょう。例えばメルカリの場合、購入者からAmazonから商品が届いたとメルカリ事務局に報告されてしまうと、メルカリアカウントが停止になります。

**【出荷遅延について】**

FBAマルチチャネルを利用した場合の出荷遅延が起こる可能性は0%ではありません。購入者へ「翌日発送します」と伝えてしまうのは注意が必要です。

少し料金が高くなりますが、出荷遅延のリスクを考慮して「お急ぎ便」を利用することをオススメします。

**【キャンセル方法について】**

出荷依頼をキャンセルすることができます。出荷依頼ステータスが「計画中」「保留中」「処理中」の場合のみ可能です。

セラーセントラル⇒注文⇒注文管理から、「注文番号」か「販売チャネルが【Non-Amazon.co.jp】」の注文から検索しましょう。

「この注文をキャンセルする」をクリックすると出荷依頼をキャンセルすることができます。出荷してしまった商品のキャンセルは、追跡番号を元に配送業者に連絡してFBAに戻してもらう必要があります。

セラーセントラル> 注文 > 注文管理
キャンセルは、依頼のステータスが「計画中」、「保留中」、または「処理中」の場合のみ可能。

「Non-Amazon」を選択

**【その他注意点】**

●ギフトラッピングは利用できません。

●大型商品について、92cm×40cm×35cmの箱に収まらないサイズの商品はAmazonのロゴのダンボールでの出荷となります。

こちらも購入者には「当店では発送をAmazonに委託しており、商品のダンボールにはAmazonのロゴがあります」と伝えておきましょう。

## 「お客様から脅しのメールが来ました……」

FBAを利用することで、カスタマー対応もAmazonがやってくれるのですが、「おかげでとても助かった！」という体験談を紹介します。

ある日、FBA納品をした商品を購入したお客様から「キャンセルさせてください」とのメールが来ました。通常、お客様は注文履歴から返品手続きをしますし、Amazonのカスタマーサービスへ連絡します。出品者へ直接メールするということは、この仕組みを知らないと思ったので、「FBAの仕組み」「出品者側ではキャンセル不可」「注文履歴からのキャンセル方法」「カスタマーサービスへの問い合わせ方法」をメールで返信しました。

Chapter4のp167〜で詳しくお伝えしているように、基本的にはこの対応でほとんど解決します。しかし、このときは30分後に代理人弁護士の名前でクーリングオフ制度についての説明とともに、

「商品発送前であればキャンセルが可能であり、それをしないのは刑罰の対象になる」

と、脅しの文章が送られてきました……。

そこでAmazonに相談したところ、「Amazonで買い物するということは、キャンセル手続きに関しても同意しているし、クーリングオフも関係ない」との回答が得られました。さらに、カスタマーサービスからお客様に連絡してくれることになり、私はホッとしました。

私からは、「カスタマーサービスからの電話をお待ちください」とお客様にメールするだけでした。その後も「評価レビューは厳しく書きます」「弁護士にて訴状を書き、法的処置に動きます」との脅しのメールが何回も来ましたが、私からは再度「カスタマーサービスからの電話をお待ちください」と返信しました。

その後、カスタマーサービスからお客様に電話して頂き、いろいろあったものの無事一件落着しました。なお、お客様の予告通り、評価レビュー★1という悪い評価を頂いてしまいましたが、Amazonのテクニカルサポートと直接やりとりをしていたおかげで、評価の削除をしてもらえました。Amazonの評価削除の条件（p159〜）にあてはまれば、理不尽な低評価は削除してもらえます。

基本的には、このような面倒なトラブルに巻き込まれるのは、非常に稀です。トラブルがあっても、せいぜい年に1回あるかないかです。お客様が出品者に連絡が来るようなことすらほとんどありません。連絡が来たとしても、カスタマーサービスへの連絡方法や、注文履歴からキャンセル手続きを教えれば大丈夫なので、安心してくださいね。

Chapter 4

# 海外メーカー取引を始める前に知っておきたいセールステクニックと重要ポイント

## ～カートボックス、ストア評価、利益計算～

Amazonでの出品、販売システムがわかったところで、いよいよ海外メーカー直取引に入りたいところですが、その前にビジネスとして押さえておきたいセールステクニックと重要ポイントをいくつか紹介します。具体的にはAmazonでは見慣れているカートボックスやストア評価、各種手数料などです。売上を伸ばすためには、必須の知識です。

01

# 圧倒的に有利なカートボックスを獲得しよう

## カートボックスとは？

Amazonに商品を出品して販売するためには、販売窓口になるカートボックスについて理解を深める必要があります。

### カートボックスの見方

カートボックスとは上図の「カートに入れる」ボタンのことを言います。

Amazonは「1商品につき1ページ」というルールがあり、OEM商品(自社オリジナル商品)でない限り、同じ商品ページに複数のセラー(売り手)が存在します。

左図の場合、14人のセラーがいるのですが、その中の1人だけが商品ページに掲載されます。そのセラーがカートボックスを獲得しており、このカートボックスを取っているセラーからお客様は商品を買います。つまり、カートボックスを獲得したセラーは圧倒的に購入率が高くなります。

## カートボックスを獲得するには?

カートボックスの獲得条件は、まず大口出品であることを前提として、下のように定義されています。

**◆最安値の価格◆　……重要度　★★★★**

統合するセラーの中で一番安い価格であること(Amazonポイントも含める)

**◆配送スピード◆　……重要度　★★★★**

FBAやマケプレプライムを利用して配送スピードが一番早いこと。

**◆顧客満足度◆　……重要度　★★**

購入者からの評価数、良い評価の割合など出品者のパフォーマンススコアが最適でお客様満足の高いこと。

**◆在庫を切らさない◆　……重要度　★★**

在庫切れのないようにすることや、在庫数が多いこと、その商品やカテゴリの販売実績が多いこと。

重要なことなので、一つひとつ詳しく解説していきます。

### 【最安値の価格】重要度★★★★　最安値に合わせる

カートボックスを獲得するうえで、非常に重要となるのが、価格です。

実際にAmazonで買い物をするときのことを思い浮かべてください。商品ページのほとんどは、一番最安値で売られている商品が表示されているはずです。

**ですから、仕入れた商品を出品する際は、カートボックスを獲得している**

**セラーに値段を合わせるのが原則です (Amazonポイントも含める。Amazonポイントについてはp153参照)。**

ただし、ここで勘違いしないでほしいのが、例えば「2,000円で売られている商品を1,999円で売ろう」と言っているわけではないということです。「価格を合わせる」とは、「価格を下げる」ことではないのです。そんなことをしようものなら、1分後にはすぐに他のセラーも1,999円で売ってきます。なぜかというと、プライスターという、自動で販売価格を追従し、ライバルセラーを下回る最低価格を提示してくるツールがあるからです。

値下げに躍起になるとあっという間に価格競争のスパイラルに陥ってしまいます。なので、**基本は「価格を最安値に合わせる」ということです。**

なお、ショッピングカート獲得条件は、価格以外もありますから、最安値より多少価格が高くとも獲得できる可能性があります。

### 【配送スピード】★★★★　配送が早く、送料無料であること

価格と同じくらい重要なことが、配送が早いことと送料無料であることです。これは、FBAを利用すれば問題ありません。

自社出荷の配送スピードは、どうしても即日出荷が無料でできるFBAには勝てません。**しつこいようですが、AmazonビジネスをするならFBAは必須です。**

### 【顧客満足度】★★　評価数ゼロでも諦める必要なし

購入者からの評価数、つまり顧客満足度の高いセラーがショッピングカート獲得に有利になります。

この顧客満足度を示すのが右ページの図の青枠で示したところです。

こちらも見たことがある方がほとんどだと思いますが、これをストア評価と言います。**ここに悪い評価がついてしまうと、カートボックス獲得率の低下やAmazonアカウント停止のリスクが出てくるので、定期的に確認する必要があります。**

新しくAmazonビジネスを始めたばかりの人は当然、評価数はゼロになります。しかし、だからといってカートボックスが獲得できないかと言われれば、そんなことはありません。

たしかに評価の多いセラーよりは不利にはなりますが、**どちらかというと販売価格や配送スピードのほうが重要です。**FBA出品であれば、初心者の方でも十分カートボックスの獲得は可能でしょう。

ただ、最近はAmazonのアカウントを開設したばかりの初心者の方は、なかなかカートを取りづらいことも増えてきました。ただ、これも対策をすれば問題ないので安心してください(p150参照)。

**購入者からの評価数**

| | 30日間 | 90日間 | 12カ月 | 全期間 |
|---|---|---|---|---|
| 肯定的 | 100% | 100% | 100% | 100% |
| 普通 | 0% | 0% | 0% | 0% |
| 否定的 | 0% | 0% | 0% | 0% |
| 数 | 7 | 21 | 77 | 478 |

### 【在庫を切らさない】★★　在庫は多めが安心

在庫数が多めにあり、在庫を切らさなければカートボックス獲得率が高くなります。商品を初回仕入れるときは厳しいかもしれませんが、十分な在庫があり、扱っている期間が長ければ、カートボックスを獲得しやすくなります。

## カートボックス獲得で重要なのは「価格」と「配送スピード」

### カートボックスは複数人で獲得できる

カートボックス獲得条件についてお伝えしましたが、最も重要なのは「価格」と「配送スピードと送料無料」です。この2点をしっかり押さえておけば、まずカートが全然獲得できないということはありません。基本戦略としてFBAを利用して、FBAセラーのなかで最安値に合わせることを念頭に出品しましょう。

なお、カートボックスについては、1人のセラーがずっと独占しているわけではありません。同じ条件のセラーが複数いる場合は、順番にカートボックスを獲得します。

### プライムマークを購入者アカウントで獲得しよう

左の図の場合、カートボックスを獲得しているのは3人です。3人で順番にカートボックスを獲得しています。

4人目以降は出品者出荷や、価格が高いセラー(もしくは販売価格は同じだがポイントが付いていない)です。4人目以降のセラーはカートボックスを基本的には獲得できません。このように、出品者数が多いからといってライバルが多いとは限らないので、しっかりと商品ページを見るようにしましょう。

カートボックスの獲得時間や表示される回数に関しては、Amazonは公開していません。ただ、左の図では月30個商品を売っているとしたら3人で10個ずつ売っているようなイメージです。

ここで注意したいのは、Amazonの商品ページのチェックは出品者用アカウントではなく、購入者用アカウントで見ることです。なぜかというと、出品者用アカウントでは、プライムマークが出てこないためです（下の画面写真参照）。プライムマークが非表示の状態だと、カートボックスを獲得しているセラーを把握しづらいので、なるべく購入者アカウントで確認するようにしましょう。

**購入者用アカウントと出品者用アカウント**

## カートボックス獲得率を確認する方法

### 商品全体と個別商品の獲得率を確認しよう

カートボックス獲得については、それまでに出品した商品全体の獲得割合を確認する方法と、出品した商品ごとの獲得率を確認する方法があります。

次の図は、商品全体のショッピングカートの獲得率(一位率)を示しています。セラーセントラルのトップページで常に確認することができます。

## 全体のカートボックスの獲得率を確認

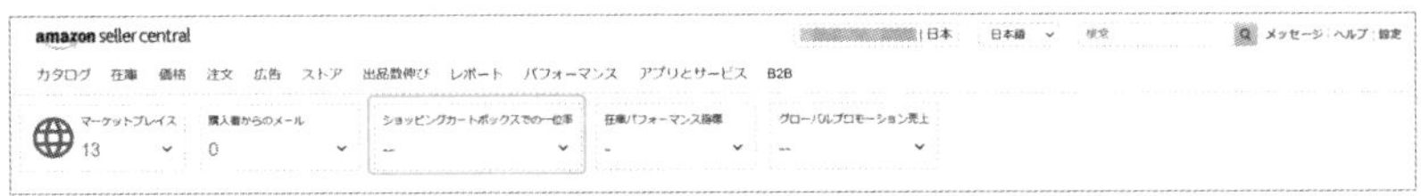


それと、次の図のように個別の商品ごとのカートボックス獲得率もチェックできます。全体の数字を見ることも大事ですが、商品ごとのカート獲得率をチェックしていくことで、詳細に改善点を見出すことができます。

例えば、Amazon本体がいなく、FBAセラーの最安値に合わせている商品なのに、カートボックス獲得率が0％になるなど、異常値になることがあります。画面上の数字がおかしいだけでなく、実際に全然売れないことがあります。その場合はまだ自分自身に実績がないためカートが取れないということなので、まず売上を作ることを優先してください。同価格で売れなければ販売価格を下げるやポイントを付けるなどして、ライバルより安い形で販売してください、そうすれば自ずとカートが取れるようになります。どうしても初心者の方は最初だけamazonのカートが回ってきづらい傾向にあります、そのため今お伝えした方法でまず実績を作りましょう。売上が10万、20万、30万円と伸びるごとに徐々にカートがライバルと同額でも取れるようになります。そこは絶対ですので諦めずに頑張ってください。

## 商品ごとのカートボックス獲得率を確認

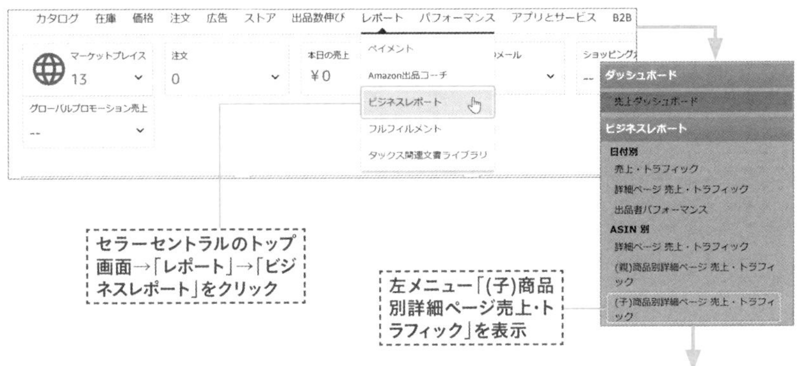

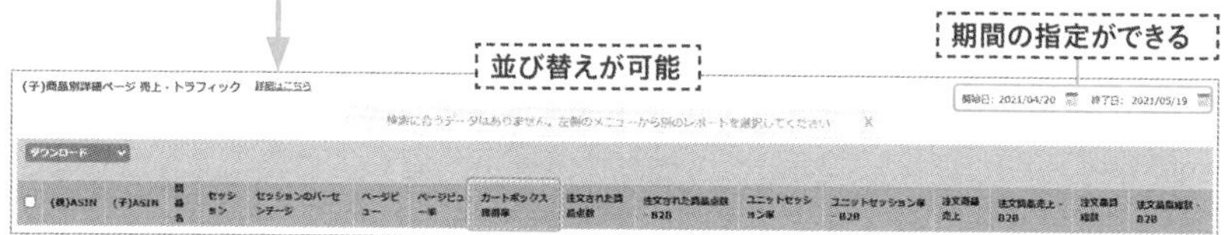


## 価格設定はAmazonポイントも含めて考えよう

先に書いたように、重要なことは現在カートボックスを獲得しているFBAセラーの価格に合わせることです。**ここで注意したいのが、Amazonポイントも含めて合わせるということです。**

例えば下の画面であれば、販売価格は4,500円ですが、Amazonポイントが225ポイントついてきます。ということは、実質4,500－225=4,275円で販売されているのと一緒ということです。実際にAmazonから売上金が入金される際に差し引かれます。

**価格設定はAmazonポイントを含めて考える**

| 販売価格 + 配送料 | Amazon ポイント |
|---|---|
| ¥ 4,500<br>+ -- | 225 ポイント (5.00%) |

販売価格は4,500円、Amazonポイントが225ポイントついているので、実質4,500－225=4,275円で販売されているのと同じ

つまり、この商品で合わせる価格は4,5000円ではなく4,275円ということになります。**カートボックスを獲得しているFBAセラーの価格にAmazonのポイントが付与されていないかどうか、しっかり確認しましょう。**

## 無駄な価格競争はやめる

Amazonビジネスで避けたいことは、無駄な価格競争です。

現在カートボックスを獲得しているFBAセラーよりも安い価格を設定すればカートを独占できる、と考えてしまう方もいると思います。しかし、価格を下げれば自分の利益も減少するし、ライバルセラーはカートを獲得するためにすぐに価格を合わせてきます。

そこから価格競争が始まることが多いので、Amazonは価格崩壊が起きやすいプラットフォームとも言えます。価格競争に巻き込まれ、高い利益率で商品が売れなくなり、別の新しい商品をリサーチする。このようなリサーチ地獄に陥った人を多く見てきました。

**経験の長いセラーほどむやみに価格を下げるようなことはしません。**それにメーカー直取引は、基本的に価格推移が安定している商品を扱います。無闇に値下げする必要はありません。

**また、メーカー取引では価格崩壊が起きたときにメーカーと協力して価格を戻すことができることもあります。**これもメーカー直取引の醍醐味の1つでもあります。

FBAセラーの誰かが価格を下げてくる場合は、様子を見ながら価格調整をしっかりと行なっていきましょう。

## Amazon本体が出品している商品はとの競合は避ける

商品によっては、Amazon本体が出品しているものがあります。右の図のように、出荷元と販売元がともに「Amazon.co.jp」と表示されているものです。結論から言うと、**そのような商品を仕入れることは基本的に避けたほうがいいでしょう。**

運営者のAmazon本体はカート獲得率で非常に優遇されています。Amazon本体と同価格に合わせてもほとんどの機会でAmazon本体がカートボックスを獲得します。

カートボックスを獲得するために価格を下げても、どこまでも追従してきて赤字で販売をせざるを得ない状況になるリスクが非常に大きいです。

**このような理由から基本戦略として、Amazon本体が出品していない商品を販売することを推奨しています。**

例外を言うと、Amazon本体が在庫切れを起こしている場合は、カートボックスを獲得できることがあります。在庫切れとは、「通常2-3週間以内に発送」「一時的に在庫切れ」「納期未定」などの表示がある商品です。しかし、Amazon本体の在庫が復活すれば、カートボックスを獲られる可能性が高くなるので、そのリスクは考慮しましょう。

また、いまAmazon本体の出品がなくても、あとから参入してくることがあります。**しかしメーカー取引ではAmazon本体が後から参入できないように、メーカーと交渉して先手を打つことができます。**せどりや転売ビジネスではコントロールできないことができるのが魅力の1つですね。

**購入者から見たAmazon本体が出品している商品**

新品
¥
84pt (1%)
prime お届け日時指定便 無料
**5月 5日の水曜日, 8AM-12PMの間に**お届けします。 購入手続き画面で都合がいい時間帯を選択してください 詳細
カートに追加する
出荷元 Amazon.co.jp
販売元 Amazon.co.jp
^ 表示を減らす

Amazon本体が出品している場合はカートボックス獲得が非常に難しい

## 出品者出荷セラーが出品している場合の価格設定

**出品者出荷セラー(下図のように、出荷元がAmazonではない)よりもFBAセラーの方がカート獲得に非常に有利です。**「配送スピード」がFBAの方が速いため、同価格であればほぼFBAセラーがカートボックスを獲得します。

**出品者出荷セラーが「マケプレプライム」を利用している場合**

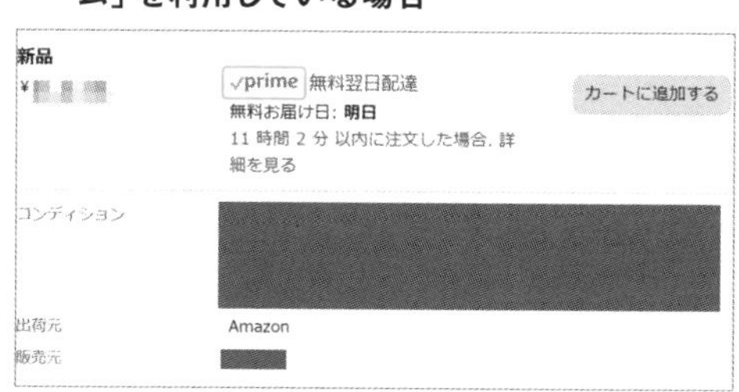


「配送スピード」はFBAの方が速く「配送無料」であり、同価格であればFBAセラーがカートボックスを獲得しやすい

## 初心者なので評価数がなく、商品がまったく売れないという方へ

先ほど評価数よりも、販売価格や配送スピードの方が大事という話をしました。ただ、Amazonアカウントを開設したばかりで、初めて出品した方は、

どうしても顧客満足度で不利です。販売価格を他のFBAセラーに合わせても、カートボックスを獲得できず、まったく売れないことがあります。初心者の大きな壁の一つです。その場合は、以下の対策を実施してみましょう。

### ①カートボックスの獲得率を確認する

本章でお話している全体でのカートボックスの獲得率と個々の商品でのカートボックス獲得率をまず確認してください。

その上でカートボックスが０％のものがあれば以下の対策をしてください。

### ②販売価格を下げる、もしくはポイントを付けて販売する

初心者の方でも全ての商品のカート獲得率が０％ということはないと思いますが、個々の商品でカート獲得率が０％だった場合は、まだ実績が足りていないということです。その場合はライバルよりも販売価格を下げる、もしくはポイントを付けて販売するようにしましょう、こうすることでカートは取れるようになります。

ただ注意点としてはこの状態をずっと続けるわけではないということです。売上が徐々に伸びてくればカート獲得率は必ず高まりますし、ライバルと同額で通常通りにカートが回ってくる状態になります。

先ほどお話したように売上が10万、20万、30万円と伸びるごとに徐々にカートが取れるようになります、再度お伝えしますが、そこを意識さえできれば絶対大丈夫ですので諦めずに頑張ってください。また販売価格を下げる行為は価格競争をまねく恐れのある良くない行為ですので、カートが取れる状態になったらライバルの価格と合わせて販売することを強くおすすめします。

02

# 自分のストア評価を高くする

## ストア評価の仕組み

Amazonでは購入者からの評価を、セラーのパフォーマンススコアの1つとして評価しています。また、ストアの評価数や良い評価の割合を見て、購入を決める購入者も一定数存在します。Amazonでは下記のように、過去12ヶ月、評価数は総期間の数で表示されます。

**【評価の基準】**

高い評価：★５～★４
普通の評価：★３
低い評価：★２～★１

**【評価の割合は%で表示】**

★★★★★（過去 12 ヶ月の割合）
100%の高い評価

**【購入者から見える評価】**

★★★★★ （209評価）
過去12ヶ月にわたって98%が好意的

**評価の割合は 12 ヶ月、評価数は総期間の数で表示**

新規出品者

**新規出品者で、まだ何も評価がない場合は「新規出品者」と表示される**

悪い評価の割合が高くなるとAmazonアカウント停止などのリスクが高まり、カートボックス獲得率にも悪影響が出てきます。定期的にストア評価を確認しながら運営していきましょう。

通常、購入者から評価をもらえる割合は「30～50個販売して1つ」と言われています。**アカウントを作りたての頃は評価数も少なく不安に感じるかもしれませんが、焦らずとも健全に運営していればたいてい「★5」～「★4」**

**の評価がもらえます。**

少しずつ評価が溜まっていき、販売実績も増えていきます。それに伴いカート獲得率も上がっていきます。

自分のストア評価については、このようにセラーセントラルの画面で確認できますので、定期的に確認していきましょう。

### 自分のストア評価を確認

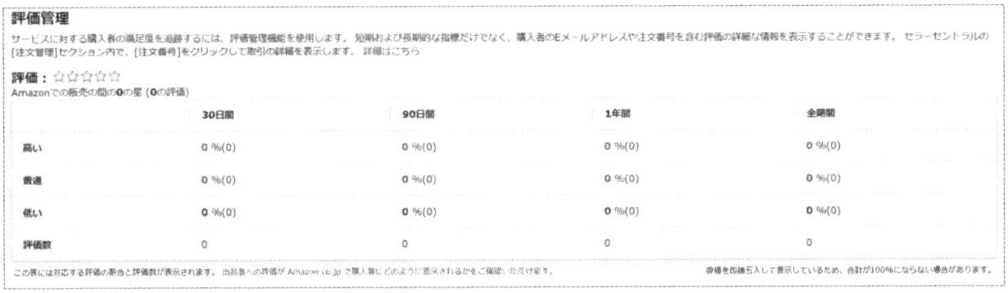

**評価管理**

サービスに対する購入者の満足度を追跡するには、評価管理機能を使用します。短期および長期的な指標だけでなく、購入者のEメールアドレスや注文番号を含む評価の詳細な情報を表示することができます。セラーセントラルの[注文管理]セクション内で、[注文番号]をクリックして取引の詳細を表示します。詳細はこちら

**評価：** ☆☆☆☆☆

Amazonでの販売の間の**0**の星（**0**の評価）

| | 30日間 | 90日間 | 1年間 | 全期間 |
|---|---|---|---|---|
| 高い | 0 %(0) | 0 %(0) | 0 %(0) | 0 %(0) |
| 普通 | 0 %(0) | 0 %(0) | 0 %(0) | 0 %(0) |
| 低い | 0 %(0) | 0 %(0) | 0 %(0) | 0 %(0) |
| 評価数 | 0 | 0 | 0 | 0 |

この表には対応する評価の割合と評価数が表示されます。出品者への評価がAmazon.co.jpで購入者にどのように表示されるかをご確認いただけます。　値を四捨五入して表示しているため、合計が100%にならない場合があります。

※セラーセントラルのトップ画面→「パフォーマンス」→「評価」で確認

## 悪い評価がついてしまったら削除依頼

健全に運営をしていても、悪い評価がついてしまうときが少なからずあります。悪い評価の割合が高くなった状態を放置したままにしておくとカート獲得率の低下、アカウント停止リスクが高まります。

特にアカウント開設したばかりで評価数がゼロの状態で、1個目で悪い評価がついてしまうのは、かなり痛いです。**しかし安心してください。出品者が健全な運営をしていれば、Amazonに悪い評価の削除を依頼することができます。**

万が一悪い評価がついてしまった場合は、積極的に削除依頼をかけていきましょう。

**【Amazon 評価削除の条件】**

**●コメントの中に卑猥または冒とく的な言葉が含まれている場合**

**●コメントの中にメールアドレス、名前や電話番号などの出品者の個人情報、またはその他の個人情報が含まれている場合**

**●コメントが商品レビューに終始する場合**

**●コメントの内容が Amazon の FBA 配送サービスや、Amazon カスタマーの対応に関する場合**

悪いストア評価がつくときのパターンは、だいたい以下のパターンが多いです。そのうち、Amazonに起因する場合は評価削除の対象となります。

メーカー直取引でFBA納品していれば、出品者が起因で悪い評価がつけられるリスクは、転売ビジネスに比べればかなり抑えることができるでしょう。

●商品の到着が配送予定日よりも遅かった（**Amazon起因**）
●パッケージが破損していた（**Amazon起因**）
●問い合わせ対応が悪い（**Amazon起因**・出品者起因）
●評価依頼メールがうざい（**Amazon起因**・出品者起因）
●商品ページと違う商品が届いた（出品者起因）
●あきらかに不良品と思える商品が届いた（出品者起因）
●新品として購入したのに開封されている品が届いた（出品者起因）

## 悪い評価の削除の仕方

出品者に起因する原因ではないのに、悪い評価を付けられてしまったときは積極的に削除依頼をしましょう。

**しかし、評価削除リクエストは、評価が送信されてから90日以内に行う必要があります。**90日以上経過した評価の削除はできないので気をつけましょう。

**良い評価の割合をできるだけ100%近く維持するのが理想なので、★1～3は積極的に削除依頼をします。**

下記の方法でセラーセントラルの画面から評価削除依頼ができます。実際にやってみると意外と簡単に悪い評価を削除できることがわかると思います。悪い評価がつけられても慌てず対応するようにしましょう。

※セラーセントラルのトップ画面→左下のパフォーマンス下に評価を確認→「評価」をクリック
※最近の評価の表で、削除したい項目の「アクション」タグを開いて「削除を依頼」を選択

**評価削除を依頼**

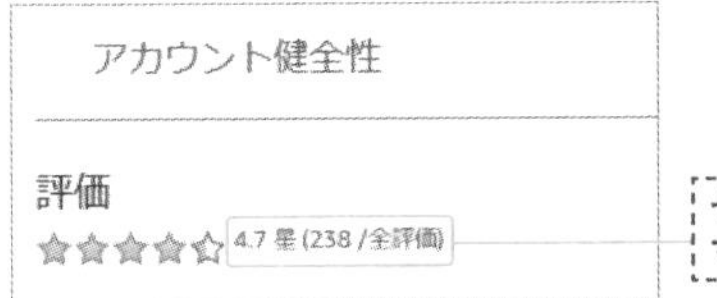


セラーセントラルのトップ画面→左下のパフォーマンス下に評価を確認→「評価」をクリック

| 評価 | 注文ID | コメント | アクション |
| --- | --- | --- | --- |
| 5 | | 迅速な対応で感謝致します。 | 1つ選択してください<br>公開の返信を投稿<br>削除を依頼 |
| 3 | | よかったです。 | |

最近の評価の表で、削除したい項目の「アクション」タグを開いて「削除を依頼」を選択

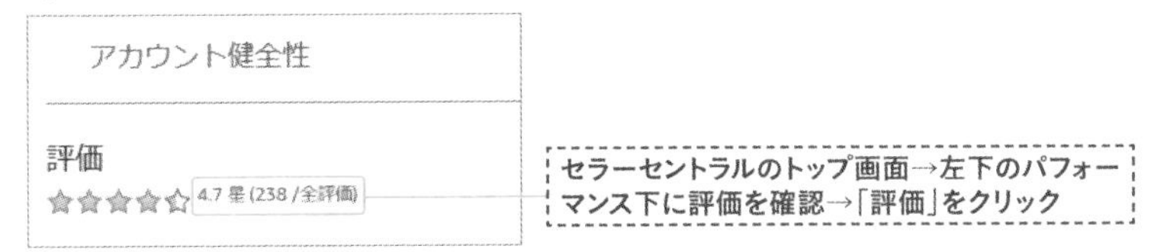

03

# 利益計算 ~Amazonに支払う手数料を把握しよう~

## 各種手数料を含めて利益計算する

Amazonビジネスでは、4,900円（税込5390円）の月額登録料(大口出品の場合)だけでなく、1商品ごとに様々な手数料が発生します。

**単純に商品の価格差だけでなく、このような手数料を考慮して利益計算する必要があります。**ここでは、販売手数料やFBA配送代行手数料のような、1商品ごとにかかる手数料についてお伝えします。

「うわー、お金の計算なんてめんどくさい！」と思ってしまった方もいるでしょう。しかし心配はいりません。**Amazonは自動的に手数料を算出して利益率を出してくれるFBA料金シミュレーターというツールがあります。**そちらについても解説していきます（ただし、Amazon各種手数料は今後変更になることもありえるので、あくまでも目安として知っておいてください）。

## 販売手数料

Amazonでは、次ページの図のようにカテゴリ別に販売手数料が8～15％の範囲で、1商品ごとにかかります(カテゴリーによっては一部例外があります)。

## カテゴリ別の販売手数料一覧

| カテゴリー | 販売手数料 | 最低販売手数料 |
|---|---|---|
| 本 | 15% | なし |
| CD・レコード | 15% | なし |
| DVD | 15% | なし |
| ビデオ | 15% | なし |
| エレクトロニクス（AV機器&携帯電話） | 8% | 30円 |
| カメラ | 8% | 30円 |
| パソコン・周辺機器 | 8% | 30円 |
| （エレクトロニクス、カメラ、パソコン）付属品 | 10%[1] | 30円 |
| Amazonデバイス用アクセサリ | 45% | 30円 |
| 楽器 | 8%　2021年6月より10% | 30円 |
| ドラッグストア | • 1商品あたりの売上合計が1,500円以下の場合は商品代金の8%[8]<br>• 1商品あたりの売上の合計が1,500円を超える場合は商品代金の10% | 30円 |
| ビューティ | • 1商品あたりの売上合計が1,500円以下の場合は商品代金の8%[8]<br>• 1商品あたりの売上合計が1,500円を超える場合は商品代金の10%[2] | 30円 |
| スポーツ&アウトドア | 10% | 30円 |
| カー&バイク用品 | 10% | 30円 |
| おもちゃ&ホビー | 10% | 30円 |
| TVゲーム | 15%[3] | なし |
| PCソフト | 15% | なし |
| ペット用品 | • 1商品あたりの売上合計が1,500円以下の場合は商品代金の8%[8]<br>• 1商品あたりの売上合計が1,500円を超える場合は商品代金の15% | 30円 |
| 文房具・オフィス用品 | 15%[4] | 30円 |
| ホーム（インテリア・キッチン） | 15%[5] | 30円 |
| ホーム（家具） | • 1商品あたりの売上合計が20,000円以下の部分には商品代金の15%<br>• 1商品あたりの売上合計が20,000円を超える部分には商品代金の10%[7] | 30円 |
| ホームアプライアンス | 15% | 30円 |
| 大型家電 | 8% | 30円 |
| DIY・工具 | 15% | 30円 |
| 産業・研究開発用品 | 15% | 30円 |
| 食品&飲料 | • 1商品あたりの売上合計が1,500円以下の場合は商品代金の8%[8]<br>• 1商品あたりの売上合計が1,500円を超える場合は商品代金の10%[6] | なし |
| 腕時計 | • 1商品あたりの売上合計が10,000円以下の部分には商品代金の15%<br>• 1商品あたりの売上合計が10,000円を超える部分には商品代金の5%[8] | 30円 |
| ジュエリー | • 1商品あたりの売上合計が10,000円以下の部分には商品代金の15%<br>• 1商品あたりの売上合計が10,000円を超える部分は商品代金の5%[8] | 30円 |
| ベビー&マタニティ | • 1商品あたりの売上合計が1,500円以下の場合は商品代金の8%[8]<br>• 1商品あたりの売上合計が1,500円を超える場合は商品代金の15% | 30円 |
| 服&ファッション小物 | • 1商品あたりの売上合計が3,000円以下の部分については、商品代金の15%[11]<br>• 1商品あたりの売上合計が3,000円を超える部分については商品代金の8%[9] | 30円 |
| シューズ&バッグ | • 1商品あたりの売上合計が7,500円以下の部分については、商品代金の15%<br>• 1商品あたりの売上合計が7,500円を超える部分には、商品代金の5%[9] | 30円 |
| その他のカテゴリー | 15% | 30円 |

例えば化粧品であれば「ビューティー」というカテゴリに入るので、販売手数料は10％ということになります。

なお、本・ミュージック・DVD・ビデオなどのメディア商品には別途、1販売ごとにカテゴリー成約料がかかります。

### カテゴリー別の成約料

| 商品カテゴリー | 販売手数料 | カテゴリー成約料(日本) |
|---|---|---|
| 本 | 15% | 80円 |
| CD・レコード | 15% | 140円 |
| DVD | 15% | 140円 |
| ビデオ(VHS) | 15% | 140円 |

## FBA配送代行手数料

FBAを利用した場合に、1商品を出荷するごとにかかる手数料です。商品サイズや重量によって料金が変わります。

### FBA配送代行手数料

| | 小型 | 標準 | | | |
|---|---|---|---|---|---|
| | | 1 | 2 | 3 | 4 |
| 寸法（商品あたり） | 25cm × 18cm × 2.0cm未満 | 35cm x 30cm x 3.3cm未満 | 60cm未満 | 80cm未満 | 100cm未満 |
| 重量（商品あたり） | 250g未満 | 1kg未満 | 2kg未満 | 5kg未満 | 9kg未満 |
| 配送代行手数料（商品あたり） | 290円 | 381円 | 434円 | 514円 | 603円 |

| | 大型 | | | | | | | |
|---|---|---|---|---|---|---|---|---|
| | 1 | 2 | 3 | 4 | 5 | 6 | 7 | 8 |
| 寸法（商品あたり） | 60cm未満 | 80cm未満 | 100cm未満 | 120cm未満 | 140cm未満 | 160cm未満 | 180cm未満 | 200cm未満 |
| 重量（商品あたり） | 2kg未満 | 5kg未満 | 10kg未満 | 15kg未満 | 20kg未満 | 25kg未満 | 30kg未満 | 40kg未満 |
| 配送代行手数料（商品あたり） | 589円 | 712円 | 815円 | 975円 | 1,020円 | 1,100円 | 1,532円 | 1,756円 |

販売機会が比較的多い区分

見てわかるように、送料が格安です。私たちが普通に商品を送る場合は、もっと送料がかかるでしょう。このような手数料ひとつとっても、FBA発送をおすすめする理由がおわかりかと思います。

## 在庫保管手数料

FBAを利用するとAmazon倉庫が保管・管理するための手数料がかかります。**これが在庫保管手数料です。**次の計算式で計算されますが、「商品サイズ」と「保管日数」で決まります。在庫回転が速ければ速いほど安くなります。また、FBA配送代行手数料同様、大型商品ほど高くなるので注意しましょう。

**在庫保管手数料**

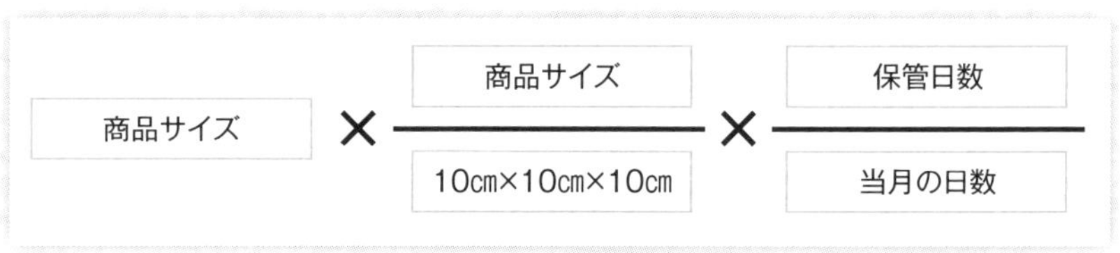


| | 服／ファッション／シューズ／バッグ以外 | | 服／ファッション／シューズ／バッグ |
|---|---|---|---|
| 在庫期間 | 小型/標準サイズ | 大型/特大サイズ | すべてのサイズ |
| 1〜9月 | ¥5,160 | ¥4,370 | ¥3,100 |
| 10〜12月 | ¥9,170 | ¥7,760 | ¥5,500 |

例）30日間保管した場合

10×10×10cmの商品＝約5円

20×20×20cmの商品＝約41円

30×30×30cmの商品＝約118円

40×40×40cmの商品＝約280円

## FBA長期在庫保管手数料

FBAでは、毎月15日に在庫一掃チェックが入り、365日以上売れていない商品に対して、長期在庫保管手数料が請求されます。**1年以上売れない在庫については、積極的に処分することをおすすめします。**

### 長期在庫保管手数料

| 在庫一掃チェック実施日 | FBAに365日を超えて保管されている商品 |
|---|---|
| 月1回（毎月15日） | 17.773円（10cm × 10cm × 10cmあたり） |

## FBA料金シミュレーターで簡単に利益計算ができる

**手数料を含めた利益計算については、FBA料金シミュレーターを使うと便利です。**Amazon手数料がどれくらいかかり、利益額、利益率まで計算してくれる、Amazonが提供しているツールです。

### ASINコードを確認してコピペ、商品を検索しよう

ASINコードについては、商品ページの「詳細情報」に記載されているので、そちらをコピペすれば大丈夫です。

### ASINコードの記載箇所

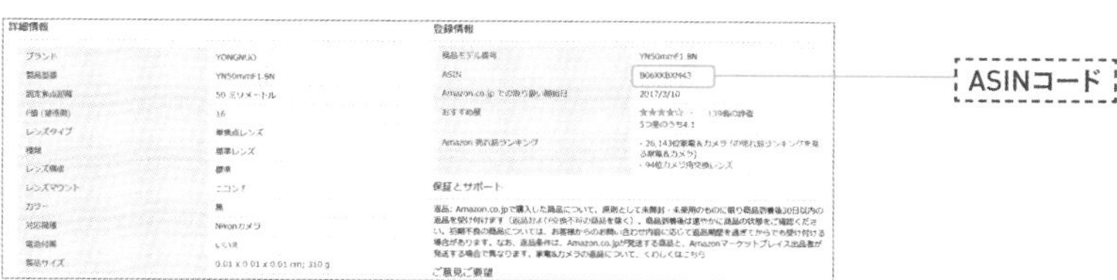


ASINコードなどで検索すると、次のような画面が出てきます。出品者出荷とFBAを利用した場合それぞれを計算できるので、純利益を比較することができます。

## FBA料金シミュレーターで商品を検索

FBA料金シミュレーター

出品者様のフルフィルメント料金（梱包・出荷・配送の諸費用）をご入力いただくと、出品者様のフルフィルメント料金とAmazon.co.jpが商品を発送するFBA料金を比較できます。※FBA配送代行手数料は2021年6月16日より改定いたします。このFBAシミュレーターは改定後の料金ではなく、現行の料金を反映しております。

Amazon.jpで商品を検索する

ASINまたはキーワード　B06XKBXM43　検索

ASINコード、UPC、EAN、商品型番、商品名のいずれかを入力して利益計算したい商品を検索。ASINコードであれば確実に商品を特定できる

## FBA料金シミュレーターで利益計算

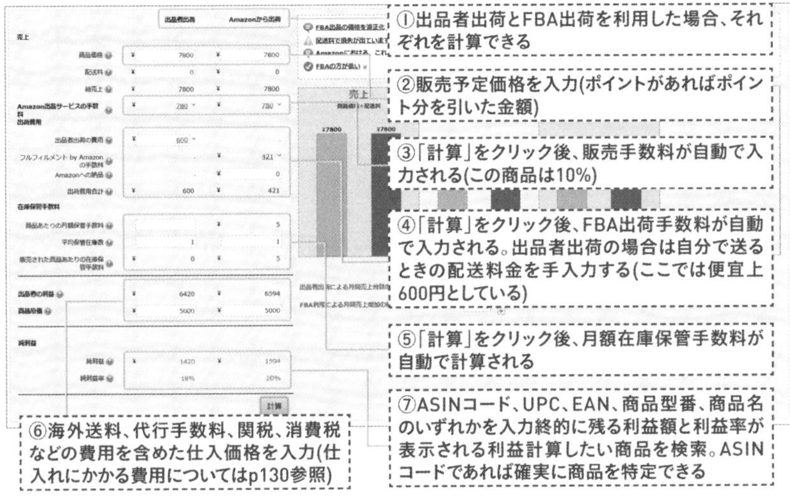


「FBA料金シミュレーターで利益計算」」の③④⑤を足し合わせたものが、この商品1個あたりにかかる手数料になります。

⑦でシミュレーター—で計算された純利益、純利益が出ていますが、これは100％正しい数値ではありません。多少の誤差が出る場合がありますが、利益計算の目安としては十分でしょう。

ただ、⑥の仕入価格の入力については注意が必要です。p295で詳しくお伝えしますが、海外メーカー直取引では、仕入価格以外に、海外送料、関税など、輸入にかかる諸経費がかかります。案外利益率に大きく関わってくるので、仕入価格だけでなく、輸入にかかる費用を含めて仕入価格を入力するようにしましょう。

04

# お客様から直接連絡があった場合の対応

## お客様から連絡があったら

ストア運営をしていると、購入者や購入前のお客様とメッセージでやり取りをする機会があります。

**FBAを利用していれば基本はAmazonがカスタマー業務を代行してくれますが、直接連絡が来たときの対応方法を覚えておきましょう。**

●購入前の商品についての問い合わせ⇒分かる範囲で構いませんので回答をしましょう。

●スパム、営業メール⇒回答する必要はありません。「返信不要」にチェックを入れて終了しましょう。

●クレーム⇒商品の不具合や商品が届かないなどの理由で連絡がきたら必ず対応しましょう。

## クレームの対処方法

FBA利用商品でFBAの配送、返品・交換、返金に関して問い合わせがあった場合はAmazonカスタマーサービスへ誘導しましょう。2021年現在、Amazonカスタマーサービスは、まずはチャットでやり取りして、解決しなければAmazonから電話してもらうという流れです。

https://www.amazon.co.jp/gp/help/customer/contact-us/ref=hp_gt_nmhcu

以下にメールの返信テンプレートについて記載しておきます。

基本的にはカスタマー業務はFBAが代行してくれるので、無駄な労力削減のためにもお客さんとのやり取りは最小限に留めましょう。

## 返信テンプレート①

ご連絡ありがとうございます。
大変申し訳ありません、商品を確認させていただきたいので、一旦返品手続きをとって頂いてもよろしいでしょうか？
下記の手順で対応可能です。

Amazon の購入アカウントにログイン

右上のアカウントサービスから「注文履歴」をクリック

今回問題のある商品を選択し、「商品の返品」をクリック

またご連絡くださいませ、商品代金は Amazon から返金されます。
お手数おかけしますが、ご対応よろしくお願いいたします。

## 返信テンプレート②

この度は当店よりご購入いただきました商品で
ご不便をおかけしてしまい大変申し訳ございません。

Amazon カスタマーサービスにてご対応いたしますので
大変お手数ですが以下までご連絡をお願いいたします。

< Amazon カスタマーサービスへ直接ご連絡いただく場合>
下記の URL からお問い合わせください。
https://www.amazon.co.jp/gp/help/customer/contact-us/ref=hp_gt_nmhcu

## 返信メッセージは24時間以内に！

Amazonの規約で購入者からのメッセージは24時間以内に返信しなければなりません。

**24時間以上の回答が積み重なるとAmazonからのストア評価が下がり、カート獲得率が下がりますので注意しましょう。**返信する必要のないメッセージは「返信不要」にチェックを入れてください。メッセージの返信については、以下の方法でたどりつきます。

### 購入者からのメッセージの確認方法

以上、お客様から直接連絡があった場合の対応ですが、FBAを利用していれば、それほど多くないので、特に身構える必要はないと思います。

05

# 返品商品が出てきた場合は?

## 販売不可在庫を確認

Amazonでは購入者が希望した場合、商品到着から30日以内であれば返品依頼を必ず受け付けなければなりません。

返品商品が再販売可能であれば在庫に戻されます。再販売不可能な不良品は「販売不可在庫」として計上されます。

実際に返品されてきて、本当に不具合があればメーカーに連絡して商品の手続きを取るようにしましょう。

**しかし、何か商品に不具合があってお客さんが返品したとは限らず、「単に気に入らない」から返品するような人もいます。**だから、特に不具合もないのに返品されるようなこともあります。そういった場合は再出品することで問題ないでしょう。

### 販売不可在庫の確認方法

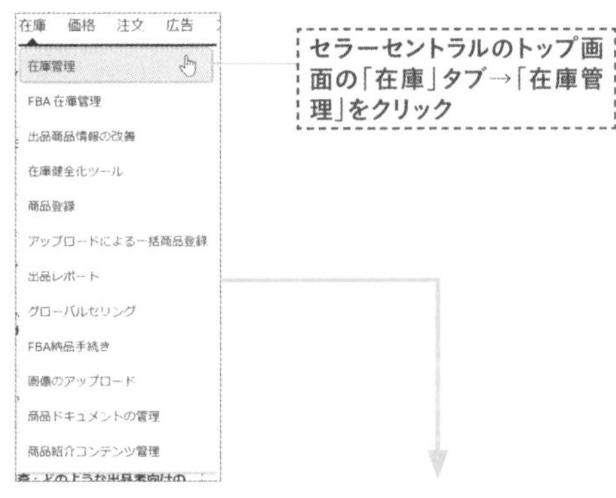

「販売不可」の表示がない場合はクリック

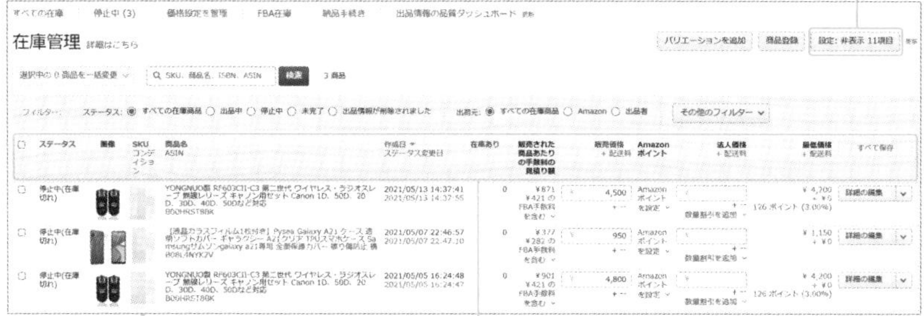
在庫管理
初期設定時は「販売不可」の表示がない

在庫管理
在庫一覧の表示方法を設定してください。なお、この設定はいつでも変更することができます。
項目の表示
「販売不可」にチェック
下にスクロールして「更新」をクリック

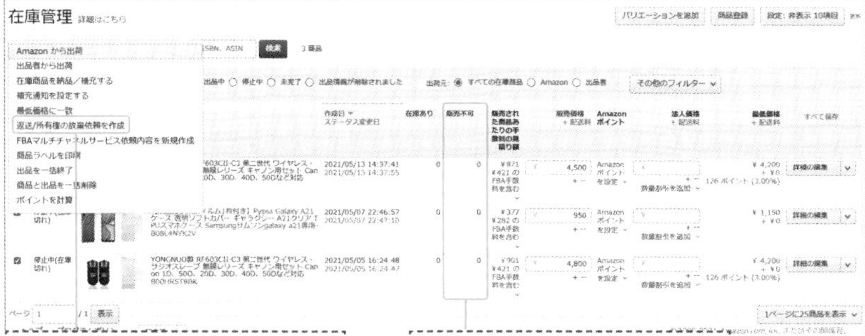
在庫管理
返送か所有権の放棄をする場合にクリック。30日以内にどちらかの処理をしないと自動的に破棄されてしまう
「販売不可」表示される。数量が1以上の場合、数量をクリックすると商品の状態が表示される

## FBA在庫の返送・所有権の放棄手数料

FBA在庫の返送もしくは所有権の放棄手数料については、下の通りです。販売不可になったら所有権の放棄をすれば、よけいな手数料は取られません。これらの手数料についてはかなり安価なので、必要に応じて対応していきましょう。

**【利用する機会】**

●返品商品で不良品があった場合

●近日中に長期在庫保管料が発生する場合

●納品不備があり返送する場合

| FBA返送/所有権の放棄手数料（商品1点あたり） | | |
|---|---|---|
| サイズ | 重量 | 手数料 |
| 小型、標準 | 0～200g | 商品1点あたり30円 |
| | 201～500g | 商品1点あたり45円 |
| | 501～1,000g | 商品1点あたり60円 |
| | 1,001g～ | 商品1点あたり100円 + 1,000g*を超えた分の1,000gにつき40円 |
| 大型および特大型 | 0～500g | 商品1点あたり80円 |
| | 501～1,000g | 商品1点あたり110円 |
| | 1,001～2,000g | 商品1点あたり140円 |
| | 2,001～5,000g | 商品1点あたり200円 |
| | 5001g～ | 商品1点あたり350円 + 5,000g*を超えた分の1,000gにつき40円 |

## 返送・所有権の放棄を依頼する

返送・所有権の放棄は、下の画面をご覧ください。

### 返送・所有権の放棄を依頼

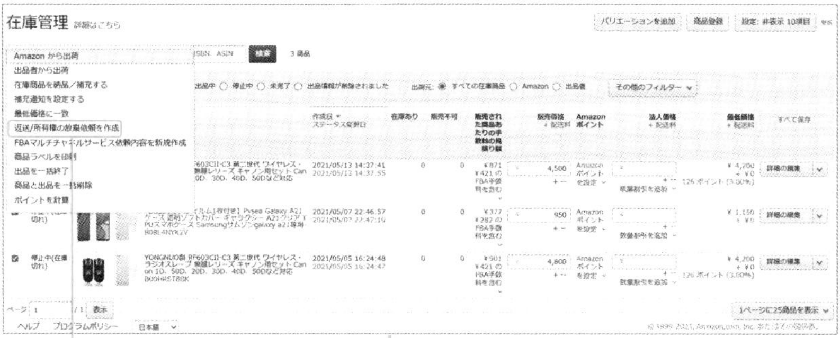

返送か所有権の放棄をする場合にクリック

返送なら「配送先住所」を選択、廃棄なら「廃棄」を選択

返送なら「配送先住所」を入力

数量を入力する

「確認」をクリック

## 返品理由を確認する

返品理由を確認したい場合は、下の画面の方法で確認することができます。

### 返品理由を確認する

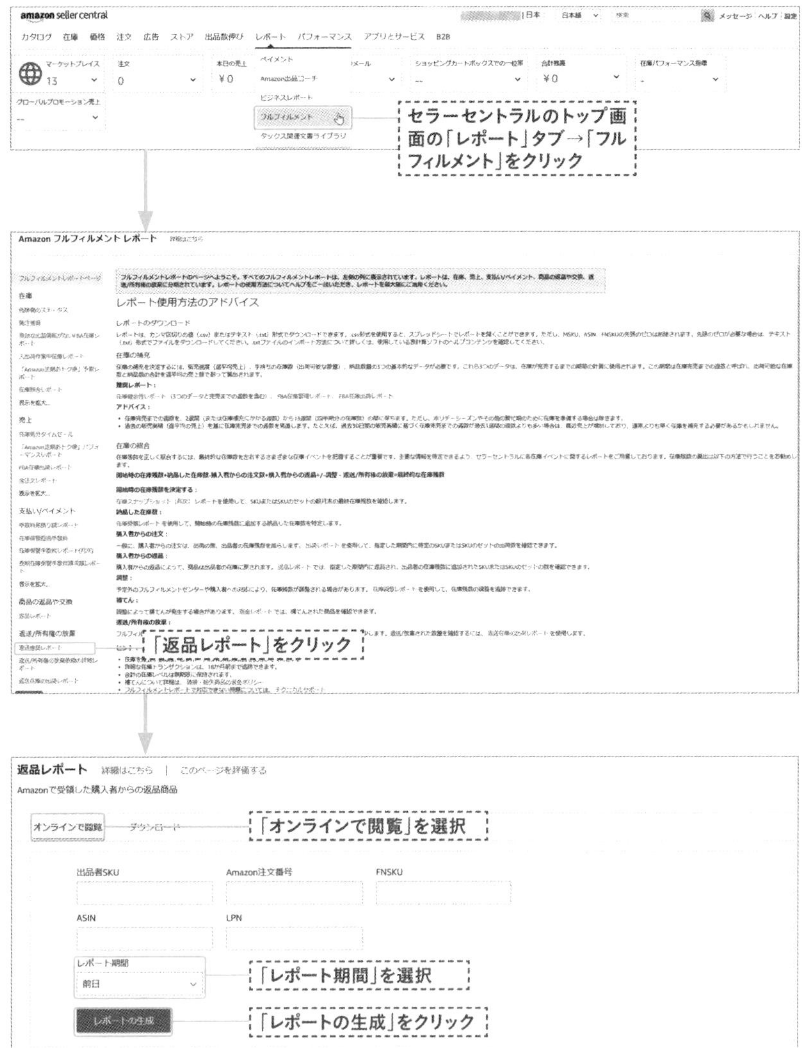

06

# 便利なおすすめツールと使い方【最新版】

## Amazonビジネス必須ツールと拡張機能

ここでは、Amazonビジネスで必須となるツールやGoogle Chromeの拡張機能についてお伝えします。まずは必須のツールや拡張機能ですが、下記4つのツールは必ず揃えるようにしましょう。

2020年にモノレート、モノゾンが終了していますが、Keepa、キーゾンで代替できますので問題ありません。

**◎ Keepa(Google Chrome 拡張機能 / 無料・有料)**
https://chrome.google.com/webstore/detail/keepa-amazon-price-tracke/neebplgakaahbhdphmkckjjcegoiijjo?hl=ja
Amazon の商品ランキングと価格推移、売れ行きなどを見ることができる。

**◎キーゾン (Google Chrome 拡張機能 / 無料)**
https://chrome.google.com/webstore/detail/%E3%82%AD%E3%83%BC%E3%82%BE%E3%83%B3/omnpnodbhognoblgbjmlagejkioccpih?hl=ja
Keepa に追加して商品の月間販売個数を見ることができる。

**◎プライスター (Web ツール / 月額有料)**
https://lp.pricetar.com/lp/pricetarlp/
わずらわしい価格改定や売れた商品の利益計算を自動で行ってくれる。
※扱う商品数が増えたら必ず入れてください。入れなければ誰かが価格を下げた場合自動追従できないので、カート獲得率が下がります。

**◎ Amazon FBA Calculator Widget**
https://chrome.google.com/webstore/detail/amazon-fba-calculator-wid/ebaggmeecidagcomlkpdpddaghmgfffk
商品ページから、アイコンを押すだけで FBA 料金シミュレーターをすぐに表示させることができます。利益計算を効率的に行うことができます。

メーカーと交渉して取引が決まった場合、次に気になるのは、初回の仕入個数でしょう。**そのときに目安になるのが、その商品が月間でどれくらい売れているのかというところを確認するのがKeepaとキーゾンです。**

まずは、Keepaとキーゾンをインストールして、2つを紐づけるところまで済ませてしまいましょう。Keepaは無料版と有料版がありますが、無料版は価格変動の推移しか見ることができず、仕入れ判断に必要なランキングの推移を見ることができません。**月額19ユーロ(1ユーロ130円換算で2400円程度)なので、有料版をおすすめします。**

手順としては、「無料版Keepaのインストール」→「Keepaのアカウント登録」→「Keepa」の初期設定」→「有料Keepaのインストール」となります。

Keepaの登録手順は、下の図の通りです。

**Keepaのインストール手順(有料版の場合)**

### Keepaのアカウント登録　https://keepa.com/

アカウント登録が終わったら、Keepaから以下のメールが来ますので、URLをクリックすればアカウント登録が完了です。

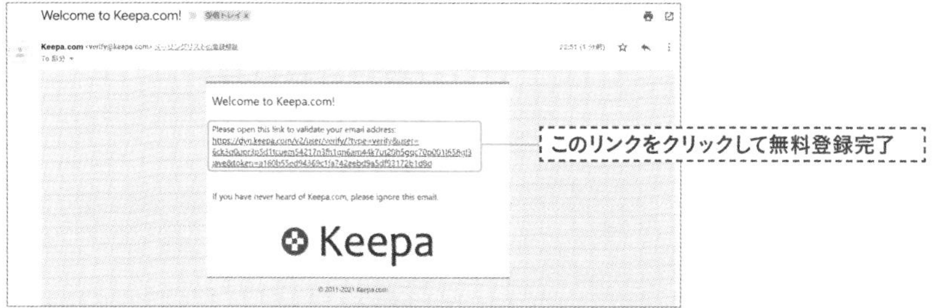

## 【Keepaの初期設定をしよう】

日本語表記になるように、また日本のAmazon(amazon.co.jp)で利用できるように、以下の言語の設定を行います。

### Keepaの初期設定

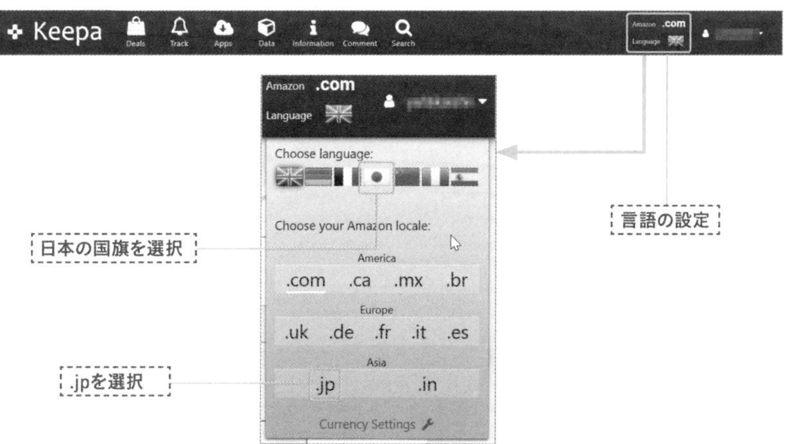


ここまででは、まだ無料版のKeepaの登録しか済んでいません。続いて、有料版の登録を行います。

### 有料版Keepaのインストール

Data Access - Subscription

Individual　Business

氏名(ローマ字)　住所(市区町村以降をローマ字)

Full name*　Address*

都道府県(ローマ字)　郵便番号

Japan　City*　Postal code*

クレジットカード番号　クレジットカードの有効期限

Credit Card

カード番号　月 / 年

We currently only accept the following credit/debit cards: Visa　クレジットカードの有効期限

19 € / Month　189 € / Year

年払いならこちらを選択

I have read and accept the Terms and Conditions.　SUBSCRIBE NOW

月払いならこちらを選択　€ (incl. VAT) every month.

Cancellation of the subscription is possible at any time and will end the subscription at the end of the term. The subscription will automatically renew unless cancelled and all payments are non-refundable.

最後にクリックして有料登録完了

以下のように、ワンクリックでいつでも解約が可能となります。

## 有料版Keepaを解約する場合

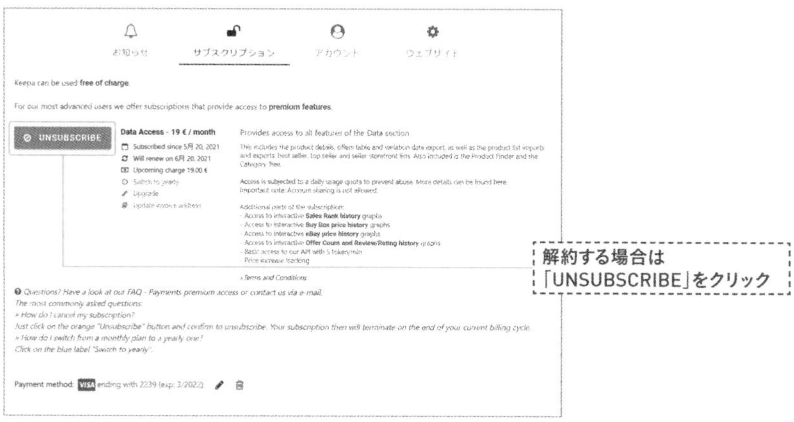

続いて、そのままキーゾンも登録してしまいましょう。キーゾンについては、Google Chromeの拡張機能に登録して終了です。

### キーゾンの登録手順

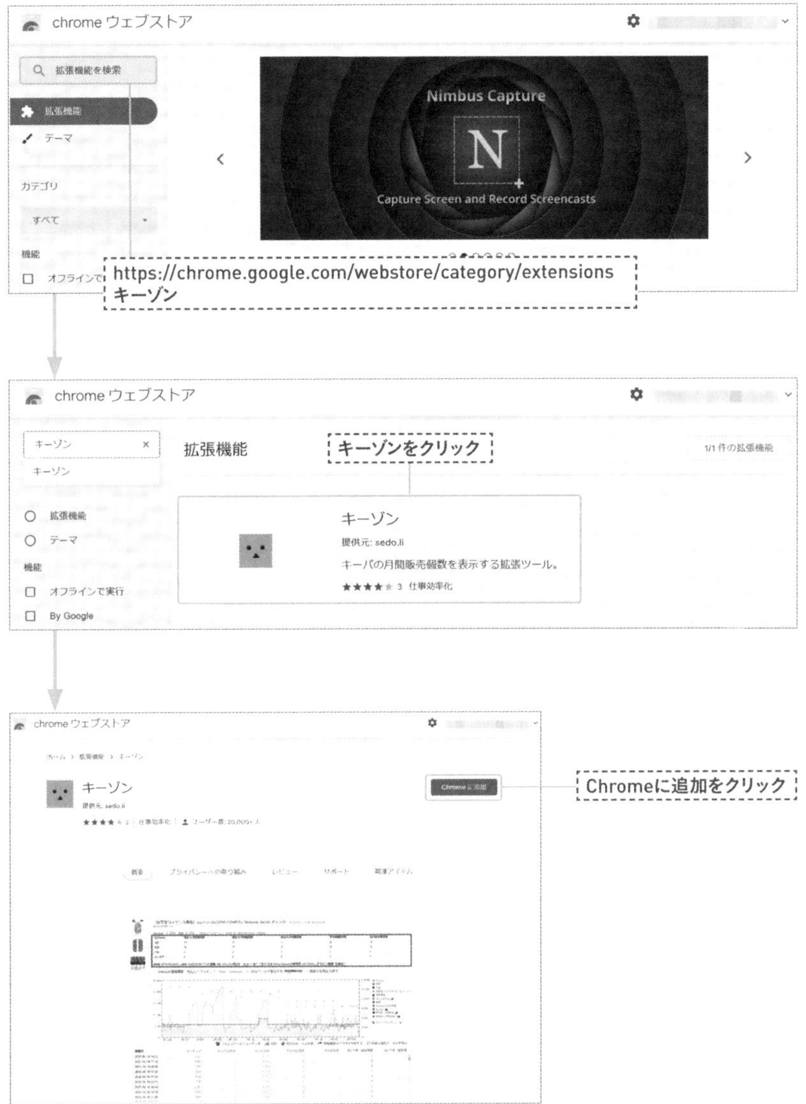

最後に、Keepaとキーゾンの紐づけを行いましょう。以下、手順を示します。

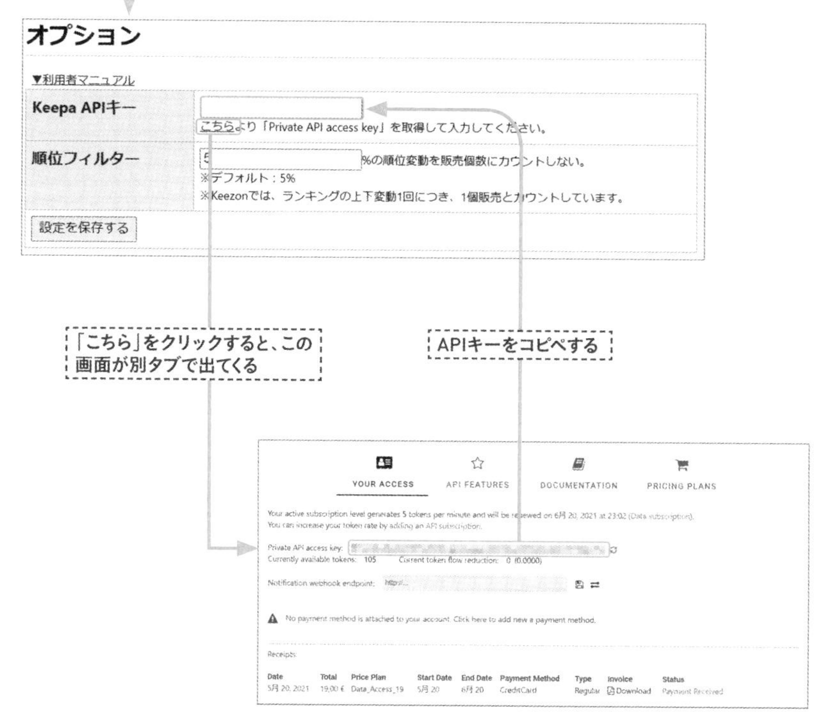

### Keepaとキーゾンの紐づけ

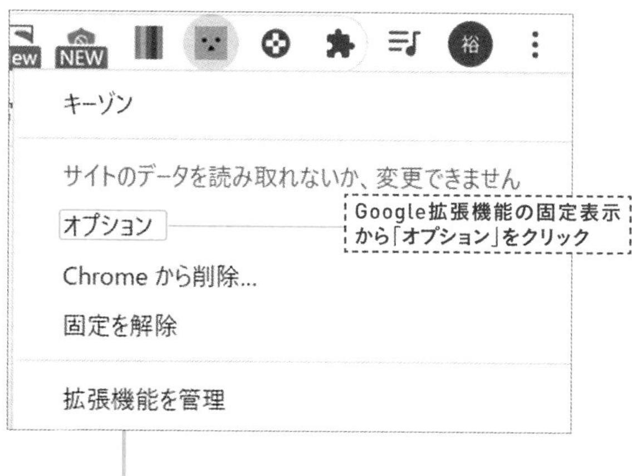


オプション

▼利用者マニュアル

| Keepa APIキー | こちらより「Private API access key」を取得して入力してください。 |
|---|---|
| 順位フィルター | 5 %の順位変動を販売個数にカウントしない。<br>※デフォルト：5%<br>※Keezonでは、ランキングの上下変動1回につき、1個販売とカウントしています。 |

設定を保存する

「こちら」をクリックすると、この画面が別タブで出てくる

APIキーをコピペする

YOUR ACCESS　API FEATURES　DOCUMENTATION　PRICING PLANS

Your active subscription level generates 5 tokens per minute and will be renewed on 6月 20, 2021 at 23:02 (Data subscription).
You can increase your token rate by adding an API subscription.

Private API access key:
Currently available tokens: 105　Current token flow reduction: 0 (0.0000)

Notification webhook endpoint: https://...

No payment method is attached to your account. Click here to add new a payment method.

Receipts:

| Date | Total | Price Plan | Start Date | End Date | Payment Method | Type | Invoice | Status |
|---|---|---|---|---|---|---|---|---|
| 5月 20, 2021 | 19,00 € | Data_Access_19 | 5月 20 | 6月 20 | CreditCard | Regular | Download | Payment Received |

## Keepaでの「最安値」「出品者数」「ランキング」の推移

ランキングについては、ランキング上下の波によって商品の売れ行きの動向を見ることができます。商品が売れれば、ランキングは上がり、売れなければ下がっていますから、ランキングの上がっている回数を数えるわけです。そうすることで、販売個数の当たりをつけることができます。

Keepaとキーゾンを併用することで、出品する商品がどれくらい売れているのか、当たりをつけることができます。

以下、Keepaの画面の表示について説明します。

### Keepaのグラフ詳細1

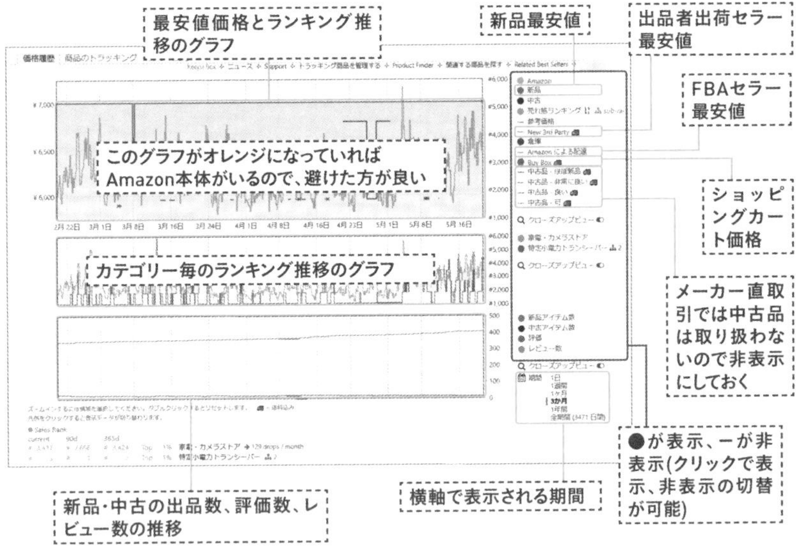


Keepaの登録が終わり、Amazonの商品ページを確認すると、上の図の「最安値」「出品者数」「ランキング」の推移を示したグラフが出てきます。

Keepaでは、「新品」「出品者出荷」「FBAセラー」の最安値、カートボックスを獲得している人の価格(ショッピングカート価格)といった、必要な価格推移が一目で見れます。

ランキングの推移についても、全体の売れ筋ランキングからカテゴリー別のランキングまで一目で確認できます。

なお、メーカー直取引では、中古品を取り扱うことがありません。そのため、中古品の最安値の推移については非表示にしておきましょう。あまり余計な情報が多いと見づらくなってしまいます。

また、下のグラフのように、Amazon本体の出品があると、グラフがオレンジ色に塗りつぶされています。Amazon本体にはほとんど勝ち目はないので、オレンジ色に染まっていれば避けるようにしましょう。

### Keepaのグラフ詳細2

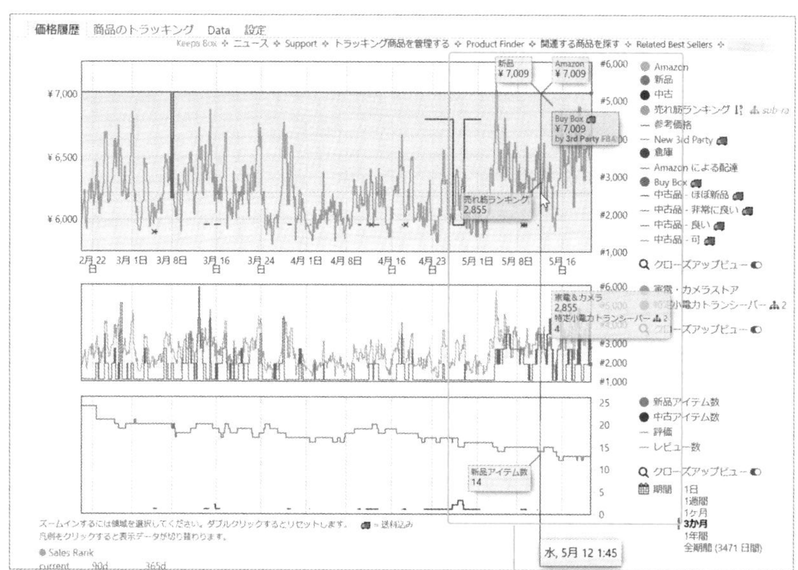


グラフにカーソルを合わせると当該時間の価格やランキングが表示される

なお、グラフにカーソルを合わせると、当該期間の価格やランキングが表示されます。ショッピングカート価格、新品の最安値、FBAセラーや出品者出荷の最安値の関係が見れるので、必要に応じて確認するようにしましょう。

### まったく売れていない商品のグラフ

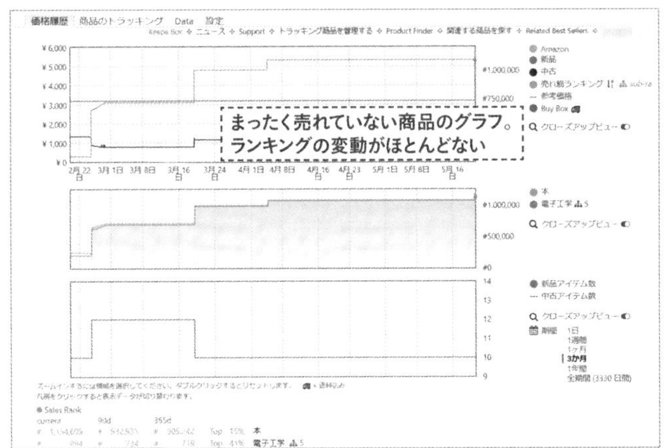


当然ながら、まったく売れていない商品はリサーチ対象外となりますが、売れていない商品は上のように、ランキングの推移がまったくありません。

このような商品も除外するようにしましょう。

## Keepaではライバルセラーの出品数(在庫数)が正しく表示される

Keepaで便利な点は、下のような出品者情報を見ると、各セラーの在庫数が正確に表示される点です。

これはp188にお話しするように、定点観測する際に役立つのでとても重宝します。

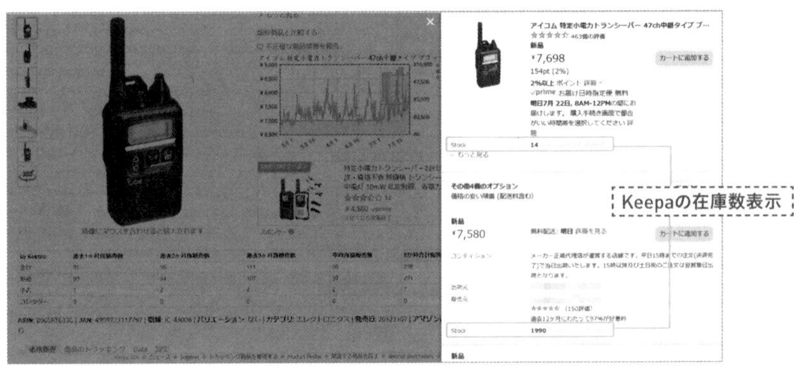

## キーゾンでの「月間販売個数」

### キーゾンの販売数表示

| by Keezon | 過去1ヶ月目販売数 | 過去2ヶ月目販売数 | 過去3ヶ月目販売数 | 平均月間販売数 | 3か月合計販売数 |
|---|---|---|---|---|---|
| 合計 | 54 | 65 | 46 | 55 | 165 |
| 新品 | 54 | 65 | 46 | 55 | 165 |
| 中古 | 0 | 0 | 0 | 0 | 0 |
| コレクター | 0 | 0 | 0 | 0 | 0 |

キーゾンを導入すると、Keepaのグラフと同じ位置に上の過去3ヶ月分の販売数が表示されます。

上の図の場合、平均月間販売数が55個ですが、これに自分を含めたライバルの数を割った数が初回の仕入個数の目安となります。

ライバルとなる出品者とは、カートボックスを獲得していると思われる出品者の数でのこと。例えば上の図の商品で、FBA利用者で同じ価格で売っている出品者が4人いたとしたら、55÷(4＋1)=11個が月間仕入個数の目安ということです。

初回の仕入個数の判断は不安を伴うと思いますが、このようにして根拠のある仕入個数で出品できます。

ただ、キーゾンの数値は正しい数値ではありません、実際の販売数とずれていることも少なくありません。

例えば初回10個仕入れてみて、それが1週間で売れたら、2週間で20個売れる計算になるから、今度は20個仕入れてみる。2週間でだいたい20個売れたら、次は1ヶ月分の40個を買ってみよう。そして在庫切れを防ぐために、1.5ヶ月分の60個を仕入れ続けよう……という具合に2回目以降は実績値に応じて仕入個数を判断していくといいと思います。

Keepaやキーゾンを使った仕入個数の判断は、あくまで初回仕入れの目安なのです。

## Amazon FBA Calculator Widgetで効率よく利益計算

Keepaとキーゾンを入れたら、リサーチ時間を短縮するために「Amazon FBA Calculator Widget」とGoogle Chrome拡張機能も入れましょう。Amazon FBA Calculator Widgetは、具体的には次のメリットがあり、利益計算を効率的に行うことができるので便利です。Amazon FBA Calculator Widgetは、無料で利用することができます。

●商品ページからFBA料金シミュレーターをワンクリックで開くことができる
●ASINとカート価格がFBA料金シミュレーターに自動で入力される

Amazon FBA Calculator Widgetの登録は、非常に簡単で、Google Chrome拡張機能を導入すれば終わりです。

**Amazon FBA Calculator WidgetはGoogle Chromeに追加して終了**

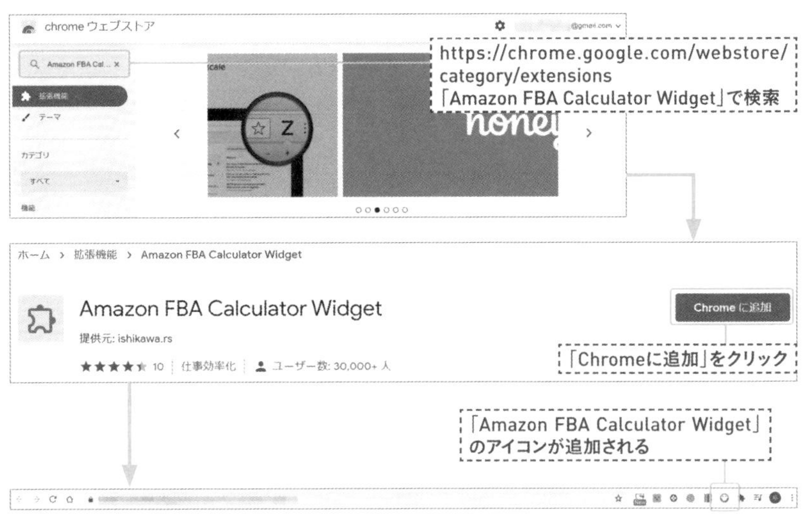


### 【Amazon FBA Calculator Widgetの簡単な使い方】

Amazon FBA Calculator Widgetの使い方は簡単で、Amazonで利益計算したい商品ページを開いて、Google Chromeの画面右上のアイコンをクリックするだけです。

クリックすると、ASINとカート価格が自動的に入力された状態で、FBA料金シミュレーターの画面が開きます。Amazon FBA Calculator Widgetを利用することで、ASINをコピー＆ペーストして、カート価格を入力する手間が省けるので、効率的に利益計算をすることができます。

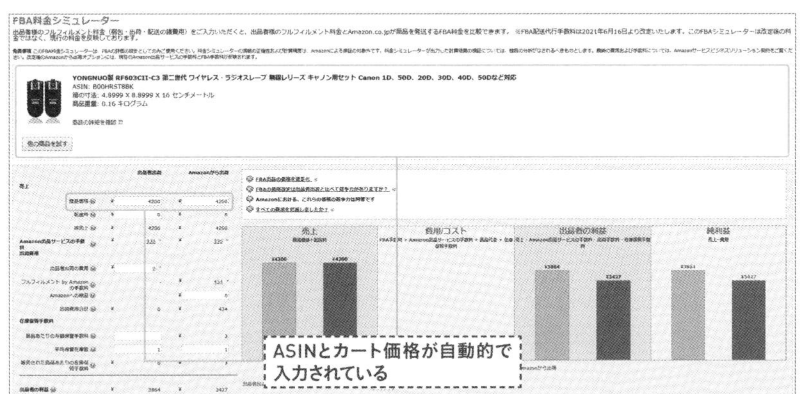


## 月間販売数÷ライバル数が1個以下だったら

今までの話をすると、月間販売数÷ライバル数が1以下であれば、出品しない方がいいのか、と思われるかもしれませんが、そういうわけではありません。

例えば、平均月間販売数が18個で、ライバルが20人いたような場合です。このようなケースもありますし、この状態で出品を諦める方も多いです。

しかし、繰り返しますが、キーゾンで計測された数値は正確な数値でないことも多いです。

このようなケースがあれば、Keepaやキーゾンに頼らず、ライバルの実際の販売個数を定点観測するようにしましょう。

では、定点観測とはどのようにするか、ということをお伝えします。

**①ライバルの在庫数を一人ずつ確認します。在庫数は先に紹介したKeepaを使えば一目でわかるようになります。**

**②調べた在庫数をExcelなどで書き出し、1週間くらい毎日在庫数を確認していきます。**

そうすると、実際にライバルのセラーが売っている販売個数が出てきますから、それをもとに仕入個数を決めていきます。

**Keepaを入れた場合の出品者情報に表示される在庫数**

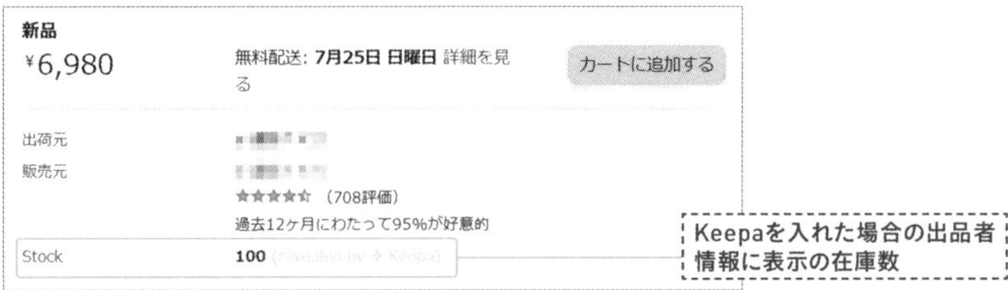


なお、Keepaを入れていない場合は、下のように実際に商品をカート入れて、注文数量に「999」など大きな数字を入れて更新すると、在庫数が表示されます。

**カートに入れて在庫数を確認する方法**

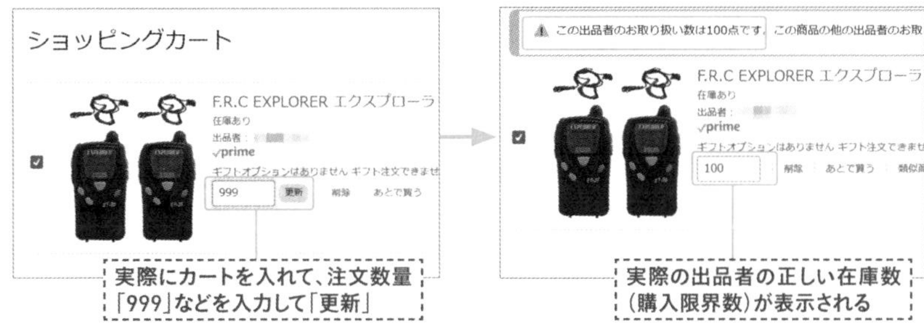

キーゾンの数値に不安な場合も、このように定点観測することで、より精度の高い売れ行きが出てきます。キーゾンで確認するよりは骨の折れる作業ですが、不安な場合はやってみるといいと思います。

ただし、この定点観測も正確な数字とは限りません。単純にライバルセラーが出品を取り下げただけのこともあるので、その点は注意してください。

やはり何度も言うように、自分で仕入れてみて実績値を判断するのが一番いい方法です。いくつか初回の仕入個数の判断基準について書きましたが、これ以上は割り切って仕入れるしかないですね。

## プライスターで販売価格の自動追従

カートボックスを獲得するためには、最安値に合わせることが重要というお話をしました。プライスターはライバルセラーの販売価格が下がった場合、自動的にその価格に追従して販売価格を下げるツールです。

例えば副業でAmazonビジネスをしている方などは、定期的に商品の販売価格を確認するわけにはいきません。そういうときにプライスターはとても便利なツールです。

とても便利なツールなのですが、プライスターで1点気をつけたいのが、「赤字ストップ設定」を絶対するということ。

どういうことかというと、例えば出品している商品について、誰かが1円に設定したとします。赤字ストップ設定をしないと、自動追従されて自分の出品している商品まで1円に下げられてしまいます。それに気付かないうちに商品が買われてしまい大赤字になるというケースがあります。

実際にこのような被害に会うようなケースも何件か聞いたことがあるので注意しましょう。　またプライスターの設定は「FBA状態合わせ」にした上で、「仕入原価」「赤字ストップ設定」この２つの項目を入力すれば問題ありません。プライスターは他にも納品プランの作成が出来たりと便利な機能が沢山あり、オススメです。

## ツールがいつまでも使えるとは限らない

Chapter4では様々なツールについてお伝えしてきましたが、ツールについて覚えておいてほしいことが2点あります。それは、本書でもお伝えしているように「Keepaやキーゾンは正確でないことも多い」(p185〜)という点と、「ツールがいつまでも使えるとは限らない」という点です。

2020年までは、商品の売れ行きや価格の推移などを確認して仕入判断をするツールといえば、モノレートとモノゾンが主流でした。物販経験者の方であればご存知かと思いますが、モノレートとモノゾンは2020年6月30日で提供が終了しています。仕入判断という重要なツールだっただけに、提供終了時は多くの人が困惑していたのを覚えています。

モノレートやモノゾンの提供終了はインパクトが大きかったですが、ツールの提供が終了することは珍しくありません。特に無料で使えるツールについては、これまでも提供が終了したり、有料化したりすることがありました。例えば最近までアマキパという、リサーチ時に必要な情報を簡単に知ることができる便利なツールがあったのですが、本書の執筆途中で提供終了してしまいました。

普段使い慣れたツールが提供終了することはたしかに困りますが、物販に関連するツールはたくさんあり、他のツールに代替できることもあります。モノレートやモノゾンの機能も、ほぼKeepaやキーゾンで代替できます。本書では詳しくお伝えしていませんが、他にも代替できるツールがあります。

そのため、使い慣れたツールが提供終了となっても、慌てずに代替ツールを探してみるといいでしょう。普段よく使うツールほど、代替ツールはあります。

また、ツールに頼りすぎてもダメです。特に仕入判断の目安となるKeepaやキーゾンは正確とは限らず、あくまで目安です。

p188〜でお伝えしているように、定点観測をした方が正しく仕入数を判断できます。できれば、ライバルセラー1人に対して定点観測するだけでなく、3〜4人のセラーの売れ行きを定点観測した方が確実です。セラーがAmazon以外でも商品を販売していた場合、Amazonの商品をFBAマルチチャネルなどで横流ししていると、どのくらい商品が売れたか定点観測しづらくなります。

また、実際に商品を仕入れたら、ツールを使わずに自分の実績値で判断して、リピート仕入れの数を決めるようにしてください(p323〜)。

Chapter 5

# 直取引できるメーカーを効率よく探そう

## ～海外メーカー直取引における リサーチの方法と手順～

Chapter2～4ではAmazon物販ビジネスのAmazon内での必須知識に関してお伝えしてきました。いよいよこの章から海外メーカー直取引について本格的に触れていきたいと思います。まず、海外メーカー直取引に必要なものや心構えを学んでから、具体的に取引できそうなメーカーのリサーチを始めましょう。

01

# 目標設定
# ～どんな未来を手にしたいですか?～

## 大事なのは目標を明確にすること！

ここで、Amazon海外メーカー直取引で成功を収めるために大切な要素をお伝えしたいと思います。

まずやってほしいのは目標設定です。

**最終的にどれくらい利益が欲しいのか、その利益は何のために欲しいかということを具体的に落とし込んでおいてほしいと思います。**

やはり何のためにお金を稼ぎたいのか、自分の夢や目標は何なのかといったところが明確な人ほど稼いでいます。つまり、お金を稼ぐ強い動機づけです。私の周りにも物販で成功している人はいますが、みんな夢や目標が明確な人ばかりです。逆に、目標が不明確な人で稼げている人は誰もいません。

私も物販を始めたきっかけが、当時の会社の給料が非常に低く、家族を養っていけるかどうか不安に思ったことです。実際に養っていけないような状態でしたから、かなりお金を稼ぐ動機としては強かったと思います。

**そこで、皆さんにも海外メーカー直取引でお金を稼ぐ強い動機は何か明確にしてもらいたいと思います。**

そのうえで、今ある資金を使っての目標利益や、最終的に自分が目指す利益はどれくらいかを落とし込んでいきましょう。

## 夢リスト100を書く

では、どのようにお金を稼ぐ強い動機、夢や目標を明確にしていくか。方法はたくさんあると思いますが、私は自分の夢リストを毎年100個書いて、常に自分の見えるところに置いています。

**「夢リストを書こう」という話は様々な自己啓発書でも書かれていますが、やはり私も書いたほうがいいと思います。**

なぜ自分がお金を稼ぎたいのか、稼いだお金で何をしたいかを明確にするには夢リストは有効だからです。

夢リストと言うとバカにする人もいます。しかし実際に私は「書くだけで夢は叶う」という体験を何回もしました。嘘のような本当の話です。

やはり夢や目標は意識しないと絶対に達成できるものではない。そのためには、実際に自分の願望を書き出すのは、とても大切なことだと思います。

**今でも私は書いた夢リストを、仕事中は机の左端に置き、朝起きたときや、夜寝る前に見返したりして、常に意識するようにしています。**

ですから皆さんも嘘だと思って、お手持ちのノートにぜひ夢リストを書いてみてください。まずは20個、30個でもいいので、本当にワクワクすることを書き出してみてください。

**個人的には『マーフィー100の成功法則』（大島淳一 著／知的生き方文庫）という本を常に読み返し、マインドも鍛えています。マーフィーの成功法則は、勝ち組経営者がオススメする本としても有名なので、手に取って読んでみれば意識が変わると思います。**

02

# 目標管理をしよう ～数字をさまざまな方向から見直してみる～

## メールの返信率、成約率の目安は？

自分がなぜお金を稼ぎたいか? お金を稼いで何をしたいか?　夢や目標は何か?

**こういったことが明確になったら、今度は具体的な数字に落とし込んでいきます。やはり物販は数字が命です。重要な数字は売上や利益だけではありません。**

メーカーへの累計メール数、メールの返信率、見積もりがもらえたメーカーの数、実際の仕入に至ったメーカー数(成約率)……。これらの数値が実際の利益に大きく影響していくので、数字を把握することが大事です。

例えばメーカーにメールを○○件送ったら、△△％の割合で返信が来た場合。そもそもメールを送った件数が少なければ倍にする、返信率が悪ければメールの文章を改善してみる、実際に仕入れに至る成約率が悪ければ、メーカーとのやり取りをさらに工夫してみる。

**これらは数字がわかるから改善できることなのです。それがわからなければ、改善のしようがないわけです。**

私のコンサル生の中でも、「数字で考える力がついたから稼げるようになった」という方も多いので、ぜひ意識してほしいと思います。

具体的には後で詳しく解説しますが、少なくとも取引候補のメーカーをリサーチする際は、次のデータは測るようにしましょう。私は1週間単位、1ヶ月単位で測ることをおすすめしています。

●今月の累計メール数
●今月の累計メール数に対する返信率
●今月累計の見積もりをもらったところ
●今月の利益が出て仕入れたところ

なお、メールの返信率は、国内メーカー、海外メーカーで大きく変わらず、メール総数の約30％が目安です。40〜50％であれば良好、**20〜30%以下であればメール文章の改善が必要です。**

見積もりをもらう率は累計メール数に対して、およそ５〜10％が普通、良い方だと見積もりをもらう率が15〜20％以上に跳ね上がります。

また、成約率については、実際にメールしたメーカーのうち、30〜50社に1社の割合で利益の出るメーカーと取引できれば、最初は良いほうです。

**しかし、これは経験を重ねていけば20社から1社、すごい人だと10社に1社の割合で取引が決まるなど、率を高めることが可能です。**

例えば300社毎月メールして30社に1社の割合で取引が決まり、1社あたりの利益が5千円なら、1ヶ月当たりの利益は10社×5千円で5万円です。

メーカー取引だと転売と違い、この利益が積み重なります。今月の5万円は来月にも引き継がれる可能性が高いわけで、5万、10万、15万、20万、25万円と、作業をするごとに利益が伸びていくイメージです。

転売はリピート性が低いので、このように階段状には伸びません。私が経験していたので、よくわかります。

## 目標利益を達成するための資金の考え方

あなたの目標利益はいくらですか? 初心者の方であれば、まずは月10万円くらいでしょうか。会社を辞めて独立したいのであれば、月30万円の利益は安定的に稼げるようにしたいところです。なかには月50万円、100万円稼ぎたいと思っている方もいるでしょう。

**しかし、物販は先に商品を仕入れるので手元にいくらか資金が必要になります。**つまり、目標利益を得るための必要資金がいくらなのか? ということが非常に重要になってきます。

現実的な必要資金は正直「見たくない」という方も多いと思います。私もそうでした。最初物販始めるときに「全然資金が足りないじゃん」と思ったので。

私の場合は本業の他にバイトしたり、自己アフィリエイトをしたり不用品を売るなどして資金をかき集めました(おすすめはしませんが、親にもお金を借りました)。正直苦しかったです。

**でも、こういった現実と向き合わない限り、自分の夢や目標は叶えられないのです。現実と向き合うことで、夢や目標が現実化する動きをします。**

私はメーカー直取引をスタートする資金としては、現金で50万円以上持っていることをおすすめしています。

**なぜかというと月利10万円を達成するためには現金50万円くらいは用意しておきたいからです。月利10万円というと、初心者の方が最初に目標とする利益です。**

例えば利益率10％、Amazon手数料(販売手数料＋FBA出荷作業手数料)を40％と考えた場合、月利10万円を達成するための必要資金を計算してみます。もちろん利益率はメーカーによって異なりますし、Amazon手数料も商品によって違うので、あくまで初心者の方が取り組む際の目安です（利益率に関しては、海外メーカー直取引の場合は慣れてくれば15～20％であることが多いですが、最初は10％程度のことも珍しくありません)。

利益率が10％ということは、月利10万円を得るために必要な月商は100万円ということになります。このときAmazon手数料は40％ですから40万円です。ですから仕入原価は、

### 利益率10%での計算

| 月商<br>100万円 | − | Amazon手数料<br>40万円 | − | 利益<br>10万円 | ＝ | 必要資金(仕入原価)<br>50万円 |
|---|---|---|---|---|---|---|

と計算できます。

これは全て現金前払いにした計算ですが、海外メーカー直取引の場合はクレジットカード払いが対応可能であることが多いです。その場合は、資金50万円よりももっと少ない現金で、利益率10％で月利10万円を達成できるでしょう。ただ、私はクレジットカード払いなどを行い、自分の資金の何十倍もの仕入れをした結果、潰れたことがあるので、最低限の資金は必要と考えています。

Amazon手数料は、その商品の販売手数料とFBAを使った場合の出荷作業手数料を合計したものです。販売価格が例えば1000円台のものなどは、Amazon手数料が上記を併せると4割ぐらいになることがあります。しかし、販売価格が数万円になってくると販売手数料は変わらないですが、出荷作業手数料の割合は下がります。そのため、Amazon手数料は3割になったり、2割になったりすることも珍しくありません。ここでは参考のため4割としています。

**あくまで最低必要資金なので、より確実に月利10万円を達成したいなら、60〜75万円分の商品は仕入れたいところです。**仕入れたものが全て1ヶ月間で売れるかどうかはわからないからです(もちろん最初は1ヶ月で売り切れる量を仕入れてほしいですが)。

同じように、利益率10％の場合、月利30万円を得たいなら必要資金は150万円、月利100万円なら500万円必要となります。

**ただ、得た利益をさらに仕入れに使っていけば複利計算的に利益を積み重ねることができます。**また大きな利益を得ようとしたら銀行から融資してもらうこともあります。

借金というとネガティブなイメージを持つ方が多いですが、借金にも良い借金と悪い借金があります。このように物販の売上を伸ばすための借金であれば良い借金です。

もちろん最初から融資を受けることはおすすめしません。しかし、私の周りで物販を事業として成り立たせている方は100%に近い確率で融資を受けています。それだけ融資というの大事なことなのです。

こういったキャッシュフローの管理に関する話も、あとで詳しくお伝えしていきたいと思います。

## 目標の利益を得るためにいくら仕入れるのがいいのか？

月利10万円を得るための必要資金(仕入原価)は最低50万円が目安というお話をしました。**しかし、より確実に目標を達成するのであれば、さらに1.2〜1.5倍を目指して仕入れを行った方がいいでしょう。月利10万円を得るのであれば60〜75万円です。**

例えば翌月に月利10万円を得たいのであれば、今月中に75万円分の仕入れを行うのが理想です。

**ということは、1ヶ月を4週とすれば、半月(2週間)で37.5万円の仕入れ、1週間であれば18.75万円の仕入れが必要です。**

**1週間で作業できる日数が5日と仮定すれば、1日37,500円は必ず仕入れないといけないといけません。**

こういったことを毎日の行動に落とし込んでいき、実行することで目標が達成できます。

私の場合は仕入れ表を作って、毎日の仕入れを管理しています(こちらは別途詳しく解説します)。

**仕入れではなく、利益で考えるのであれば、月利10万円で考えれば、同じように1.5倍の月利15万円を目標とします。それを同じように1ヶ月、半月、1週間、1日と毎日毎日の行動に落とし込んでいきます。**

**半月(2週間)であれば75,000円、1週間で37,500円、1日5日作業する**

**とすれば7,500円が目標利益になります。**

このように数字を意識して頑張るのと、ただひたすらがむしゃらに頑張るのとでは、成果はまったく違います。

物販はとにかくがむしゃらに頑張っている人が多いです。でも、改善点も見出すことなく毎日がむしゃらにやっていても、稼げる額に限界があります。また毎日頑張ることで疲れてしまって、頭がパンクするので、物販で稼ぐには、頭をクリアにしておく必要があります。

**数字を意識すれば、「今週は利益を得たから土日は休もう」「利益が足りないから一旦作業を止めて改善点を探そう」といったことができます。自分自身で行動をコントロールすることができるんですね。**

メーカー直取引というか物販、全てのビジネスにおいてとても重要なことなので、ぜひ頭の中に入れておいてください。

この項でお話したことをもう少し深く理解したいという方は、下記の動画を参考にしてみてください。ノウハウも大事ですが、私は一番大事なところだと考えています。

なお、動画中に出てくる目標利益の管理ツールのシートについては、こちらからダウンロードできますので、ぜひ活用してください。(本書最後にあるご案内からも登録することで、すぐに資料はダウンロード可能です)

**【動画】Amazon物販ビジネスで成功するための目標利益を達成する数字的な考え方は?**

http://nakamura03.staba.jp/kaminotyobohahontosugoiH30.0108.xlsx

03

# 売れる商品の見つけ方
## ～海外メーカー直取引の商品リサーチの方法と手順～

### カテゴリーリサーチで売れる商品を探す

では、いよいよ取引できそうなメーカーを探していきましょう。ここでは、実際に海外メーカー商品をリサーチするカテゴリーリサーチの方法についてお伝えします。

まず、下図のAmazonのトップページで青枠にて示したのがカテゴリーです。

**カテゴリーから探す**

**オススメのカテゴリーは、この画面で表示されているPCソフト以下のカテゴリーです。**本やCD、DVDなどでもいいですが、リサーチ対象としてはあまりおすすめできません。

ここでは、試しに「スポーツ＆アウトドア」を選択し、検索枠は空欄のままで右上の虫眼鏡ボタンをクリックします。

そうすると、このように一番左端にスポーツ＆アウトドアの小カテゴリーが出てくるので、どれかの商品を選択します。ここでは「アウトドア」を選択します。

### スポーツ&アウトドアの小カテゴリー

さらに絞り切れない場合は、さらにカテゴリーを絞り込みましょう。ここでは「テント」を選択します。

### スポーツ&アウトドアの小カテゴリー

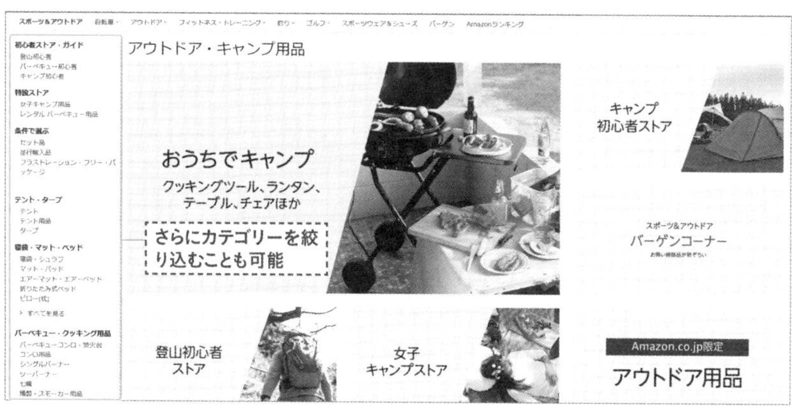

カテゴリーをある程度絞り込んだら、画面を下にスクロールして、一番下の「全ての結果を表示する」を選択します。そうすると、次のようにテントの売れ筋順(アマゾンおすすめ商品順)に商品が並びます。

このような感じで商品を探すのですが、ここで1つ、注意点があります。もし上記のリサーチ過程で「スポンサー」と表示された商品は、広告をかけてトップページに表示されている商品です。そのため、「スポンサー」と表示された商品は無視してリサーチしてください。

### 「スポンサー」表記の商品は広告をかけているので無視

では、早速リサーチを開始してみましょう！

## カテゴリーリサーチで売れる商品を探す

リサーチをする際は、Chapter4でお話ししたように、Keepa、キーゾン、Amazon FBA Calculator Widgetは入れておくようにしましょう。効率的にリサーチができるようになります。

ひとつひとつ商品を順番に見て、魅力的な商品が見つかったら、実際に「メーカー名」「メーカー名.com」などでGoogle検索して、ホームページを探してみましょう。もしホームページを探しても見つからないようであれば、OEM商品の可能性が高いので見送ります。

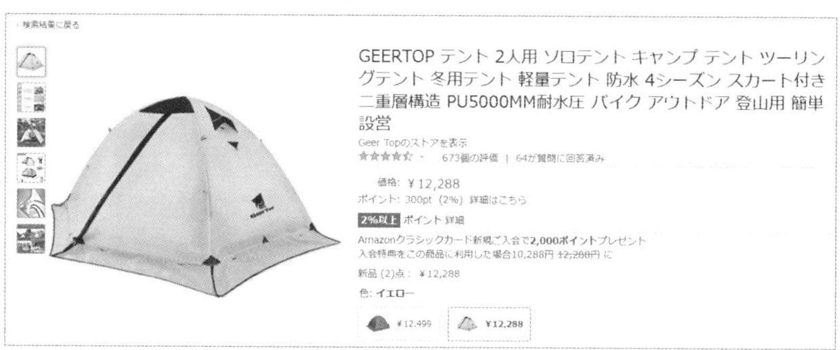


詳しい内容は次章にてお話しますが、例えばテントで上記のような商品をリサーチして見つけました。

こちらのメーカー名「GEERTOP.com」などをgoogleなどで検索すると以下のようなHPが見つかります、こちらのメーカーに対して取引をお願いするメールを送るだけです。

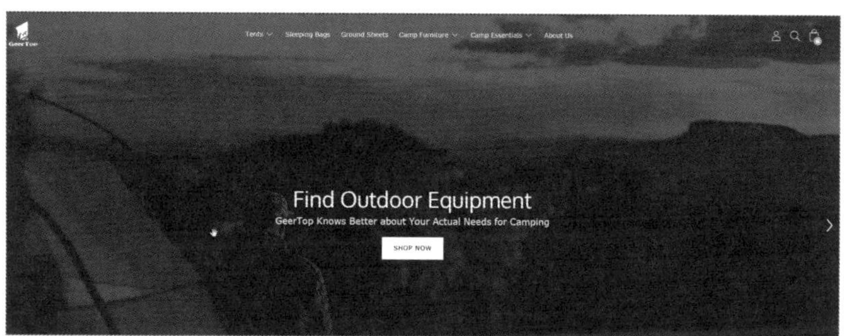

### 海外サイトの日本語表示方法

なお、本書では、リサーチ途中で国内メーカーが見つかることもありますが、魅力的な商品であれば、国内メーカーも並行して取引交渉してみましょう。国内メーカー直取引については、拙著「Amazon国内メーカー直取引完全ガイド」で詳しく書かれていますので、併せてご覧ください。

**【海外サイトを日本語表示する方法】**

なお、海外メーカーのホームページは当然ながら英語表記ですから、英語が苦手な人はGoogle Chromeで日本語表示しておくとよいでしょう。

不自然な日本語もありますが、だいたいの意味は通じるので問題ありません。PCとスマホ両方で日本語表示は可能ですが、ここではPCの日本語表記する手順を示します。

### 海外サイトの日本語表示方法

言語
言語
言語を希望の順序に並べ替えます
日本語
この言語がページを翻訳する場合に使用されます
この言語が Google Chrome UI の表示に使用されます
英語 (アメリカ合衆国)
英語
言語を追加
母国語以外のページで翻訳ツールを表示する
スペルチェック
基本スペルチェック
拡張スペルチェック
Google 検索と同じスペルチェックを使用します。ブラウザに入力したテキストは Google に送信されます。
スペルチェックを使用する言語
英語 (アメリカ合衆国)
英語
「母国語以外のページで翻訳ツールを表示する」をオンにする
翻訳サイトのアイコンが出てくる
geertop.com/pages/about-us
GEERTOP OUTDOOR STORE
TENTS
SLEEPING BAGS
GROUND SHEETS
CAMP FURNITURE
CAMP ESSENTIALS
ABOUT US
ABOUT US
BRAND STORY
「英語」→「日本語」を選択
英語
日本語
英語を常に翻訳
Google Translate
GEERTOPアウトドアストア
テント
寝袋
グラウンドシート
キャンプ用家具
キャンプエッセンシャル
私たちに関しては
私たちに関しては
ブランドストーリー

## 取引交渉メールを送るメーカーを決める3つの基準

基本的には商品の売行きやライバル数、メーカーの規模は気にせず、どんどんメールを送ることをおすすめします。

**しかし、最低限次の3つの条件を満たしているかどうかは確認しましょう。特にAmazon本体が販売している場合は売行きが厳しくなります(Amazon本体が商品を販売すると、私たちはカートが獲得できなくなる可能性が高いので)。**

3つの条件を満たしていれば、メーカーに積極的にメールを送って取引交渉しましょう。

### 1．Amazon本体が販売していない

**Amazon本体が販売している商品はカート獲得が難しい商品が多く、在庫がさばけず赤字になるリスクが高いです。**

現在のカート価格(商品が売れやすい状態の価格)と、Amazon本体が販売する価格が大きく離れていればチャレンジしてもいいですが、リスクを考慮してください。基本的にはAmazon本体がいない商品をどんどんリサーチしたほうがよいでしょう。

なお、第4章でもお伝えした、Keepaを導入していれば、Amazon本体の有無はすぐに判断できます。

Keepaのグラフがオレンジに塗りつぶされていれば、Amazon本体が売っています。赤く塗りつぶされていなければAmazon本体がいません。

### Amazon本体ありのKeepaのグラフ

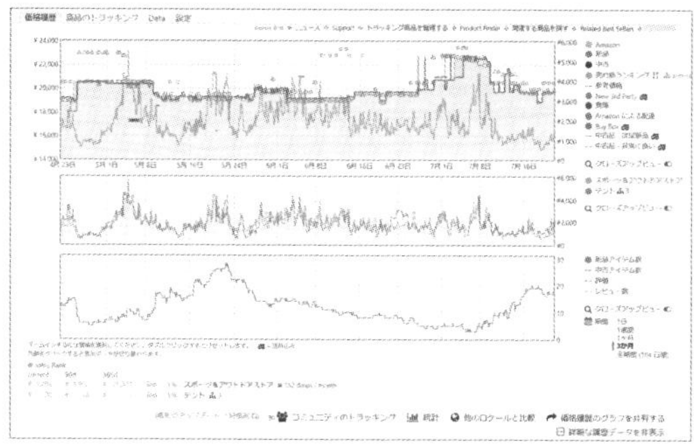

### Amazon本体なしのKeepaのグラフ

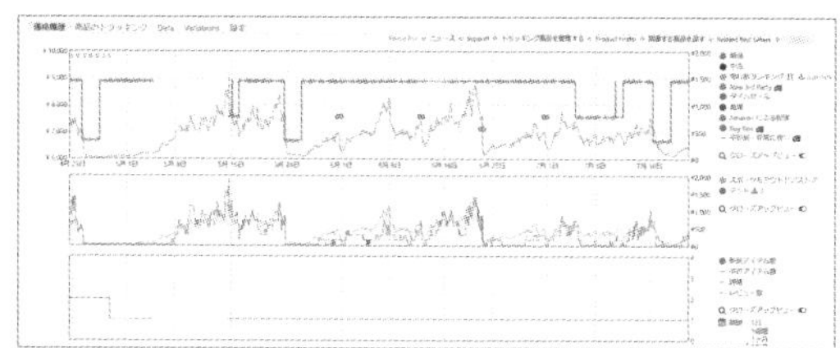

## 2．Amazonランキングが大カテゴリー50,000位以内

次に商品ページの下の方を確認して、おおむね大カテゴリー50,000位以内であればメールを送りましょう。

**これは50,000位以内であれば、月に数個は定期的に商品が売れているのが確実である、というのが理由です。**

また、この時点で商品の売れ行きを詳細にツールで確認しようとする人もいますが、それは時間がもったいないです。

なぜなら、メーカーと取引できるかどうか、メールを送ってみないとわからないからです。そのために大カテゴリー50,000位以内であれば、すぐにメールを送りましょう。

ただし、こちらはあくまでも目安として考えてください。ランキングが悪くても実際のデータ以上に売れる商品がありますので、実際に取引が決まったら少量販売して売行きを確認していきましょう。

### Amazonランキング50,000位以内の表示

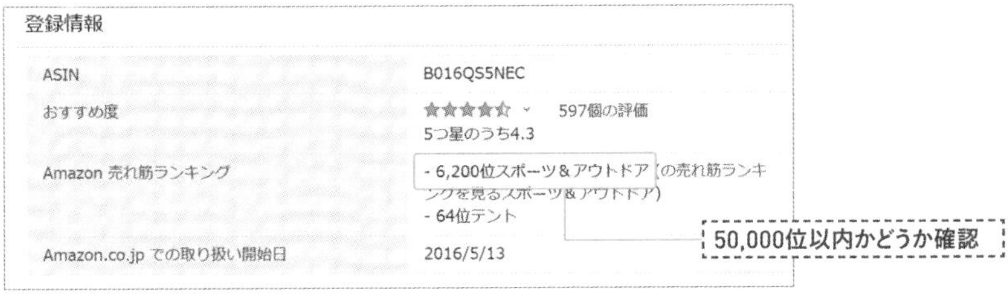

登録情報

| | |
|---|---|
| ASIN | B016QS5NEC |
| おすすめ度 | ★★★★☆ 597個の評価<br>5つ星のうち4.3 |
| Amazon 売れ筋ランキング | - 6,200位スポーツ＆アウトドア（の売れ筋ランキングを見るスポーツ＆アウトドア）<br>- 64位テント |
| Amazon.co.jp での取り扱い開始日 | 2016/5/13 |

50,000位以内かどうか確認

## 3．FBA出品者が2人以上

FBAセラーが2人以上いる商品で、上記「1」「2」の基準に当てはまる商品であれば、全てリサーチ対象になります。

右ページの画面はFBAセラーが2人以上いる商品です。具体的には出荷元が「Amazon」になっているセラー(Amazon本体以外)が2人以上いればOKです。

なぜ2人以上にしているかというと、1人で販売しているセラーは、

**・メーカー自身が自社販売している**

**・OEM商品である可能性が高い**

という場合が多く、メールを送っても取引の成約に至らないケースがあるからです。

しかし、FBAセラーが1人でも、少数ですがGoogle検索してみたらメーカーのホームページが見つかることもあります。その場合はメールを送ってみてもいいでしょう。

なお、ライバルが多いからリサーチ対象外、というような勝手な判断はやめましょう。

**ライバルが多くいても、それ以上に売れる商品は多くありますし、実際に少量販売して売行きを確認してから判断するのがいいでしょう。**

## FBA出品者が2人以上

FBAセラーが2人以上いればOK
・出荷元が「Amazon」であること

## カテゴリーリサーチ⇒セラーリサーチへ移行しよう

海外メーカー直取引のリサーチ方法としてカテゴリーリサーチを紹介しました。**まずは、カテゴリーリサーチから実際にあなたが取引できるメーカー商品を1つだけ(1社だけ)でも見つけることが重要です。**

取引ができるメーカーを探すことは最初こそ難しいかもしれません。しかし、メーカーにメールを送るまでの流れを何度も実践すれば、必ずあなたと取引できるメーカーは見つかります。**1ヶ月で300社は諦めずにメールしてください。1日あたり10社にメールすればいいだけです。**

私のコンサル生の場合は、30〜50社にメールを送ると、1社は仕入れに至る利益の出るメーカー商品が見つかります。

そんなに多くのメーカーにメールを送ることに抵抗がある方もいるかもしれません。しかし、もし30社のうち1社利益の出るメーカーが見つかって、1社あたりの利益が5千円だったとしたら、**300社メール送ると10社取引でき、合計5万円の利益です。**その5万円の利益は転売と違いリピート性が高いので、**来月も頑張って300社メールすれば合計利益は10万円、再来月も頑張って300社メールすれば15万円と利益が階段状に伸び続けます。**これがメーカー直取引のメリットでしたね。なので諦めず、**まずカテゴリーリサーチから1社取引できるメーカーを探してください。**

カテゴリーリサーチから1社取引できるメーカーを見つけたら、もっと効率よく取引できるメーカーをリサーチできる「セラーリサーチ」に移行しましょう。

# セラーリサーチで魅力的な商品を掘り起こす

## もっと効率がいいセラーリサーチの方法

カテゴリーリサーチで取引することができるメーカーが決まったら、次はセラーリサーチに移行することで、リサーチをもっと効率化できます。セラーリサーチとは、取引が決まったメーカー商品を扱っているFBAセラーが販売している他の商品の中から、売れ筋商品を探していく手法です。

例えば、以下の商品を売っている「YONGNUO」というメーカーと取引が決定するとします。

下の青枠のいずれかをクリックすると、出品者一覧が出てきます。

### メーカー「YONGNUO」の出品者一覧を表示

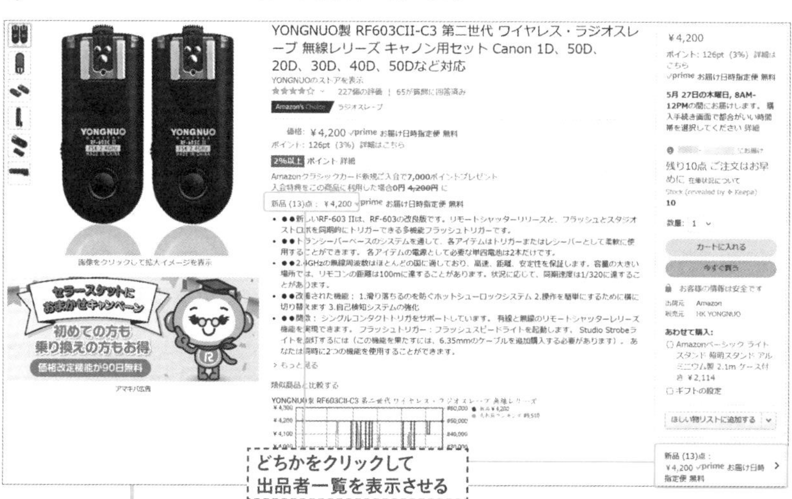

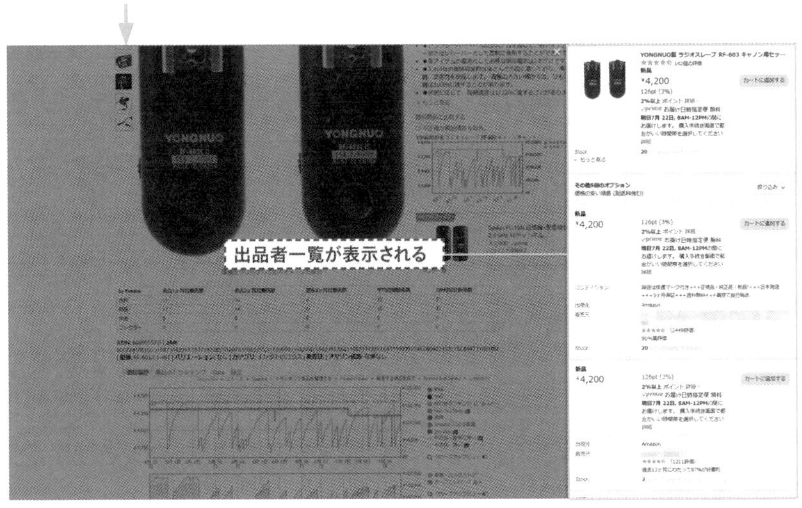


これはどういう状態かというと、あなたと同じように「YONGNUO」というメーカー商品を扱うセラーが複数存在するということです。

ということは、この出品者たちが扱っている他の全ての商品をリサーチすれば、もっと効率よく取引ができるメーカー商品を探すことができると思いませんか?

事実、効率よく探すことが可能ですので、その方法をお話します。

なお、カテゴリーリサーチ同様、セラーリサーチでも国内メーカー品が見つかる可能性がありますので、並行して交渉してみましょう。

## セラーリサーチしてみる

このリサーチ対象となるFBAセラーが扱っている商品を実際にリサーチしてみましょう(これがいわゆるセラーリサーチです)。

以下の手順で、そのFBAセラーの取扱商品一覧を見ることができます。

## FBAセラーの取扱商品一覧の表示手順

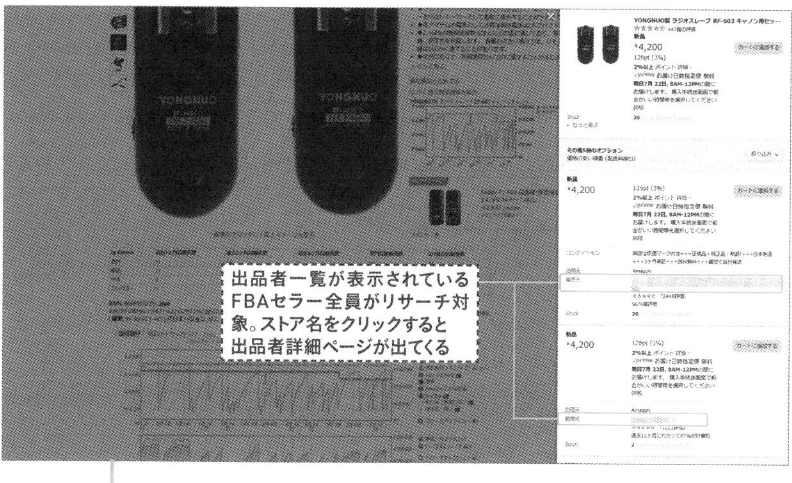


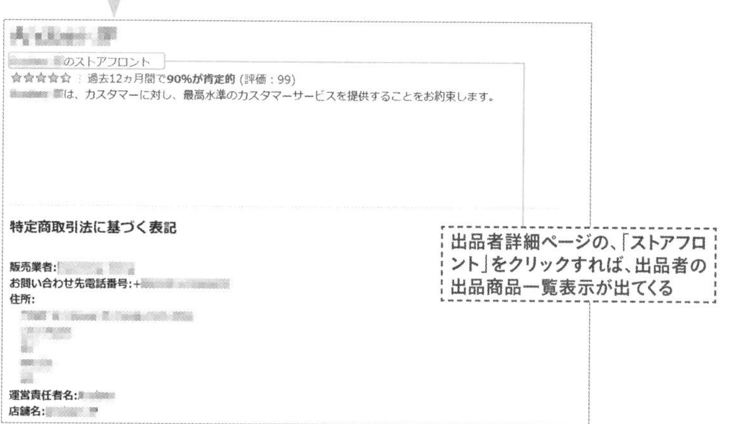


ストア名をクリックすると、次のような、その出品者の取扱商品が表示されます。カテゴリーリサーチと違い、**自分が取引できたメーカー商品を扱っている出品者の商品一覧をリサーチすることで、リサーチの作業効率が格段にアップします。**メーカーと交渉してみると、取引できる成約率が上がることを実感できます。

## 出品者の取扱商品一覧から商品を見る

取扱商品一覧のなかにあった、こちらの商品を見てみましょう。

## 出品者の商品ページ

気を付けたいのは、ここで出てくる商品ページは、あくまで出品者のページなので、他の出品者が表示されません。そのため、通常の商品ページ(正確な出品者数、出品者名を表示)に戻す必要があります。

そこで、商品名をAmazonの検索枠にコピペして検索し直すと、正確な出品者数、出品者名が出てきます。

### 通常の商品ページで他の出品者をチェックする

商品名をAmazonの検索枠にコピペして検索

正確な出品者数が表示される

そして、今までと同様に、前項でお伝えした3つの基準を満たしているかをもとにリサーチして基準をクリアしていれば、メーカーにメールを送ります。

このカメラシャッター以外にも、3つの基準を満たす商品を、この出品者はたくさん扱っている可能性が高いです。セラーリサーチして3つの基準を満たす商品があれば、全てメーカーに個別にメールを送りましょう。

その中で仮に、このカメラシャッターを扱うメーカーとも取引が成立したとします。メーカーと直接取引ができて、利益が出るので自分が購入した場合の状態を「取引○」とします(あとでお話しますが、メーカーと直接取引できるけど利益が出なさそうで買わなかった商品を「取引△」とします)。

**そうすると、この「取引○」となったカメラシャッターを扱っているFBAセラーも当然リサーチ対象になるわけです。このようにして、派生してリサーチ対象が増えていくようなイメージです。**

## リサーチ表で把握しよう

| 出品者ID | 出品者名 | 派生したメーカー名 | 交渉したブランド名 | 取引の可否 | メーカーサイト |
|---|---|---|---|---|---|
| ********* | A | YONGNUO | ********* | | ********* |
| | | | ********* | | ********* |
| | | | ********* | | ********* |
| | | | ********* | | ********* |
| | | | GODOX | 取引○ | ********* |
| | | | ********* | | ********* |
| | | | ********* | | ********* |
| | | | ********* | | ********* |
| | | | ********* | | ********* |
| | | | ********* | | ********* |
| | | | ********* | | ********* |
| ********* | B | GODOX | ********* | | ********* |
| | | | ********* | | ********* |
| | | | ********* | | ********* |
| | | | X社 | 取引○ | ********* |
| | | | Y社 | 取引△ | ********* |
| | | | ********* | | ********* |
| | | | ********* | | ********* |
| ********* | C | GODOX | ********* | | ********* |
| | | | ********* | | ********* |
| | | | Z社 | 取引○ | ********* |
| | | | ********* | | ********* |
| | | | ********* | | ********* |
| ********* | D | GODOX | ********* | | ********* |
| | | | ********* | | ********* |
| | | | ********* | | ********* |
| | | | ********* | | ********* |
| | | | ********* | | ********* |
| ********* | E | X社 | ********* | | ********* |
| | | | ********* | | ********* |
| | | | ********* | | ********* |

上の図のように、私はリサーチ表というものを使用してリサーチを視覚的にも正しく認識できるようにしています。

わかりやすく説明すると、まず初めにカテゴリーリサーチから「YONGNUO」というメーカーとの取引が決まったとします。

この状態までカテゴリーリサーチではたどり着くことが大事で、そのあとは「YONGNUO」を扱っている出品者全てをリサーチするセラーリサーチに移行していいきましょう。

YONGNUO商品を扱っている出品者の扱っている商品を一つずつくまなく見て、3つの基準を満たすメーカーにひたすらメールを送っていきます。

そうすると、今度はカメラシャッターを扱っている「GODOX」という会社が取引○になったとします。そうすると、今度は「GODOX」を扱っている出品者も全員リサーチしなければならないですよね。**そして「GODOX」を扱っている出品者を全てリサーチしていたら、また次の「取引○」のメーカー商品も見つかり、またそれを扱っている出品者をリサーチします。**

こういう風に、効率よくリサーチできるのがセラーリサーチのメリットです。そして、これらを視覚的に整理する方法がリサーチ表を付けるのです。

このように派生リサーチするといい理由は、メーカー商品を扱っている出品者が、他のメーカー商品を扱っている可能性が高いからです。つまり、メーカー商品を扱っている人の輪の中でリサーチすることが重要で、海外メーカー取引の成功のポイントです。

「左の動画にて詳しい内容を話しています。またリサーチ表はテンプレートを用意しま したので、以下からダウンロードして使ってみてください。 http://nakamura03.staba.jp/tadasikurisachisurumonogakatuH30.0108.xlsx
（本書最後にあるご案内からも登録することで、すぐに資料はダウンロード可能です）

セラーリサーチでは、ひたすらこの作業を繰り返していきます。**やることはとても単純で、「取引○」の商品を扱っている出品者を次から次へと派生リサーチさせるだけです。**

リサーチ表を使うことで、海外メーカー直取引をやっている人の輪の中で、視覚的にも正しく作業ができるようになります。

なお、実際にリサーチするのは、メーカーと直接取引できて利益が出る状態の「取引○」商品だけではありません。メーカーと直接取引ができるけど、利益が出ないから買わなかった商品のメーカー商品も結構出てくると思います。このメーカーについては「取引△」としてチェックしておきましょう。

**一番優先的なことは、「取引○」の商品を扱っている出品者を中心にセラーリサーチすることです。しかし、二番目に良いのは「取引△」を扱っている出品者をリサーチすることです。**

なぜかというと、自分が直接メーカーと取引できる出品者をリサーチすることが大事なので、「取引△」の商品を扱っている出品者もリサーチ対象としていいのです。

また私はリサーチする過程で自分が「この人いいな」と思うセラーには、

次ページの図のように色付けをします。具体的には「取引〇」となるメーカーがたくさん見つかるセラーです。

## リサーチ表を色付けして見やすくしよう

なぜかというと、自分がいいと思ったセラーを色付けして溜め込むことで、セラーが勝手にリサーチしてくれるのを待てばいい状態になるためです。

例えば1ヶ月後に色付けしたセラーをまとめて再リサーチすると、新しいメーカー商品をこの人たちが扱っています。そこに自分もメールすれば取引が決まる可能性が高くなりますよね。こんな感じでどんどんメーカーとの成約率を高めていくことが可能です。

最初はどうしても手あたり次第リサーチする感じにはなりますが、だんだん的を絞ってリサーチできるようになってきます。つまり、作業時間を減らしながら利益を増やすことができるという理想の形に近づいていきます。

しかし、しっかりとリサーチ表に記入していかなければ、この状態にはなりません。ですから、感覚でリサーチするのではなく、リサーチ表には正確に記入しながら作業をする必要があるのです。

### 色付され見やすいリサーチ表

| 出品者ID | 出品者名 | 派生したメーカー名 | 交渉したブランド名 | 取引の可否 | メーカーサイト |
|---|---|---|---|---|---|
| ********* | A | YONGNUO | ********* | | ********* |
| | | | ********* | | ********* |
| | | | ********* | | ********* |
| | | | ********* | | ********* |
| | | | GODOX | 取引〇 | ********* |
| | | | ********* | | ********* |
| | | | ********* | | ********* |
| | | | ********* | | ********* |
| | | | ********* | | ********* |
| | | | ********* | | ********* |
| | | | ********* | | ********* |
| ********* | B | GODOX | ********* | | ********* |
| | | | ********* | | ********* |
| | | | ********* | | ********* |
| | | | X社 | 取引〇 | ********* |
| | | | Y社 | 取引△ | ********* |
| | | | ********* | | ********* |
| | | | ********* | | ********* |
| ********* | C | GODOX | ********* | | ********* |
| | | | ********* | | ********* |
| | | | Z社 | 取引〇 | ********* |
| | | | ********* | | ********* |
| | | | ********* | | ********* |
| ********* | D | GODOX | ********* | | ********* |
| | | | ********* | | ********* |
| | | | ********* | | ********* |
| | | | ********* | | ********* |
| | | | ********* | | ********* |
| ********* | E | X社 | ********* | | ********* |
| | | | ********* | | ********* |
| | | | ********* | | ********* |

05

# リサーチ表は お金を生み出す財産

ここまでで、海外メーカー直取引のリサーチの流れがだいたい理解できたでしょう。メーカー直取引でやることは至ってシンプルです。

まずカテゴリーリサーチをして1社でも「取引○」の状態を作ることが重要です。「取引○」を1社でも作ることができれば、あとは効率のいいセラーリサーチに移行していきます。今回お話したリサーチ表を丁寧に付ければ、あなたの利益は確実に伸びます。

最初はうまくいかなかったり、リサーチに行き詰まったりする方もいるかと思いますが、今回の作業を継続することが大事です。**継続さえできれば、取引できるメーカーも徐々に増えてくるでしょうし、あなたが付けたリサーチ表はお金を生み出す財産になります。**

## リサーチ表には必ずセラーIDを入れよう

ストアフロント(その出品者取扱商品一覧ページ)URLの真ん中もしくは末尾に記載されているのがセラーIDです。

**なぜセラーIDもリサーチ表に記入するかというと、ストア名は変更されてしまうことがありますが、セラーIDは変更できないためです。**

ストア名だけ記入すると、名称が変わったらわからなくなりますが、セラーIDを記入することで常に探し出すことができます。

ちなみに、セラーIDはAmazon検索やGoogle検索でも探すことができます。一度ご自身でセラーIDをネット検索して、正しく表示されているかご確認ください。

#### リサーチ表に記載するセラーIDの表示

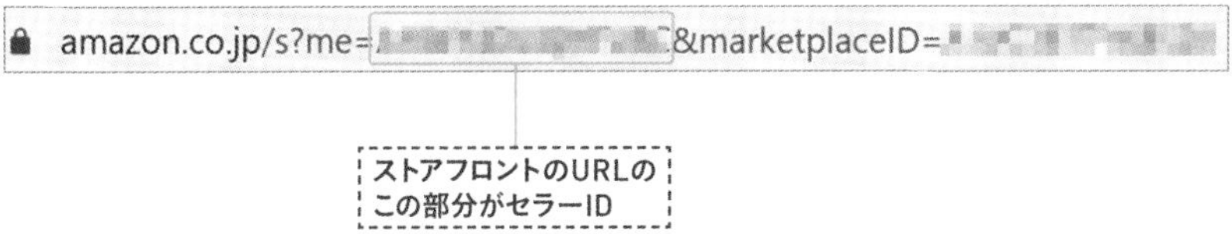

リサーチ表を作りながら、メーカーとの取引が決まり、階段状に利益が伸びることを考えれば、とても簡単でシンプルな作業かと思います。

# Keepaを使った効率的なリサーチ方法

以上、カテゴリーリサーチとセラーリサーチについてお伝えしましたが、Keepaを使った効率的なリサーチ方法もありますので紹介します。

具体的には、Keepaを使ってリサーチする商品を抽出し、簡単にExcelでデータ化する方法です。感覚をつかむまでは、これまでお伝えした方法でリサーチした方がいいですが、**リサーチのコツがつかめてきたらKeepaを使ったリサーチもやってみてください。かなりリサーチの効率が上がります。**

特に対象を絞ったリサーチをしたい方にはおすすめの方法なので、ぜひ活用してみてください。

## Keepaを使ったカテゴリーリサーチ

まずは、Keepaを使ったカテゴリーリサーチについてお話します。

Keepaの画面を開き(https://keepa.com/)、以下のように操作していきます。

### Keepaを使ったカテゴリーリサーチ手順1

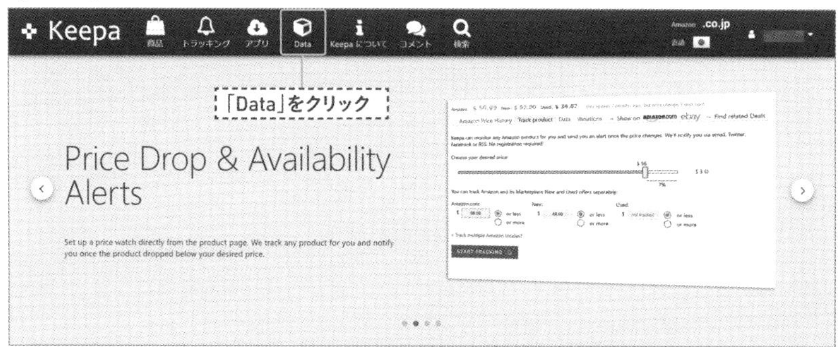

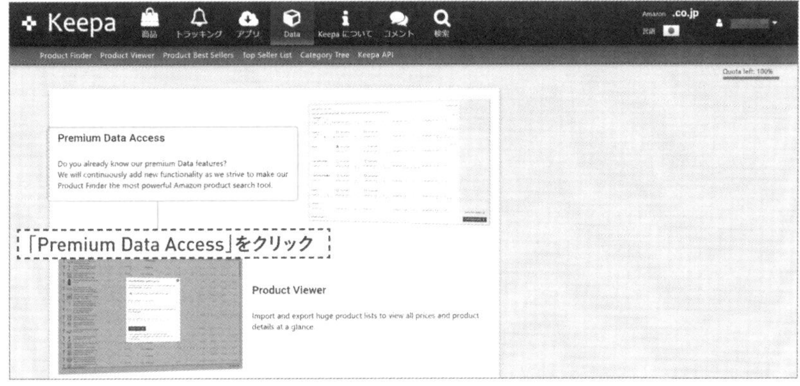


次にリサーチ対象となる商品の絞り込みを行います。

### Keepaを使ったカテゴリーリサーチ手順2

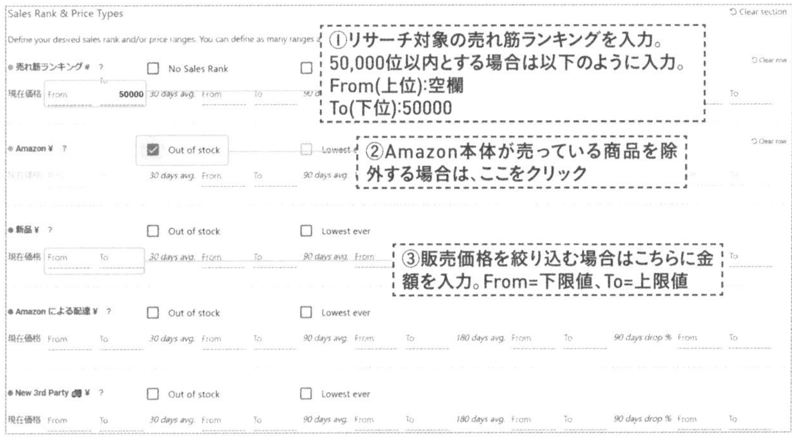


①売れ筋ランキングは、基本的には、定期的に購入者がいる50,000位以内に設定します。

②Amazon本体がいない商品を基本的にリサーチします。

③販売価格を絞り込む場合は、販売価格を記入します。1000円台の商品は、FBAでは送料が高くなる傾向があるので、こういった商品を避けて高単価商品を狙いたい場合に設定します。

## Keepaを使ったカテゴリーリサーチ手順3

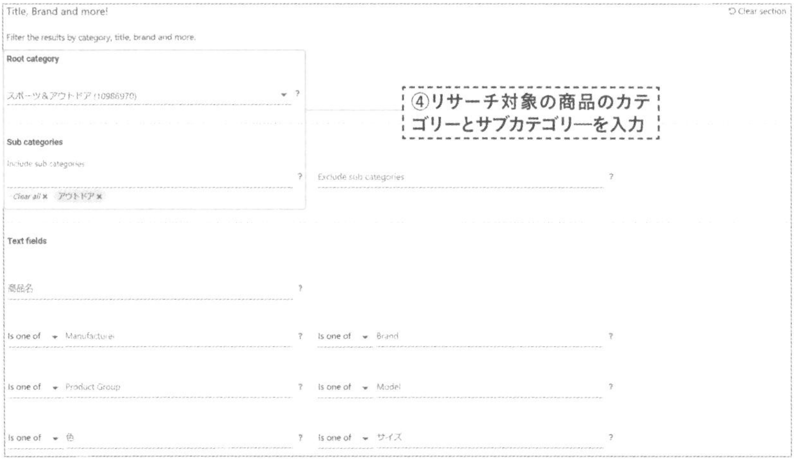

④リサーチ対象の商品のカテゴリーとサブカテゴリーを入力

④リサーチ対象商品のカテゴリーを入力します。大カテゴリーだけではリサーチ対象としては大きすぎるので、小カテゴリーくらいまでは絞りましょう。

## Keepaを使ったカテゴリーリサーチ手順4

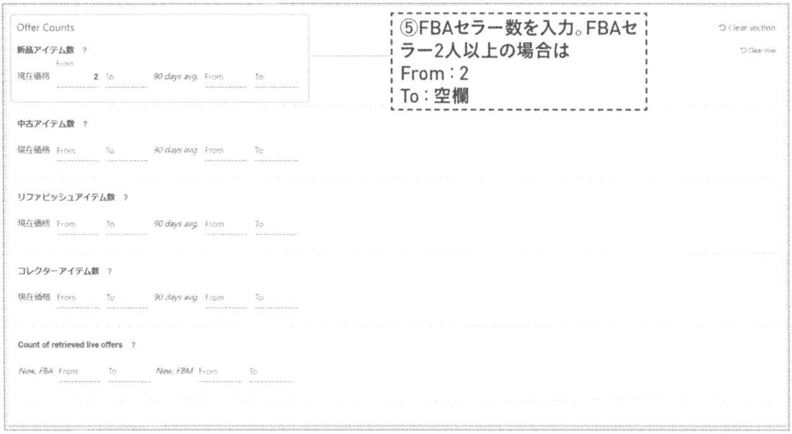

⑤FBAセラー数を入力。FBAセラー2人以上の場合は
From：2
To：空欄

⑤FBAセラーについて入力します。基本的には「2人以上」と設定すればい

いでしょう。FBAセラーの上限も設定してもいいですが、次のような傾向があり、一長一短あるので、最初はあまり考えずにリサーチしましょう。

| FBAセラーが多いメーカー商品 | FBAセラーが少ないメーカー商品 |
|---|---|
| 販売者を限定していない可能性が高い | 販売者を限定している可能性が高い |
| ○ 交渉の成約率が高い | × 交渉の成約率が低いが取引が決まれば以下のように魅力的ではある |
| × 販売者を限定する交渉が必要 | ○ 販売者を限定する交渉が不要 |
| × 価格競争が起こりやすい | ○ 価格競争が起こりにくい |

### Keepaを使ったカテゴリーリサーチ手順5

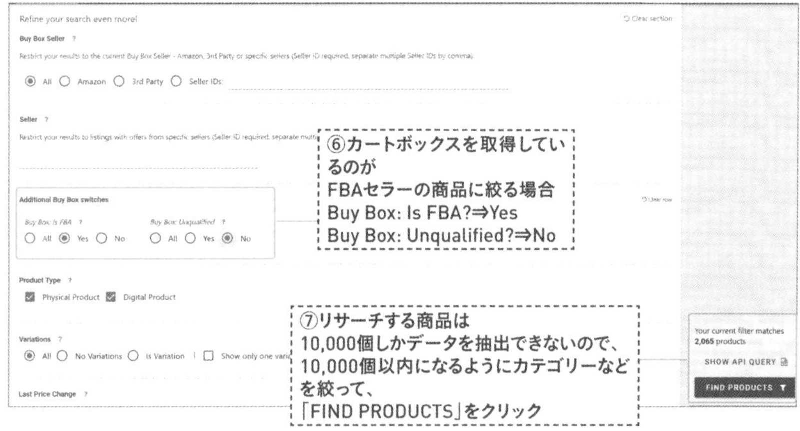


⑥最初はFBAセラーがカートボックスを取得している商品をリサーチすることで問題ありません。ただ、自社出荷セラーがカートボックスを獲得している場合、まったくライバルがいないということもあり得ます。たまに自社出荷セラーしかいない商品をリサーチしても面白いでしょう。

⑦商品データ抽出は10,000個以内が限度です。10,000個を超えると抽出されない商品も出てくるので、取りこぼしが発生することがあります。10,000個以下になるようにカテゴリーや商品価格を絞っていくといいでしょう。

### Keepaを使ったカテゴリーリサーチ手順6

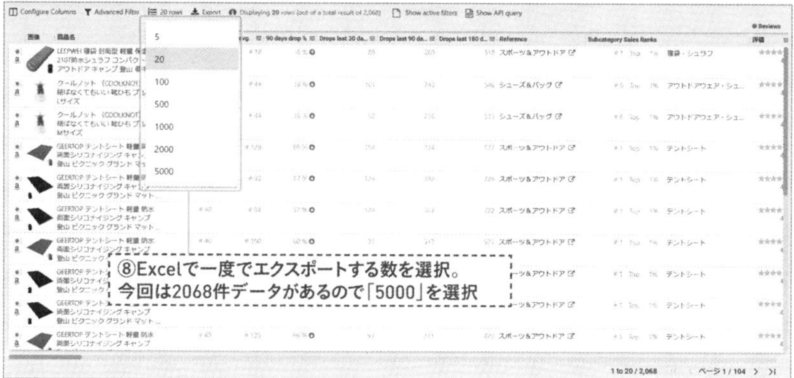


⑧条件を絞り込んだら、あとはExcelかCSVでデータ化しますが、デフォルトでは、一度にエクスポートできる数が20個に限定されてしまいます。この場合、例えば2000個も商品がある場合は、100回エクスポートしないといけないので、商品数に合わせて一度にエクスポートする数を選択しましょう。

### Keepaを使ったカテゴリーリサーチ手順7

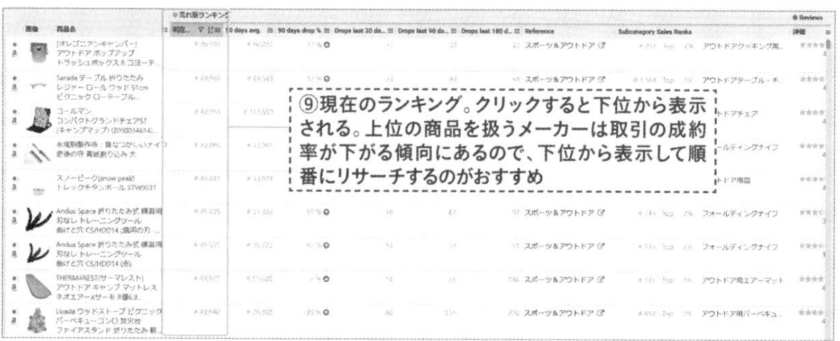


⑨ランキング50,000位以内の商品をリサーチすることには変わらないのですが、大量に商品がある場合はランキングが低い商品からリサーチしましょう。なぜかというと、ランキング上位の商品を扱うメーカーは、人気商品であるがゆえに取引の難易度が上がります。ある程度売れている商品であれば、ランキングが低い商品からリサーチをすると取引が成立しやすくなります。

## Keepaを使ったカテゴリーリサーチ手順8

手順に従って「Excel」か「ｃｖｓ」に「Export」すればリサーチされた商品の一覧表を入手できます。

## ExcelやCSVの「重複を削除」の手順

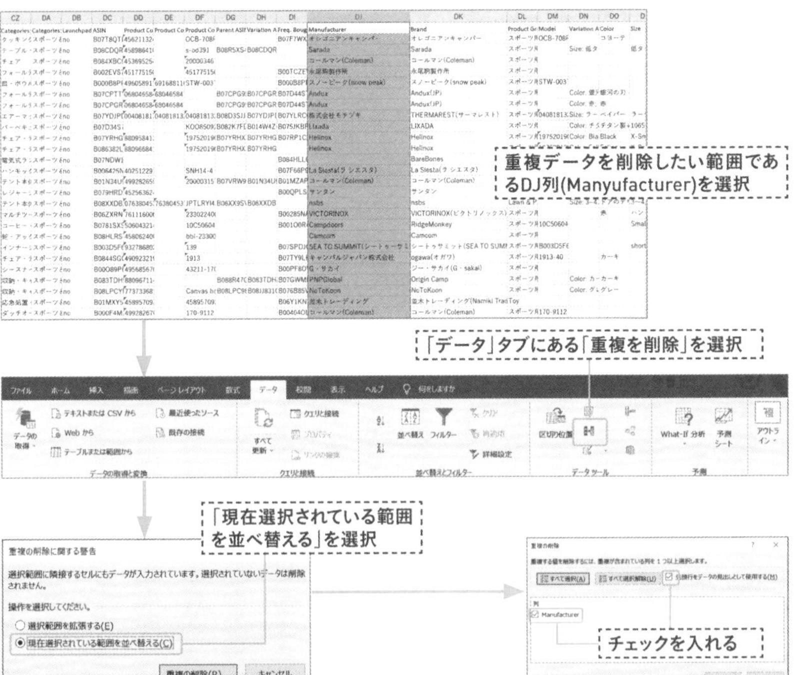

なお、エクスポートしたExcelデータを見ると、重複するメーカーがいくつもあることがわかります(DJ列「Manufacture」もしくはDK列「Brand」)。同じカテゴリーで検索しているので当然の話です。

メーカーが重複している場合については、「重複の削除」の機能を使って削除していきましょう。その方がExcelを活用しやすくなります。上の手順に従って重複するメーカーは削除しましょう。

## Keepaを使ったセラーリサーチ

セラーリサーチについても、Keepaを使って効率のいいリサーチができます。

方法としては、カテゴリーリサーチ同様「Premium Data Access」の画面で、

●Amazonランキング：50,000位以内

●Amazon本体なしの商品

など最低限の条件を入力してから、下図のところでリサーチ対象のセラーIDを入力すると、そのセラーの出品中の商品一覧を抽出できるようになります。

あとは、先にお伝えしたようにリサーチ表に入力しながらリサーチを繰り返していけばOKです(その他はカテゴリーリサーチと同様なので割愛します)。

### Keepaを使ったセラーリサーチ手順

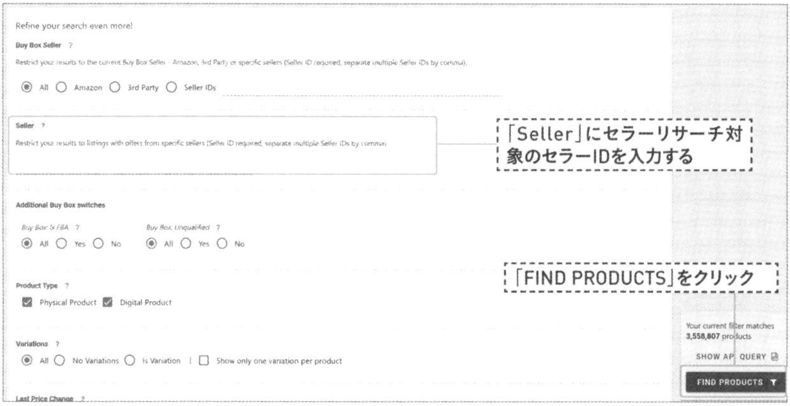

Refine your search even more!
Buy Box Seller ?
All　Amazon　3rd Party　Seller IDs
Seller ?
Additional Buy Box switches
Buy Box Is FBA ? All Yes No　Buy Box Unqualified ? All Yes No
Product Type ? Physical Product　Digital Product
Variations ? All　No Variations　Is Variation　Show only one variation per product
Last Price Change ?
Your current filter matches 3,558,807 products
SHOW API QUERY
FIND PRODUCTS

「Seller」にセラーリサーチ対象のセラーIDを入力する

「FIND PRODUCTS」をクリック

## リサーチで「いいメーカーが見つからない」と感じたら……

Chapter5では、効率よく取引できるメーカーをリサーチする方法をお伝えしました。メーカーリサーチは、メーカー取引を開始したら欠くことができません(取引できるメーカーが増えたら、徐々にリサーチ量は減らせます)。

しかしリサーチを続けていて、行き詰まりを感じることはありませんか？ 例えば「利益が出そうな商品が見つからない」「いいセラーを探せない」といったことなどです。

もし、闇雲にリサーチをして行き詰まっているなら、一度手を止めましょう。そして、リサーチ表を活用して、すでに仕入れた商品を扱っているセラーを全員チェックするようにしてみましょう。

そうすると、ライバルが新しい商品を扱っていたりして、行き詰まりを解消できることが多いです。闇雲にリサーチするよりも、すでに利益が出ると見込んで仕入れた商品を扱う質のいいセラーをリサーチする方が、よっぽど効率がいいです。

そういう意味でも、リサーチ表を付けることはとても重要なのです。一度チェックしたセラーでも、またリサーチしてみてもいいでしょう。新たに良い商品を扱っている可能性があります。

良くないのは、良い商品Aを扱っているセラーを全員リサーチする前に、Bという別の商品に目が入ってしまうことです。コンサル生でも、やってしまっている方が多いですが、それではパワーセラーを見逃すことになるのでもったいないです。

これだ！ と思う商品があれば、必ずその商品を扱っている全セラーのリサーチを丁寧にしてください。それが全部済んだら商品Bを扱っているセラーをリサーチするようにしましょう。

つまり、行き詰まりを感じたらリサーチ手順を見返し、基本に立ち返るようにしてください。

**●リサーチ表を付ける**

**●良い商品を扱っているセラーを全員リサーチしてから別の商品に飛ぶ**

こうすることで、必ず行き詰まりを解消して、リサーチしてからメーカーにメールを送るまでのスピードが格段と速くなります。リサーチ〜メールまでの時間も意識しながら作業に取り組んでみてくださいね。

Chapter 6

# 英語力不要、初めてでも個人でもできる！ 海外メーカーへのメール交渉

## 海外メーカーとのやりとりはシンプルイズベスト！

リサーチして取引したいメーカーが見つかったら、早速メールを送ってみましょう。国内メーカーの場合は、定型的なメールよりは興味を持ってもらうように書く必要がありますが、海外メーカーの場合は、そこまで求められません。むしろ簡潔でシンプルなメールが好まれます。

# 海外メーカーとの交渉は、メールだけでOK

## メーカーと連絡する際に必要なもの

リサーチして取引したいメーカーが見つかったら、早速メールを送りましょう。

海外メーカー直取引の場合は、海外メーカーも、私たちが現地に訪問できないことはわかっているので、基本はメール対応になります。

**そのため、国内メーカーとの交渉のような、対面での打合せの機会はほとんどありません。**シンプルでわかりやすい交渉を好む海外メーカーは、電話対応の機会もほとんどありません。交渉用の名刺、固定電話、FAXは用意しなくても大丈夫です(国内メーカー直取引と並行して行う場合は用意しましょう)。

**基本的には、独自ドメインのメールアドレスだけ用意していれば問題ありません。**

なお、必ずしも必要はないのですが、ホームページや、会社概要をエクセルで作っている方もいるので、そちらも併せてお伝えします。

## メールアドレスを開設しよう(重要度★★★★★)

海外メーカー直取引の交渉の大半はメールです。「Zoomで打合せする機会はないのか?」と聞かれることもありますが、独占契約など大きな話に展開すれば別として、初回取引時はまずありません。

**メールアドレスについては、独自ドメインで取得して、メーカー取引専用**

**の、信用度の高いメールアドレスを開設してください。** 交渉用のメールアドレスを用意することで、メールの整理もしやすくなります（Chapter2で用意したGmailアドレスは、あくまでもAmazonアカウント開設用のものです）。

例えば私であれば「info@nakamura03.com」というメールアドレスなのですが、「nakamura03.com」という独自ドメインを取っています。

### ●Googleビジネスメールはおすすめドメインメール

独自ドメインのメールは、基本的にどれでもいいのですが、おすすめで簡単なのはGoogleビジネスメールです。

### ●Googleビジネスメール

https://workspace.google.co.jp/intl/ja/solutions/new-business/

月額748円(税込)〜で独自ドメインのメールアドレスを取得でき、Gmailと連携できます。スマホアプリでも利用でき、迷惑メールに入りづらいという利点があります。

その他、「ムームードメイン」でドメインを取得して、「ロリポップ」のレンタルサーバーを連携させてGmailに転送する方法もあります。「エックスサーバー」でドメインとサーバーを取得して、Gmailに転送してもいいでしょう。いずれもちょっとややこしい方法ではありますが、メールアドレスを安く使いたいなら、こういう方法もあります。

**●ムームードメイン**

https://muumuu-domain.com/

**●ロリポップ**

https://lolipop.jp/

**●エックスサーバー**

https://www.xserver.ne.jp/

## ホームページ（HP）、もしくは会社概要のExcelを準備しよう（重要度★）

メーカーから会社概要を求められたときに、用意しておくと役立ちます。しかし、海外メーカーは国内メーカーよりはラフなところがあり、会社概要を細かく見られない傾向が強いです。

私も日本語のホームページは持っていますが、英語の切替えの機能は付けていません。会社概要のExcelについても、英訳したものを持っていません。

**では、どうしているかというと、日本語のホームページのURLを載せたり、Amazonや楽天の自分のページを見せたりする程度です。**それで何か返信率が下がるなど不利益になったようなことはありません。

そのため、最初は独自ドメインのメールアドレスだけを用意して、メーカーにメールしても大丈夫です。実績が出てきたら、Amazonで自分がどういう商品を売っているか見せてもいいでしょう。

もしも、ホームページを作成したり、会社概要をExcelで作ったりするにしても、簡易的なもので構いません。見た目の印象が変わる程度なので、そこまで重要視しなくて大丈夫です。

## ホームページ作成

　ホームページについては、WIXのような無料で簡単に作れるホームページ作成サイトを利用するという手があります。WIXはHTMLなどの知識も不要で、テンプレートを選べば、あとは文字を打ち込むだけなので、とても簡単です。おそらくPCが苦手な方でも対応できると思います。ただ、最初の段階では特にホームページはなくても問題ありません。

　ちなみにWordpressで作成する際も、簡単な内容のホームページであれば、3〜5万円、高くても10万円程度で外注できます。

　ランサーズやクラウドワークスなどで探してみてください。メーカーに見せる目的だけであれば、安い価格で外注しても問題ないでしょう。

　あまりお金や時間をかけるところではないので、ホームページを作成する場合は、ささっと作ってしまいましょう。

　なお、WIXで作る場合も、Wordpressで作る場合も、日本語と英語の切替えの設定は可能ですが、無理に切り替えられるようにする必要はありません。

**●WIX**

https://ja.wix.com/

## Excelで会社概要作成

　ホームページを用意するのが大変であれば、会社概要書をエクセルで作ってもいいでしょう。

会社概要のエクセルテンプレートについては、以下のURLから私が作成したオリジナルのテンプレートがダウンロードできるので、ぜひ作ってみてください。

**しかし、国内メーカー直取引用に作っていますので、英訳が必要です。**ただ、先ほども書いたように必須ではないので、時間をかけるくらいなら、早くメーカーにメールを送るようにしましょう（翻訳さんの募集方法を追ってお話しますので、英訳自体は簡単にできます）。

**【会社概要書のオリジナルテンプレートのダウンロード】**

http://nakamura03.staba.jp/kaisyagaiyo03.xls

**【(動画)会社概要作成について】**

https://www.youtube.com/watch?v=kMi_WjOIhiY

具体的には、テンプレートにもあったように、以下の情報について、英語で表記するようにしましょう。事業内容、沿革、会社の理念、取引したい気持ちについては、Google翻訳やDeepLでは対応が難しいと思うので、ランサーズなどで外注しても良いかと思います。安価な価格で依頼できます。

**【会社概要(company profile)の必要事項】**

**○会社名(company)：**個人事業主の方は屋号、法人の方は会社名

**○代表者名(representative)：**ご自身のお名前

**○所在地(location)：**個人事業主の開業届を出している住所、法人設立時に提出した住所を記載

**○電話番号(TEL)：**まずかかってこないが、一応記載

※+81(日本の国番号)＋(ゼロ)を除いた自分の携帯番号

○**メールアドレス(E-mail)：**独自ドメイン推奨

○**設立年月日(established)：**個人事業主の方は開業届を出した日付、法人の方は法人設立した日付

○**資本金(capital)：**個人事業主の方は資本金がないので「ー」、法人は設立時の資本金を記載

○**売上(net sales)：**記載例：年商1000万円 annual sales of ¥10 million
月商1000万円 monthly sales of ¥10 million

○**事業内容 (business details)：**事業内容を簡潔に記載。外注推奨。

○**沿革(history)：**個人事業主として開始したときから今に至るまで、会社の沿革のようなイメージで書く。外注推奨

○**会社理念(company philosophy)：**自分の想いを簡単に英語で書く。外注推奨。

○**御社と取引したい気持ち：**国内メーカーほど重要視されないが、Google翻訳やDeepLでは翻訳は難しいので外注推奨。

○**代表者の顔写真**

02

# 海外メーカーにメールを送ってみよう

## メーカーのHPからメールを送ってみる

Chapter5で解説した3つの基準(Amazon本体なし、Amazonランキング50,000位以内、FBAセラー2人以上)を満たした交渉したいメーカー商品が見つかったら、早速メールを送ってみましょう。**ただ、メールを送るためには連絡先が載っているホームページを探す必要があります。**ここでは、簡単にメーカーのホームページの探し方について紹介します。

まず、次の画面のようにブランド名かメーカー名がAmazonの商品ページに記載されているので、コピペしてGoogle検索します。

### ブランド名・メーカー名を確認

海外メーカーの場合、メーカー名かブランド名でGoogle検索してもヒットしないこともあります。その場合は「メーカー名(ブランド名).com」「型番で

検索」「画像検索」など切り口を変えて検索してみてください。

どうしてもメーカーのホームページが見つからない場合は、残念ながらメールを送ることができません。OEM商品の可能性もあるので、次のメーカーを探しましょう。

### メーカーのホームページを見つけて問い合わせ

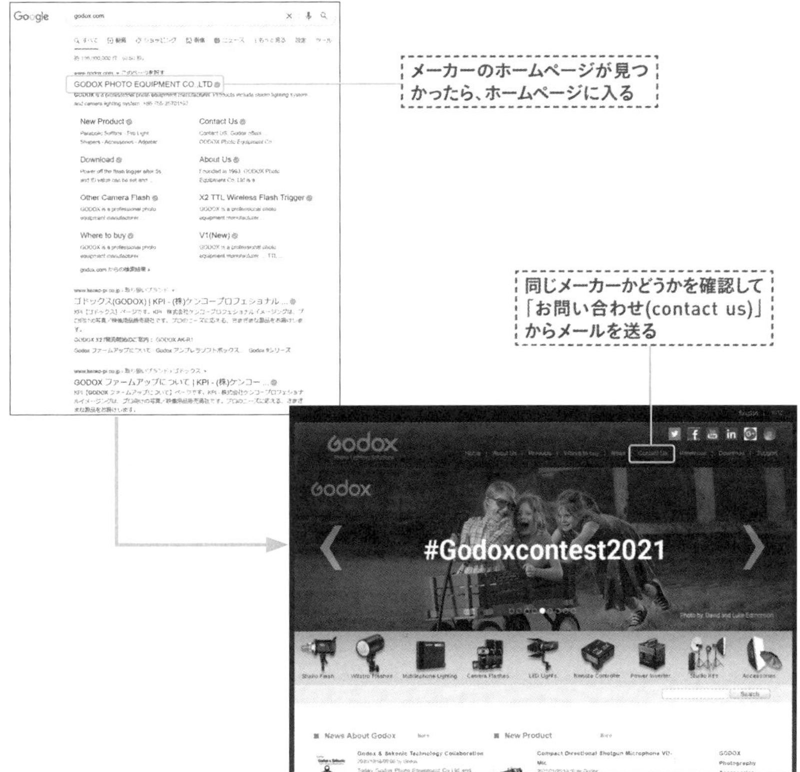


もし、お問い合わせフォームがあるような場合は、必要事項や、次に話すようなメールの内容を入力します。お問い合わせフォームがなければ、問い合わせ先のメールアドレスがあるので、そちらにメールを送りましょう。

わからないところなどがあったり、メーカーを詳しく調べたりしたい場合は、日本語表示をしておきましょう(p204〜)。

## 指定のメールアドレスにメールを送る

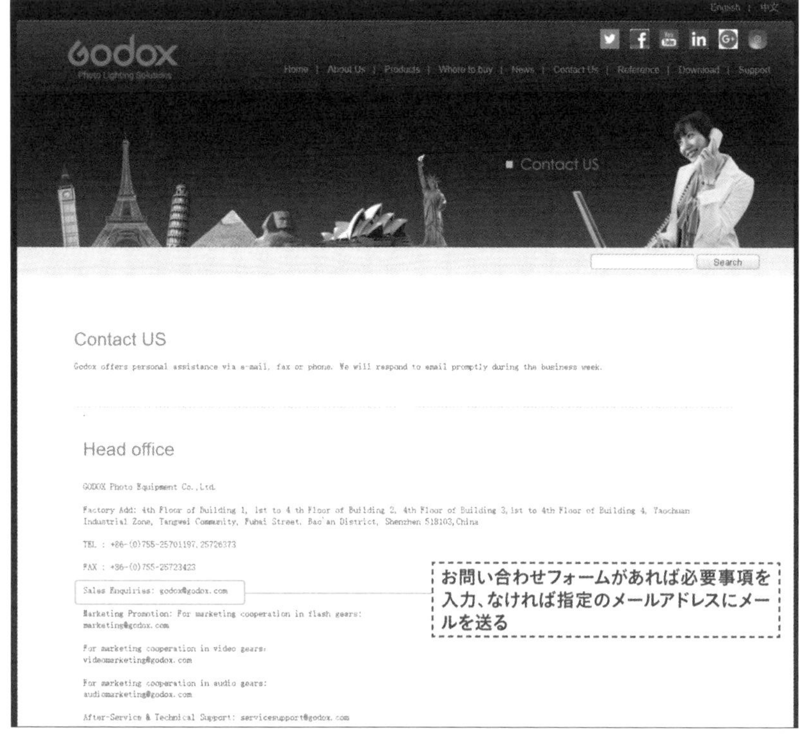


## 海外メーカーは、企業規模・知名度関係なくメールを送ろう

拙著「Amazon国内メーカー直取引完全ガイド」でも書いてある通り、国内メーカーの場合は、交渉するなら大企業よりも中小企業の方が狙い目です。しかし、海外メーカーとなると大企業と中小企業の区別が分からないかと思います。

また、海外メーカーに至っては、大企業だから狙い目、中小企業だから狙い目というのはほとんどありません。知名度も関係ありません。

**そのため、企業規模関係なく、Chapter5で紹介した3つの条件さえ満たせば、どんどんメールを送ってみましょう。**

## いい商品は次から次へと生まれてくる

いいメーカー商品はAmazon中に溢れかえっています。これは国内メーカー商品でも海外メーカー商品でも変わりません。

良いメーカーは、次から次へといい商品を生みだしていくので、まだあなたが見たことがないような商品も存在するでしょう。

海外メーカーの商品の場合、ニッチな商品もありますが、お客さんのニーズがあって、適性価格の商品を扱うことで、私たちの利益も伸びます。**メーカー取引に飽和はないのです。**

## 初回メール交渉文の参考例<br>～海外メーカーへのメールはシンプルイズベスト～

早速ですが、初回メール交渉文の参考例を紹介します。

(これ以降お伝えしていく翻訳例はすべててGoogle翻訳にて簡単な日本語を訳したものです、英語が得意な方は文章の意味合いが多少異なると感じるかもしれませんが、分かり易く敢えてこうしました。これでも十分海外メーカーと取引可能ということで読み進めていただければと思います。)

国内メーカーへの交渉文は、ある程度何パターンかあり、使い分けた方がいいですが、海外メーカーの場合はほぼ一択です。

また、国内メーカーの場合は、実績や自分が取引したい気持ちをしっかり書いた方が返信率は上がりますが、海外メーカーにその傾向はありません。

**海外メーカーへのメールは、次ページの文例のようにあっさりした内容で良く、自分の実績や気持ちをアピールしても、逆に鬱陶しいと思われて逆効果になることがあります。**

国内メーカーは、メール内容によって返信率に大きな差が出ますが、海外メーカーではあまり差が出ません。つまり、「メールを送る」という行動量に比例して成果が変わるので、積極的にメールするようにしましょう。

**初回メール交渉文例**

| 卸取引について | About wholesale transactions |
|---|---|
| こんにちは。 | Hello. |
| 私は日本の貿易会社のオーナーの○○です。 | My name is ○○ and I am the owner of a Japanese trading company. |
| 私たちは主にキャンプ用品を取り扱い、年商10億円の会社です。 | We mainly deal in camping equipment and have annual sales of 1 billion yen. |
| 会社のHPと内容はこちらです。<br>(※ホームページやAmazon、楽天などのURLを貼り付ける) | The company's website and contents are here.<br>(※ホームページやAmazon、楽天などのURLを貼り付ける) |
| 私は御社の商品に大変興味があります。 | I am very interested in your products. |
| 私たちと取引可能でしょうか? | Is it possible to do business with us? |
| またご連絡ください。 | Please contact me again. |
| よろしく。 | Thank you very much. |
| 名前________<br>住所________<br>メールアドレス________<br>HP________ | Name________<br>Address________<br>Email address________<br>HP________ |

かなりあっさりしたメール内容なので、日本人の視点から見ると、少し戸惑うかと思います。しかし、海外メーカーの場合は、長文よりも上記のような短文メールにしたら返信率が高くなったコンサル生もいたので、簡潔でシンプルな内容に努めましょう。**海外メーカーへのメールはシンプルイズベストです。**

ただ、「私は日本の貿易会社のオーナーの○○です。私たちは主にキャンプ用品を取り扱い、年商10億円の会社です」の部分は、あなた自身の情報に書き換える必要があるので、こちらはGoogle翻訳やDeepLを使って翻訳しましょう。

Google翻訳やDeepLでは、多少不自然な英語になることはありますが、海外メーカーは、そこまで気にしません。内容が伝われば十分です。

### Google翻訳　https://translate.google.co.jp/?hl=ja

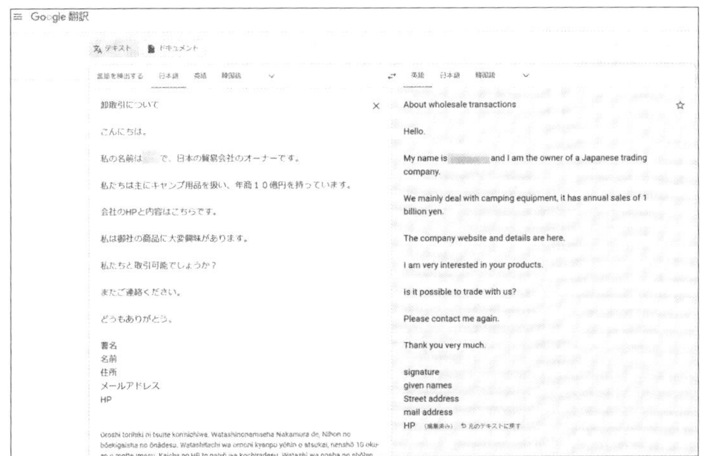


### DeepL　https://www.deepl.com/ja/translator

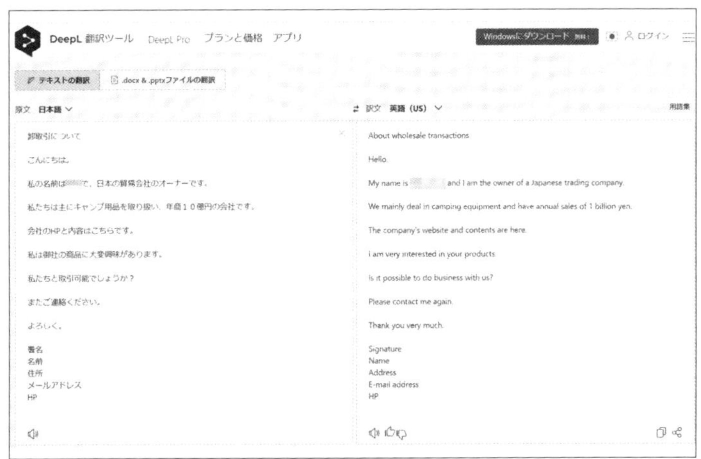

03

# 翻訳・通訳は月額5000円〜で外注できる

基本的には、海外メーカーとのメールのやり取りについては、Google翻訳、DeepLで済むことが多いです(特に初回メール交渉文)。

しかし、メールのやり取りを繰り返す過程で、細かい内容を伝えるような場合もあります。また、販売者の限定化や独占契約など、ビジネス展開があった場合もGoogle翻訳、DeepLだけでは対応しきれないことがあります。その場合はランサーズやクラウドワークスなどで翻訳を外注しましょう。今の時代、英語ができる人や、英語力を活かしたい人は多いので、ランサーズやクラウドワークスでも簡単に見つかります。

最初はGoogle翻訳やDeepLだけでもいいですが、月額5,000〜10,000円程度で外注できます。取引するメーカーが増えてきたら、外注も検討するようにしましょう。

**●ランサーズ**

https://www.lancers.jp/

**●クラウドワークス**

https://crowdworks.jp/

## メールのやり取りの翻訳外注依頼

まず、メールのやり取りに関する翻訳外注の募集依頼文の例です。海外メーカー直取引を始めると、毎日のようにメールをするようになるので、月額報酬制で外注するといいでしょう。私は月額10,000円～で募集していますが、依頼頻度などによって変えていただいて構いません。だいたい月額5,000円以上であれば応募はあるかと思います。

件名：
海外取引先とのメールのやり取りの翻訳作業（英語→日本語、日本語→英語、ビジネス英語ができる方を優先）

ご覧になって頂きまして、ありがとうございます。

お仕事内容は
主に海外取引先とのメールのやり取りを翻訳して頂くことです。
（翻訳の返信が早めにできる方、ビジネス英語ができる方を優先させて頂きます）

英語→日本語
日本語→英語

という形で翻訳して頂きます。

できる限り翻訳の返信は早めにしてもらいたいですが、時間の縛りもなく、自宅にて自分の好きな時間にお仕事可能です。

その他、お休みや、ご家庭のご事情にも柔軟に対応させて頂きます。

子育て中の主婦の方など今でもお仕事を続けている方が多いのでそういった方にはぴったりのお仕事かもしれません＾＾

事前にお仕事内容は説明させて頂きますので、ご安心ください。

【内容】
海外取引先とのやり取りを翻訳（メール文章のみ、翻訳の返信が早めにできる方、ビジネス英語ができる方を優先させて頂きます）

翻訳する頻度は１日１～３回程度で、場合によっては翻訳なしの日もあります。

また土日祝日は当社もお休みのため、翻訳なしです。

【報酬】
１ヶ月１万円

当社にて継続して長期間にわたりお仕事をしていただけた場合、今後はメールの翻訳だけでなく、実際のやり取りを全てお任せいたします。

その場合はさらに報酬を UP させて頂きます。

まず１ヶ月間こちらで作業してもらい、その後、正式にお仕事のご依頼を検討させて頂きます。

翻訳のみのお仕事でも、作業状況を見て随時報酬 UP に努めますし、作業が多くなれば、こちらに報酬 UP を求めてもらって構いません。

お互いが気持ちのいい形で、お仕事をお願いできたらと思います。

【応募条件】
・社会的常識がある方
・発注後に仕事を投げ出さない方
・報告・連絡・相談を確実に出来る方
・パソコンをお持ちの方
・スカイプができる方
・チャットワークができる方

たくさんのご応募お待ちしております。

何か疑問点などがございましたら、いつでもご相談ください。

最後までお読み頂きまして、ありがとうございます。

長期的にお仕事をお願いしたいと思っておりますので、どうぞよろしくお願いいたします。

**【参考】海外メーカーへの電話代行依頼**

海外メーカーに電話する機会はほとんどありませんが、関係性が深まり、取引の規模が大きくなると、電話の機会が発生することがあります。

そのような場合は、海外メーカーへの電話代行を依頼するといいでしょう。

なお、国内メーカーの場合は、メールの返信がない場合は電話が有効なこともありますが、海外メーカーの場合は急に電話すると嫌がられることがあります。

電話代行するくらいなら、返信のないメーカーは諦めて、別のメーカーにメールした方が早いです。そのため、電話代行については、海外メーカーとの付き合いが深くなってきたら可能性があるくらいで、参考程度に留めておいてください。

電話する機会は多くないので、メールの翻訳と違い、1回あたりの報酬額で募集するといいでしょう。通話料が負担できない旨は、しっかりと伝えておいてください。

件名：
当社が指定する海外取引先への簡単な電話代行（自宅可、少時間可、時間制限なし）

ご覧になって頂きまして、ありがとうございます。

お仕事内容は、海外取引先への電話をして頂くことです。

こちらで通話料は負担できませんので、スカイプなどの有料プランに入っている方をご優先させて頂きます。

電話の内容はとても簡単な内容なので、１回あたり数分程度で終了します。

またお仕事はできる限り早めにしてもらいたいですが、時間の縛りもなく、自宅にて自分の好きな時間にお仕事可能です。

その他、お休みや、ご家庭のご事情にも柔軟に対応させて頂きます。

子育て中の主婦の方など今でもお仕事を続けている方が多いので、そういった方にはぴったりのお仕事かもしれません＾＾

事前にお仕事内容は動画にて詳しく説明させて頂きますので、ご安心ください。

【内容】
海外取引先への電話（こちらで通話料は負担できませんので、スカイプなどの有料プランに入っている方をご優先させて頂きます）

お電話して頂く頻度は１週間に１０回程度です。

【報酬】
１回３００円、１０回あたりの総合計３０００円のお支払いとなります。

また当社にて継続して長期間にわたりお仕事をして頂けた場合、さらに報酬を UP させて頂きます。

まず１週間こちらで作業してもらい、その後、継続したお仕事のご依頼を検討させて頂きます。

お互いが気持ちのいい形でお仕事をお願いできたらと思います。

【応募条件】
・社会的常識がある方
・発注後に仕事を投げ出さない方
・報告・連絡・相談を確実に出来る方
・パソコンをお持ちの方
・スカイプができる方
・チャットワークができる方

たくさんのご応募お待ちしております。

何か疑問点などがございましたら、いつでもご相談ください。

最後までお読み頂きまして、ありがとうございます。

長期的にお仕事をお願いしたいと思っておりますので、どうぞよろしくお願いいたします

この依頼文のなかにある「スカイプなどの有料プラン」について、簡単に説明します。

スカイプは、世界中に国際電話ができるサービスがあります。アメリカだけであれば、無制限で月額350円と安価です。また、「世界中どこでもプラン」という、世界63ヵ国すべての国と一定量まで定額で電話できるプランもあります(月600円〜)。

海外への電話代行をしている人は、このようなサービスを使っている可能性が高いので、上記のような依頼文で十分応募があります。

## 国内メーカーと海外メーカー、どっちがいい?

本書の読者の方の中には、拙著『Amazon国内メーカー直取引完全ガイド』も読んで頂いた方もいらっしゃるかと思います。なかには本書とともに、「Amazon国内メーカー直取引完全ガイド」も購入して頂いた方もいらっしゃるでしょう。2冊とも手に取って頂き、本当にありがとうございます。

実際に、「国内メーカー直取引と海外メーカーどっちがいいですか?」ということをよく聞かれます。

共通するノウハウもあるので、最終的には両方やるコンサル生も少なくないですが、最初はどちらかに絞って実践する方が多いですね。

Chapter1でもお伝えしたように、国内メーカーと海外メーカーでは、相反する特徴があります。

| 国内メーカー直取引 | 海外メーカー直取引 |
|---|---|
| 掛け払いによって資金繰りは良くなるが、最初の取引は現金前払いが多い | クレジットカードのPayPal払いにすることによって資金繰りを良くできる(だが、取引量が多くなるとPayPal手数料が高くつくので最終的には海外送金になる) |
| 利益率が海外メーカーより低い印象(だが、正直やり方次第で変わる) | 利益率が国内メーカーより高い |
| 回転率が海外メーカーより良い | 利益率は国内より高い印象だが回転率が落ちる場合もあり |
| メーカーと電話したり直接会ったりする機会がある | メーカーと電話したり直接会ったりする機会がほとんどない |
| HPや会社概要は用意した方がいい | HPや会社概要は用意しなくても大丈夫(というか英訳してないだけで、あればベスト) |
| 交渉メールは、自分の想いをしっかり書く | 交渉メールは簡潔明瞭に要望を伝える |
| Amazon販売の独占はできても、日本市場を独占するのは不可能 | 日本市場を完全に独占することが可能 |
| 海外送料、関税、消費税などがかからず利益計算がシンプル | 海外送料、関税、消費税などがかかるため、やや複雑 |
| 輸入禁止・輸入規制の縛りがない(Amazonの規約は注意) | 輸入禁止・輸入規制に注意が必要 |

また海外メーカーだとどうしても国内メーカーより商品の到着が遅れる場合があるため、それから国内より海外のほうがロットを多く要求される印象があるため、国内メーカーを実践するより海外メーカーを実践するほうが資金が必要なのではと私は考えています。

自分が将来的にどうなりたいか? 自分がどちらに向いているかが重要になりますね。ただ繰り返しますが、最初はどちらかに絞ったとしても、最終的には両方やってみても良いでしょう。

Chapter 7

# 海外メーカー直取引の契約成立を実現するツメの交渉術

## ～断られても大丈夫！いちばん伝わるメールの書き方～

ここからはメーカーにメールを送って返信が来てからのやり取りのお話です。メーカーも千差万別で、その対応もさまざまです。いくつかのパターンに沿って交渉のやり方をお話しますので、この方法に沿って取引を成立させてください。また、海外メーカー直取引への支払いの方法や、輸入規制についてもお伝えしますので、取引が成立した場合は確認するようにしてください。

01

# 海外メーカーからの返信パターン別攻略法

前章ではメーカーにメールを送るまでの手順を説明しましたが、ここからはメーカーから返信が来てからの対応方法のお話をしていきます。

ここからがいよいよ、本格的な取引交渉のプロセスに入りますので、以下のパターンをそれぞれ参考にしてみてください。

## 翻訳はGoogle翻訳かDeepLでOK！海外メーカーの電話対応はほとんどなし

英訳に関しては、前章で紹介したGoogle翻訳やDeepLを使えば、基本的には問題ありません。繰り返しますが、ネイティブな人から見たら、少しおかしな英語になることもありますが、十分通じるのでご安心ください。

ただ、気になるほど変な英訳になることもたまにありますが、その場合はweblioなどで単語を調べれば問題ありません。

**weblio英和辞典・和英辞典　https://ejje.weblio.jp/**

初回メールと同様、その後のやり取りについても、国内メーカー直取引のように丁寧にメール文章を書く必要はありません。海外メーカーへのメールはシンプルイズベストを心がけてください。

なお、国内メーカーと違って、**海外メーカーとのやり取りで直接「会いたい」と言われることはありません。電話もほとんどかかってきません。**そのため、本書では電話対応や対面での商談の話は割愛します。国内メーカーから電話がかかってくれば、折り返し電話をかけた方がいいですが、海外メーカーからの電話がかかってくるような場合は出なくても構いません。

逆に言えば、**海外メーカーの場合はメールのやり取りだけで交渉が成立すると言えるので、電話や商談が苦手な人には向いている方法です。**海外だからといって臆することなくチャレンジしてみてください。

## 取引OKでメーカーから見積りがすぐに送られてくるケース

| 連絡ありがとう。 | Thank you for contacting. |
|---|---|
| 私は下記の商品を買いたい。 | I want to buy the following items. |
| A × 10<br>B × 10 | A x 10<br>B x 10 |
| 支払い方法を教えてください。 | Please tell me the payment method. |
| 送料はどのくらい掛かりますか? | How much does the shipping cost? |
| よろしく。 | Best regards. |

この場合は取引可能ということなので、もらった見積りをAmazonの商品ページと比較して、仕入表で精査して利益が出るようなら仕入れをしましょう。見積りは資料や文章で送られてきたり、商品情報などの資料も併せて送られてきたりする場合があります。

**すぐに見積りが来ているということであれば、メーカーはすぐにでも取引を開始したいということです。**早めに利益計算をして、OKならなるべく早く仕入れた方が、メーカーの印象も良くなります。

ただ、少量仕入れから始めて、徐々に個数を増やしていきたいような場合は、「最低ロット数を教えてください（Please tell me the minimum lot.）」と答えてもいいでしょう。

海外送料については、気になる場合は聞いてみる程度でいいかと思います。仕入れ個数が少なければ、どうしても送料が高くなってしまうので、送料を安くしたければ、仕入れ個数を増やすしかありません。**ただ、最初は売れるかどうか試してみることが大事なので、最初は送料が高くて利益率が下がったとしても、少量仕入れから始めてみることをオススメします。**テスト仕入れしてみて、「売れる」と判断したら2回目以降は多く買って送料を安くするようにしましょう。

## メーカーから日本の代理店を紹介されたケース

| | |
|---|---|
| **連絡ありがとう。** | Thank you for contacting. |
| **日本の代理店を教えてください。** | Please tell me the distributor in Japan. |
| **その代理店に私から連絡したい。** | I would like to contact the agency. |
| **それはOKですか？** | Is it OK? |
| **よろしく。** | Best regards. |

海外メーカーにメールしても、すでに日本の代理店が決まっている場合があります。その場合、「直接買えないから代理店から買って」「日本はここに任せている」と言われることがあります。

ただ、日本の代理店仕入れでも利益が出る可能性は十分あり得ます。逆に代理店だからこそ利益が出る商品もあるので、諦めずに代理店を紹介してもらってください。

## メーカーから「どの商品が欲しいか」聞かれるケース

メーカーから「どの商品が欲しいか」と聞かれたら、このようにシンプルにAmazonの商品ページのURLを送りましょう。

ただ、Amazonの商品ページのURLは、次のように通常長く表示されてしまいます。これをメールで貼り付けると、相手の印象はあまりよくありません。

> https://www.amazon.co.jp/YONGNUO%E8%A3%BD-RF603CII-C3-%E3%83%AF%E3%82%A4%E3%83%A4%E3%83%AC%E3%82%B9%E3%83%BB%E3%83%A9%E3%82%B8%E3%82%AA%E3%82%B9%E3%83%AC%E3%83%BC%E3%83%96-%E3%82%AD%E3%83%A3%E3%83%8E%E3%83%B3%E7%94%A8%E3%82%BB%E3%83%83%E3%83%88-……

そのため、bitlyなどで作成した短縮URLを貼り付けるようにしましょう。下記の通り、やり方はとても簡単です。短縮URLにすると、「https://amzn.to/3uZQfEr」のように、とても短いスッキリしたURLになります。

### bitlyを使った短縮URLの作り方

**bitly** https://bitly.com/

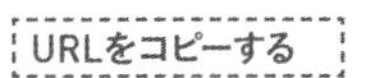

URLをペーストして「短くする」をクリック

短縮されたURLが作成される

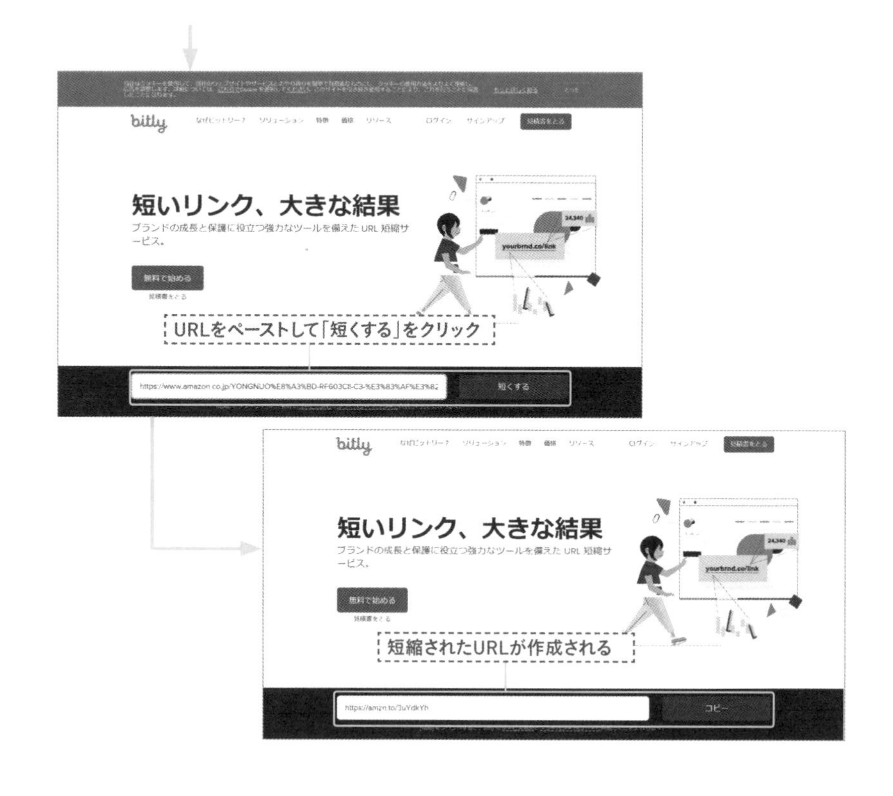

## メーカーから販路、会社概要を聞かれるケース

| | |
|---|---|
| 連絡ありがとう。 | Thank you for contacting. |
| 私はamazonで商品を販売しています。 | I sell products on amazon. |
| こちらが私のお店です。<br>※AmazonストアのURL等 | This is my shop.<br>※AmazonストアのURL等 |
| 取引出来ますか? | Can you trade? |
| よろしく。 | Best regards. |

メーカーから販路を聞かれるような場合も、シンプルに答えておきましょう。Amazon販売する場合は、上記のように答えればいいですが、楽天やYahoo!ショッピングにも販路がある場合は、その旨を回答しておくとよいで

しょう（I sell products on amazon , Rakuten , Yahoo! Shopping.）。

ただ、販路だけを聞かれた場合は、無理にURLまで掲載する必要性はありませんので、初心者の方も安心してください。

**また、自社ECサイトを持っている場合は、ECサイトで販売している旨を記載してURLも載せておきましょう。**

海外メーカーへのメールはシンプルな方がいいので、これだけで十分ですが、相手に魅力を伝えたければ、次のようなことも伝えておくといいでしょう。

| | |
|---|---|
| **日本の展示会にあなたの商品を出品予定です** | We are planning to exhibit your product at an exhibition in Japan. |
| **日本の大手量販店にあなたの商品をたくさん卸します** | We wholesale a lot of your products to major Japanese mass retailers. |

もちろん、このようなビジネス展開を考えていない場合は、この記載は必要ありません。しかし、将来的に長くメーカーと付き合えば、このような大きなビジネス展開に発展することもあります。**そうなれば、数千万円単位の取引に発展することもあり得るので、可能性を示す意味で、アピールしてもいいでしょう。**

また、海外メーカーから入力フォームのリンクや、Excelファイルを渡され、必要事項を入力するように言われることもあります。

その場合は、会社概要など次のようなことを聞かれることが多いです。

**●どの商品に興味がありますか?**
**●購入希望数量を教えてください。**
**●ウチの商品をどうやって知ったのですか?**
**●販路はどこですか?**
**●御社は主にどんな商材を扱っているのですか?**
**●御社のHP(会社概要など)と販売先のURLを教えてください**

### ●売上規模・事業年数・従業員数は?

このようなことを聞かれた場合は、Google翻訳などを使いながら、書ける範囲で必要事項を入力しましょう。

「売上規模・事業年数・従業員数」は、国内メーカーほど聞いてこないでしょう。また、聞いてきたとしても海外メーカーは「法人でないと取引しない」ということはほとんどないので、正直に答えましょう(ちなみに国内メーカーでも「法人でないと取引しない」というところは稀です)。

しかし、たまに「どのように売っていきますか?」などマーケティングに関することを聞かれることがあります。メーカー直取引に慣れた中上級者であれば、答えられる範囲で答えてもいいですが、初心者の方は英語で答えるのはかなり厳しいかと思います。無理に答えて交渉を重ねるくらいなら、そのメーカーは諦めて他のメーカーに交渉したほうが利益は出やすいので、スルーしても構いません。

# できる人の断られたときの対応方法

## メーカーから断られたら、なぜダメなのか理由を聞くことが大事

最初から取引OKのメーカーを積み上げていくだけでも、充分稼ぐことはできます。ただ、一度ダメと言われたメーカーに対して切り返しをするかしないかでも、結果が大きく変わってきます。**断りの返信があってもダメな理由を聞くなど、1回でも粘れば一転して仕入れが可能になることがあります。**

このような経緯を経て取引が決まると、長期的な付き合いになる可能性も高いです。これは国内メーカーでも海外メーカーでも変わりません。なぜかというと、見積りがすぐに返ってくるメーカーはライバルが増えやすい一方、一度断ってくるメーカーはライバルがあまりいないからです。断られれば、すぐに引く人が多いですから。

あまりしつこく何度も交渉しても意味がないですが、一度断られたメーカーについては、きちんと理由を聞くことが大事です。

**ある程度のテンプレートを自分で用意しておいて、ダメと言われたメーカーに切り返しの文章を送っていくのもおすすめです。**

そのため、理由別に断られたときの対応方法についてお伝えしていきます。海外メーカーの場合は基本的に電話ではなくメールのやり取りですが、条件次第でOKになることもあるので、1回は粘ってみましょう。

なお、海外メーカー直取引は「実店舗がないとダメ」「法人でないとダメ」と言われることがほとんどないので、本書では割愛します。

## メーカーから現在新規取引先は募集していないと言われたケース

| | |
|---|---|
| **連絡ありがとう。** | Thank you for contacting. |
| **なぜ不可能なのですか?** | Why is it impossible? |
| **理由を教えてください。** | Please tell me the reason. |
| **あなたの商品を私は販売したい。** | I want to sell your item. |
| **私は頑張って沢山の商品を売ります!** | I will do my best to sell a lot of products! |
| **取引出来ますか?** | Can you trade? |
| **よろしく。** | Best regards. |

すでに日本での販売者をメーカー自身が限定化していたり、メーカー自身で日本のAmazon販売をしていたりする場合があります。このように新規取引先を求めていない場合は厳しいことが多いです。

しかし、上記のようにアピールすることで、メーカーの気持ちが傾くこともありますから、1回は粘ってみましょう。p252のように、日本の販売者を任せているようなことであれば、代理店を紹介してもらえることもあります。

また、p255でお伝えしたように、「日本の展示会にあなたの商品を出品予定です」「日本の大手量販店にあなたの商品をたくさん卸します」などを伝えてもいいです。

**ただ、海外メーカーのメールの基本はシンプルイズベストですから、あまり熱くなりすぎず、簡潔に留めてください。**

なお、生産が追いついていないなどの理由がある場合は、様子を見て再度アプローチをするようにしましょう。「以前はだめだったけど、今はOK」と取引が成立することがあります。

## メーカーからAmazon販売はダメと言われるケース(販路がAmazonのみ)

| 連絡ありがとう。 | Thank you for contacting. |
|---|---|
| なぜamazonは不可能なのですか? | Why is amazon impossible? |
| 理由を教えてください。 | Please tell me the reason. |
| あなたの商品を私は販売したい。 | I want to sell your item. |
| 私は頑張って沢山の商品を売ります! | I will do my best to sell a lot of products! |
| 取引出来ますか? | Can you trade? |
| よろしく。 | Best regards. |

新規取引を断られた場合の返信例文の「なぜ不可能なのですか?」を「なぜamazonでは不可能なのですか?」に変えただけで、それ以外は一緒です。

この場合も、メーカー自身がAmazon販売をしていたり、すでにAmazonの販売者を限定していたりすれば、厳しいことが多いです。

**ただ、この場合も「新規取引先は募集していない」と言われた時と同様、1回は粘ってみましょう。**「自社ECサイトや楽天、Yahoo!ショッピングならOK」「自分でAmazonの商品ページを作るならOK」などと提案してもらえることがあります。

## メーカーからAmazon販売はダメと言われるケース(Amazon以外に販路がある)

| 連絡ありがとう。 | Thank you for contacting. |
|---|---|
| なぜamazonは不可能なのですか? | Why is amazon impossible? |
| 理由を教えてください。 | Please tell me the reason. |
| 楽天はOKですか? | Is Rakuten OK? |
| Yahoo!ショッピングはOKですか? | Is Yahoo! Shopping OK? |
| 取引出来ますか? | Can you trade? |
| よろしく。 | Best regards. |

Amazon販売がダメと言われた場合、他の販路ならOKと言われることがあります。**例えば、あなたが楽天やYahoo!ショッピングでも販売しているなら、別の販路を提案するのもいいでしょう。**

Amazonは世界共通のプラットフォームなのでメーカー自身が販売しやすく自社で売っている場合が多いですが、楽天やYahoo!ショッピングは日本独自のプラットフォームなので、「そこだったら売っていいよ」と言われることも多いです。

自社ECサイトを持っているなら、「自分のオンラインショップはOKですか?(Is my online shop OK?)」と聞いてみましょう。

なお、Amazon販売を断られた場合、実店舗や卸業者と偽ったり、別の販路で売ると言ったりしながらAmazonで販売するのは論外です。海外メーカー、国内メーカー問わず、メーカー自身がオンライン販売事業者に対して年々監視の目が強く厳しくなっていますので、すぐバレます。

03

# 重要なポイント＝メーカーとのやり取りを数字で測る

国内メーカーと同様、海外メーカーでもメールのやり取りを、しっかり数字で測るようにしましょう。

**●今月の累計メール数**
**●今月の累計メール数に対する返信率**
**●今月累計の見積りをもらったところ**
**●今月の利益が出て仕入れたところ**

Chapter5で、上記の数字を測ることが大切だと話しました。

**「今月の累計メール数」はあなたの努力量がわかります。**海外メーカーは国内メーカーに比べて返信率は差が付きにくいので、もしメール数が少なければ、増やすようにしてください。それだけで結果が大きく変わります。

**「今月の累計メール数に対する返信率」がもし低いのであれば、初回のメール文章が海外メーカーの好む簡潔でわかりやすい文章になっていないか、交渉成立しにくいメーカーに交渉しているかどちらかです。**

前者であれば、初回の文章を改善してください。後者であれば、Chapter5でお話したとおりのリサーチをしているか、改善点があれば改善してください。海外メーカーの場合の返信率の目安は20〜30％程度です。20％を下回るようなら、改善が必要です。

ただ、単にちょうど海外メーカーの休祝日期間中のケースも考えられるので、その場合は様子見したり、再度アプローチしたりしてもいいでしょう。日本で言うGWやお盆の時期が、海外は日本と違う時期なので、そういうことがあり得ます。

**返信率は良いけど、見積りをもらう確率や実際に仕入れに至る成約率が低ければ、初回文章は良いが、その後のメーカーとのやりとりが悪いということになります。**その場合は、初回文章以外のメールのやり取りに改善の余地があります。

数字でこの辺のことをしっかり測ることで、問題点を分析できるので良い状態に改善しやすくなります。がむしゃらに作業するのではなく、お話したリサーチ表をもとに上記の数字を正確に測って作業を行ってください。

これが完璧にできると、何社送れば何社成約するか(仕入れに至るか)が理解できるので、モチベーションを高くして作業できるでしょう。

例えば300社送れば10社成約する数字に落ち着けば、600社メールすれば20社成約するから頑張ろう!!　と逆算して考えることが可能になります。

04

# 海外メーカーへの支払い方法(クレジットカード、PayPal、海外送金)

海外メーカーへの代金支払い方法は、主に「クレジットカード払い」「PayPal払い」「海外送金」の3つのいずれかになります。海外メーカーによっては、支払い方法を指定しますが、こちらの希望を伝えることによって送金方法を変えることも可能です。方法によっては、利益率や資金繰りに直結することなので、慎重に考えてこちらの希望も伝えるようにしましょう。

## クレジットカード払い

1つはクレジットカード払いです。クレジットカード払いは資金繰り対策では有効なのですが、問題なのはセキュリティです。というのも、クレジットカード払いの場合は、海外メーカーから、次のカード情報をすべて教えてほしいと言われます。

**●クレジットカード番号**
**●クレジットカードの名義**
**●請求先住所**
**●お届け先の住所**
**●クレジットカード3桁のセキュリティコード**

コンサル生からもよく質問されるのですが、特にセキュリティコードを教えるのは正直怖いところです。セキュリティコードはクレジットカードの不正使用を防ぐためのものです。所有者以外がセキュリティコードを知るのは、不正利用や情報漏洩の恐れがあるということです。

そのため、セキュリティを考えれば、クレジットカード払いは避けた方が賢明です。**そのため、クレジットカード払いを提案されたときは、後述する「PayPal払いは可能か?」を確認するようにしてください。**PayPalの場合は後述するように手数料がかかりますが、不安な気持ちで取引することがなくなります。ほとんどないとは思いますが、PayPal払いを拒否されたときは、取引を見送って構いません。

クレジットカード払いだとしても、どうしても取引したい場合は、クレジットの明細を随時確認することはもちろん、クレジットカードの保証機能は必ず確認しましょう。

例えば、インターネット上の不正使用による損害を補償してくれるオンライン・プロテクションが付いているかどうかです。補償条件はカード会社によって違うので、各自で調べてください。

(国内メーカー直取引の場合は、セキュリティが担保されていることが多いので、クレジットカード払いは資金繰りの観点でおすすめです。ただ、最初は現金前払いを指定されるケースが多く、その後は月末締めの翌月末払いなどの掛け払いに移行するケースがほとんどで、クレジットカードを使うことはほぼないでしょう)

## クレジットカードのPayPal払い

保証もしっかり効いて安全性が高く、資金繰りも良い方法はクレジットカードのPayPal払いです。**そのため、特に海外メーカーとの初回取引のときはPayPal払いをおすすめします。**私も、最初は初回取引のときは、クレジットカード払いや海外送金は躊躇します。

PayPal払いの欠点は、仕入れ代金の支払いに手数料が上乗せされてしまうことです。

| 国内取引の場合 | 仕入れ代金の3.6%+40円 |
| --- | --- |
| 海外取引の場合 | 仕入れ代金の4.1%+40円 |

海外メーカーとの取引であれば、100万円分の仕入れで41,040円の手数料がかかります。PayPalの手数料は受取側負担のため、仕入れ代金に、上記の手数料が加算された形で請求されます。

さらに上記の手数料に加えて、為替レートにも3〜4%程度上乗せされる、いわゆる隠れ手数料も発生します(上乗せ分は、後述する「メールアドレスを使用した場合のPayPal支払いの方法」で確認することができます)。

**ただ、初回取引のときは少量仕入れになることが多いので負担は少なく、何と言っても保証がしっかりしている安心感があります。**私もPayPal払いにしたことで、数十万円の損失を防ぐことができたことがあります。

しかし、取引を重ねれば、仕入れ数量を増やすことが多いので、PayPalの手数料が重く負担になってきます。また、取引を重ねることで、メーカーとの信頼性も高くなるので、そのときに海外送金に切り替えればいいでしょう。

なお、まだPayPalに登録していない方は、簡単に登録できるので、今のうちに登録だけでも済ませてしまいましょう。

**PayPal**

https://www.paypal.com/jp/webapps/mpp/personal

PayPalの登録アカウントの種類は、

**●パーソナル**

**●プレミア(パーソナルアカウント開設後にアップグレード)**

**●ビジネス**

の3種類がありますが、海外メーカー仕入れだけであれば、パーソナルで構いません。

## PayPal登録のあと英語表記の住所を登録する方法

なお、PayPalの登録が済んだら、住所を英語表記にしておきましょう。海外メーカーにとっては親切ですし、取引がスムーズに進みやすくなります。以下に手順を示します。

### 英語の住所をPayPalに登録する方法

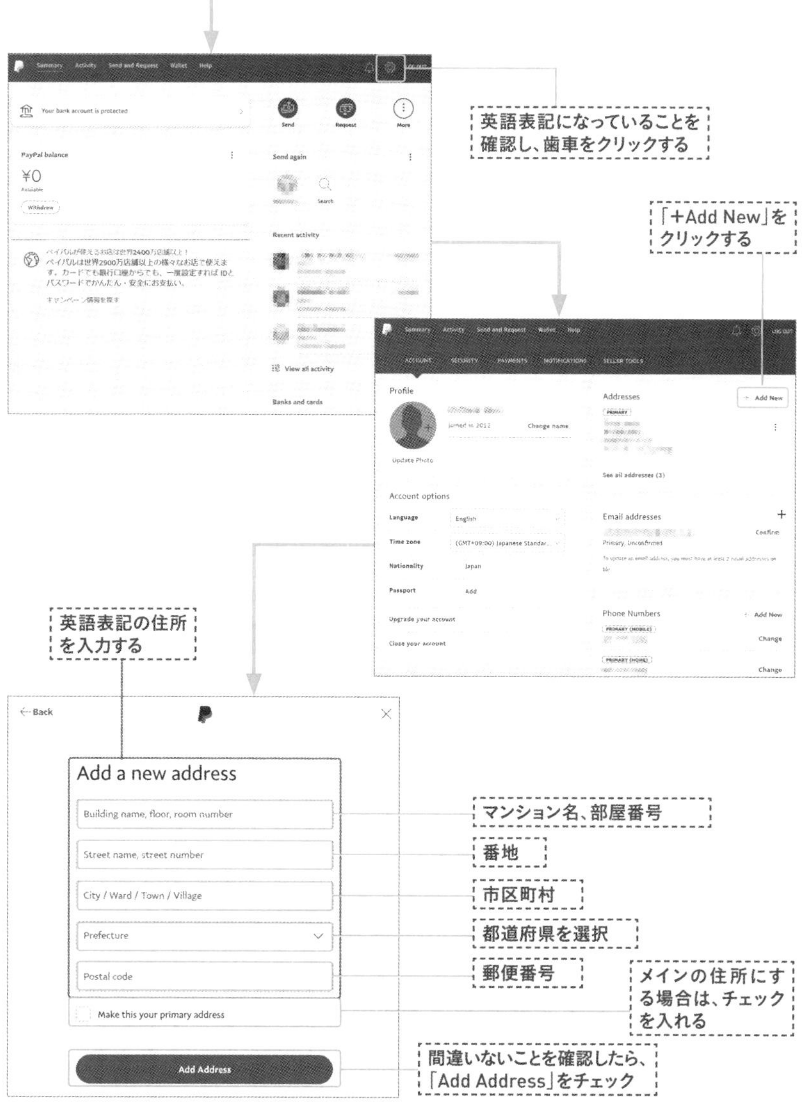


英語表記の住所については、例えば住所が、

「〒123-4567 愛知県名古屋市中区栄 0-12-34 ○○マンション504」(架空の住所です)

といった場合であれば、次のようになります。

| Building name, floor, room number | マンション名、部屋番号 | ○○-mansion504 |
|---|---|---|
| Street name, street number | 番地 | 0-12-34,Sakae |
| City / Ward / Town / Village | 市区町村 | Naka-ku,Nagoya-city |
| Prefecture | 都道府県 | Aichi |
| Postal code | 郵便番号 | 123-4567 |

住所の英語表記を登録したら、日本語ページに戻して大丈夫です。

## PayPal支払では支払限度額の解除も忘れずに

PayPal払いをする場合は、必ずクレジットカードのカード確認手続きと支払限度額の解除をしておきましょう。

なぜかというと、**PayPalの初期設定では、1回の支払いで10万円までしか利用できないためです。**初回取引時のテスト仕入れの段階では10万円以内のこともありますが、大半は10万円以上の仕入れになります。

支払限度額の解除には、下記のように約2〜4週間程度かかりますので、まだ解除していない方は早めに行うようにしてください。

**①カード確認手続きを行う**

**②PayPalから対象カードに約200円の少額請求される**

**③3〜6日程度待つ**

**④クレジットカードの明細に記載の4桁のコードを確認する**

**⑤PayPalの管理画面で4桁のコードを入力して確認手続きは完了**

**⑥本人確認手続きのため、運転免許証など本人確認書類を提出(PayPalの管理画面上でアップロードして提出可能)**

**⑦約2〜4週間程度待つ**

**⑧審査完了通知と暗証番号が郵送される**

**⑨PayPalの管理画面で暗証番号を入力して手続き完了**

## Paypal払いの方法

PayPal払いの方法は、メーカーからペイパルの請求書のURLリンクが送られてくる方法と、メーカーのメールアドレスを使用して支払う方法の2種類があります。

URLリンクをクリックして支払うほうが楽ですが、メーカーによっては、後者を指定してくる(請求書のリンクを送ってこない)ことがあります。以下に、メーカーのメールアドレスを使用して、支払う手順を以下に示します。

なお、支払い金額を入力するところで、ここで先ほどお伝えした、為替レートからの上乗せされた分の手数料を確認することができます。例えば、1ドル≒110円のときでも、支払い金額を入力すると、下記のように1ドル=114円と表示されますが、差額の4円が上乗せ分になります。

### メールアドレスを使用した場合のPayPal支払いの方法

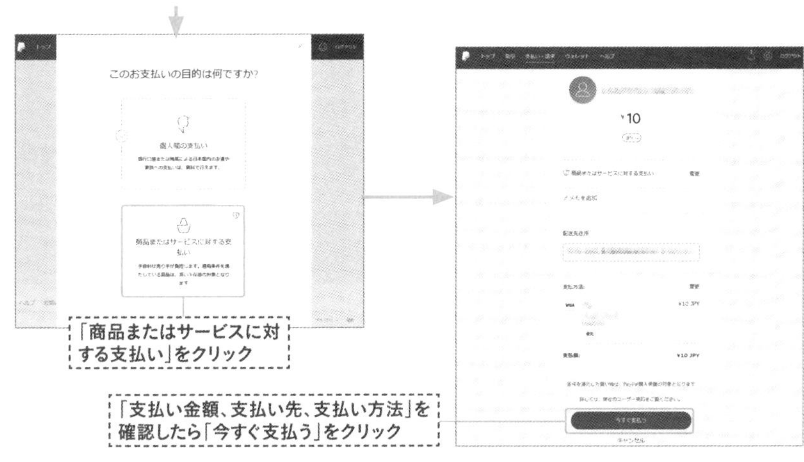


## 海外送金での支払い

いわゆる現金前払いです。国内メーカーとの初回取引時は現金払い(前入金)が多くなりますが、海外メーカーでも少数ながら海外送金を指定されることがあります。ただ、海外送金は保証の点で不安がありますし、現金前払いということで資金繰りの点も不利になります。

**メリットは、PayPalに比べて手数料が安くなるという点です。**先に書いたように、取引が大きくなれば影響が大きくなるので、**継続的に取引しているメーカーは、海外送金に切り替えることをおすすめします。**ただし、資金繰りに十分気を付けるようにはしてください。

海外送金サービスは多くありますが、多くは、基本的な送金手数料に加え、為替レートに上乗せされた手数料がかかるところがほとんどです。

そのため、両者の手数料を加味して安価な海外送金サービスを使うことをおすすめします。

今のところ、おすすめはWise（https://wise.com/jp/）です。Wiseは送金手数料がかかりますが、為替レートに上乗せされた手数料がかかりません。つまり、海外送金のときは、実際の為替レートが使用されます。PayPalでも海外送金は可能ですが、手数料が高めなので、あまりおすすめはしません。

**●Wise**　https://wise.com/jp/

ただ、Wiseは海外送金する国によって、1回あたりもしくは年間の送金額に上限がある場合があるので注意してください。

もし、送金額の上限に引っ掛かるような場合に、Wiseの代替としておすすめなのがRevolutです。

**●Revolut**　https://www.revolut.com/ja-JP

RevolutもWiseと似たような海外送金サービスで、料金も基本的な送金手数料のみで、実際の為替レートが使用され、上乗せがありません。Revolutの送金手数料は、基本的にはWiseもRevolutもだいたい同じくらいです。もし取引額が大きくなってきたら、Revolutとの併用も検討すると良いでしょう。その他にも楽天の海外送金サービスなどあり、便利ですが、為替手数料の観点からすると上記のようなサービスがまず優先かと考えます。

## PayPal払いと海外送金の比較

以上、仕入れ代金の方法についてお伝えしましたが、PayPal払い、海外送金について比較すると次の通りです。クレジットカード払いは稀で、セキュリティの観点からおすすめはできないので除外します。

| | PayPal払い | 海外送金 |
|---|---|---|
| **手数料** | × | ○ |
| **資金繰り** | ○ | × |
| **セキュリティ** | ○ | △ |

初回取引のときは、安全性の観点からPayPalを利用した方が良いです。取引を継続し、仕入れ量を増やす場合は海外送金に切り替えましょう。

# 輸入禁止、もしくは規制がある商品は?

海外メーカー直取引は輸入ビジネスの一種ですから、仕入れについては輸入禁止、輸入規制のある商品には注意しなければいけません。

輸入禁止と輸入規制は、曖昧に使われがちですが、次のように明確な違いがあります。

| | |
|---|---|
| **輸入禁止商品** | **どんな理由があっても輸入することができない商品** |
| **輸入規制商品** | **一部の条件を満たせば輸入はできるが、仕入れや販売に一定のハードルがある商品** |

ここでは、輸入が禁止されている商品と、輸入が規制されている商品について分けてお伝えします。

なお、輸入禁止商品、規制商品については、稀にAmazonで取り締まりが追い付かずに販売されている場合があります。必ずしも「販売されている＝合法」とは言えないので注意してください。

## 関税法、ワシントン条約での輸入禁止商品

輸入禁止商品に関する法律は、関税法、ワシントン条約になります。以下、輸入禁止商品について列挙します。

これらの商品については、当然ながらAmazonで出品はできません(出品禁止商品はp107〜)し、法律違反ですから罪に問われる可能性があります。

## 関税法での輸入禁止商品 ※関税法第69条の11

①麻薬、向精神薬、大麻、あへん、けしがら、覚せい剤、あへん吸煙具
②指定薬物（医療等の用途に供するために輸入するものを除く。）
③けん銃、小銃、機関銃、砲、これらの銃砲弾及びけん銃部品
④爆発物
⑤火薬類
⑥化学兵器の禁止及び特定物質の規制等に関する法律第２条第３項に規定する特定物質
⑦感染症の予防及び感染症の患者に対する医療に関する法律第６条第20項に規定する一種病原体等及び同条第21項に規定する二種病原体等
⑧貨幣、紙幣、銀行券、印紙、郵便切手又は有価証券の偽造品、変造品、模造品及び偽造カード（生カードを含む）
⑨公安又は風俗を害すべき書籍、図画、彫刻物その他の物品
⑩児童ポルノ
⑪特許権、実用新案権、意匠権、商標権、著作権、著作隣接権、回路配置利用権又は育成者権を侵害する物品
⑫不正競争防止法第２条第１項第１号から第３号まで又は第10号から第12号までに掲げる行為を組成する物品

③「けん銃、小銃、機関銃、砲、これらの銃砲弾及びけん銃部品」とは、要は殺傷能力がある武器です。ここで、殺傷能力のないエアガンやモデルガンはどうなのか？　という質問をよく受けます。しかし、エアガンについては、準空気銃の基準を超えるものは所持が禁止されています(銃刀法第21条の3)ので注意が必要です。海外メーカー品の場合は、準空気銃の基準を超えている可能性があるので、メーカーに確認するようにしてください。モデルガンやおもちゃについても、税関で止められる可能性があります。輸入できたとしても、Amazon販売で規制があるので注意してください。

⑪「特許権、実用新案権、意匠権、商標権、著作権、著作隣接権、回路

配置利用権又は育成者権を侵害する物品」とは、要はコピー商品、偽物ブランド品のことです。輸入転売であれば、ノーブランド品として売られているコピー商品に注意しないといけないですが、海外メーカー直取引は、そのリスクがほとんどなくなります。これは、ノーブランド品を扱うことがないためです。

## ワシントン条約での輸入禁止商品

ワシントン条約で禁じられている商品は、下記のような動植物、動物の毛皮や一部を使った商品になります。

### 生きている動植物

| 項目 | 持ち込めないもの | 持ち込むには許可書などが必要なもの |
|---|---|---|
| サル類 | テナガザル、チンパンジー、キツネザル、スローロリス | アカゲザル、カニクイザル |
| オウム類 | ミカドボウシインコ、コンゴウインコ | オウム |
| 植物 | パフィオペディルム属のラン | ラン、サボテン、シクラメン、フロリダソテツ |
| その他 | アジアアロワナ、マダガスカルホシガメ | イグアナ、カメレオン、ヤマネコ、リクガメ |

### 加工品・製品

| 項目 | 持ち込めないもの | 持ち込むには許可書などが必要なもの |
|---|---|---|
| 毛皮・敷物 | トラ、ヒョウ、ジャガー、チーター、ヴィクーニャ(ラクダ) | ホッキョクグマ |
| 皮革製品(ハンドバッグ、ベルト、財布等) | アメリカワニ、シャムワニ、アフリカクチナガワニ、クロカイマン、インドニシキヘビ、オーストリッチ | ワニ:クロコダイル、アリゲーター<br>ヘビ:ニシキヘビ、キングコブラ、アジアコブラ、トカゲ:オオトカゲ、テグトカゲ |
| 象牙製品 | インドゾウ、アフリカゾウ | |
| はく製・標本 | オジロワシ、ハヤブサ、ウミガメ | フクロウ、キシタアゲハ、シャコ貝、石サンゴ、角サンゴ |
| アクセサリー | トラ・ヒョウの爪、サイの角 | ピラルクのウロコ、クジャクの羽うちわ |
| その他 | 漢方薬(虎骨、麝香、木香を含むもの) | 胡弓(ニシキヘビの皮を使ったもの) |

## 輸入規制商品

輸入規制で気を付けるべき法律と注意すべき商品は、主に次の4つです。

| 法律 | 注意すべき商品 |
| --- | --- |
| 電気用品安全法<br>(PSE法) | ・コンセントがついた家電製品<br>・モバイルバッテリー<br>・モバイルバッテリー使用の家電製品<br>※USBや乾電池使用など、コンセント未使用の家電製品は対象外 |
| 電波法(技適) | ・Bluetooth搭載の商品<br>・スマホ、タブレット全般<br>・トランシーバー<br>・ラジコン<br>・ドローン<br>・ワイヤレスヘッドホン |
| 食品衛生法 | ・食品<br>・酒類<br>・食品に触れる器具<br>・食品に触れる容器包装<br>・6歳児未満の乳幼児を対象としたおもちゃ |
| 薬機法<br>(旧薬事法) | ・健康食品(サプリメントやプロテインなど)<br>・化粧品<br>・シャンプー、リンス<br>・医薬品、医薬部外品<br>・医療機器 |

もし、判断に迷うことがあれば、詳しいことはジェトロ（独立行政法人日本貿易振興機構）やミプロ（一般財団法人対日貿易投資交流促進協会）に問い合わせるのが一番楽で無難です。いろいろ聞くと迷惑がられるということは決してなく、輸出入をサポートするための機関なので、とても丁寧に教えてくれます。

**●ジェトロ**　https://www.jetro.go.jp/

**●ミプロ**　https://www.mipro.or.jp/

ただ、メーカー取引を始めたばかりの頃は、安定した収益が築けるまでは、上記のうち申請や認可が必要な商品は避ける方が、利益が出るスピードは速いです。特にPSEマークや技適マークが必要な商品は、コストと手間がかかります。薬機法対象の商品は、規制突破のハードルが非常に高いので避けることで問題ありません。

私は、海外メーカー仕入れという点では、今でもこういった輸入規制にかかる商品は、ほとんど扱っていません。目安としては、月利200万円を達成するくらいまでは、上記の商品は避けても十分に稼ぐことができます。

**そのため、初心者～月利200万円くらいまでの方は、申請や認可が必要な商品は避けて取り組むようにすることで問題ありません。**

しかし、上級者向けにはなりますが、輸入規制をクリアして安全で良い商品を仕入れることは、ライバルとの大きな差別化になります。気になる方は、以下に簡単にお伝えしますので、参考にしてください（私自身が責任をもって話せる内容ではないため、これらの規制関連を試す場合は自己責任で関係各所と随時やり取りを行い進めてください）。

## 電気用品安全法（PSE法）

### PSEマーク

電気用品安全法(PSE法)とは、上のようなPSEマークでお馴染みの、電気用品を扱う事業者に危険な販売をさせないための法律です(電気用品安全法第1条)。上記のコンセントの付いていない家電製品や、モバイルバッテリーについては、PSEマークが付いていない状態で販売すると違法になります。

PSEマークは国際基準ではなく、日本独自の基準であるため、日本で販売したければ認可を得る必要があります。認可を得るには、個人で取り組む分には、手続きとコストの点でハードルは高くなります。しかし、以下の商品については、PSE法の対象外となるので、区別が必要です。

**●USBや乾電池を使用した家電製品**

**●コンセントを使用しないPC、スマホ、タブレットや関連機器(ただし電波法は注意)**

また、モバイルバッテリーについては、以下のものはPSE法の規制対象外となります。

**●体積エネルギー密度が、400Wh/L未満**

**●交流100Vを出力できるもの(ポータブル電源)**

**●UPS(無停電電源装置)**

**●モバイルバッテリー機能付きWi-Fiルーター**

仕入れようとする商品が、PSEマークが必要かどうか微妙なケースが出てきたら、メーカーから商品の検査レポート（テストレポート）をもらってください。「日本の法律に合うか確認したい」と相手に伝えれば、理解してくれます。そして、以下の機関にメーカーの検査レポートを送付すれば、PSEマークが必要かどうかを判断してくれます。

**●一般財団法人電気安全環境研究所**

**●一般財団法人日本品質保証機構**

**●一般社団法人電線総合技術センター**

**●テュフ・ラインランド・ジャパン株式会社**

**●株式会社UL Japan インターテックジャパン株式会社**

**●株式会社コスモス・コーポレイション**

詳細は、経済産業省のホームページをご覧ください。
(https://www.meti.go.jp/policy/consumer/seian/denan/cab_list.html)

ここでPSEマークが必要ないとされれば、仕入れて販売することが可能です。しかし、PSEマークが必要となった場合(検査内容がPSE法に適合していない)は、1からすべての検査や登録費用を自分で持つことになります。

## 電波法（技適）

### 技適マーク

電波法は電波障害を防ぐために必要な法律(電波法第1条)で具体的には日本の電波基準に適合した技適マークが必要となります。スマホやタブレットはもちろん、トランシーバーやラジコン、ドローンといった無線設備全般が対象となるので注意してください。

しかし、電波が著しく微弱な無線設備について技適マークは不要になります(電波法第4条1項)。

とはいっても、個人では判断が難しいので、気になる場合は、やはりメーカーから商品の検査レポート（テストレポート）をもらってください。そして、「一般財団法人テレコムエンジニアリングセンター」というところに相談すれば、技適マークが必要かどうかを判断してくれます。

**●一般財団法人テレコムエンジニアリングセンター**

https://www.telec.or.jp/

こちらも技適マークが必要となった場合は、検査や登録費用を自分で持つことになります。

## 食品衛生法

食品衛生法は食品だけでなく、上記のように、食器類や乳幼児対象のおもちゃも関わる法律なので注意が必要です(食品衛生法第16条、第68条)。

なぜかというと、食品衛生法は「食品に触れるもの」「口に入れる可能性のあるものも対象となるためです。例えば、ミプロ「食品用器具輸入の手引き2021」によると、器具、容器包装では次のものが対象となります。

| 飲食器 | カップ、皿、タンブラー、はし、スプーン、ナイフ、フォーク、ほ乳用具、ストロー、等 |
|---|---|
| 割ぽう具(調理用具) | 包丁、まな板、なべ、フライパン、ボウル、おたま、等 |
| 食品に直接接触する機械、器具等 | ・食品の製造、加工、調理用(製造工場のコンベア・パイプ・ホース等。コーヒーメーカー、ジューサー、ミキサー、スライサー、パスタマシン、等)<br>・貯蔵・運搬用(タンク、ボトル、コンテナ、冷蔵庫、水筒、調味料入れ、等)<br>・陳列販売用(食品トレー、かご、等) |

あくまで「食品に触れるもの」が対象なので、上記のものを収納するケースやラックは食品衛生法の対象とはなりません。

「6歳児未満の乳幼児を対象としたおもちゃ」については、口に接触するおしゃぶりや歯がため、シャボン玉の吹き出し具が代表的なところです。その他、アクセサリー玩具、粘土や風船、ブロック、知育玩具なども対象となります。なぜなら乳幼児は、おもちゃであっても何でも口に入れてしまう可能性があるためです。ただ、食品衛生法は、他の法律に比べれば突破しやすいものが多い特徴があります。例えばアルミ・ステンレス・錫・銅・鉄・チタン等を用いた金属系の食器や包装類は突破しやすい特徴があります(ステンレスのコップやアルミのフライ返しなど)。また、ホーム&キッチンのカテゴリーなど、食品衛生法上の申請が必要かどうか微妙なケースもあります。詳細はミプロやジェトロに聞いてみるといいでしょう。

## 薬機法(旧薬事法)

結論から言うと、薬機法対象の商品は、販売目的に輸入することが禁じられているため、p275で紹介した商品は避けることで問題ありません。

サプリメントやプロテインなどの健康食品については、本来は食品衛生法の範疇となります。しかし、海外の健康食品は日本では医薬品成分とされるものが含まれていたり、医薬品のような効能効果を表示したりすることがあります。その場合、薬機法上は「無承認無許可医薬品」という扱いになり、販売目的で輸入することができなくなります。

06

# 日本への発送はメーカーが直接やってくれる

海外メーカー直取引の場合、商品の発送については、海外メーカーが日本に直送するケースが大半です。これは非常にメリットが大きい方法になります。

輸入転売ビジネスをやったことがある方なら経験あるかと思いますが、転売ですと、いったん代行会社を経由してから発送するので、時間的なロスが大きくなります。しかも、代行会社を経由すると、商品の破損が起きたり、商品が届かなかったりする問題が起きると、責任の所在がわかりません。メーカーから代行会社までの発送で問題が起きたのか、代行会社から日本までの発送で問題が起きたのかがわからないためです。そのため、お客様から返品があった場合でも、保証がなかったために泣き寝入りするしかないようなことも出てきてしまうのです。

**その点、メーカー直送の場合は責任の所在が明確なので、メーカーに対して異議申し立てもできますし、保証もしっかりしています。**しかも、メーカー直送の場合は非常に丁寧に梱包して発送してくれるので、そもそも商品の破損などのトラブルが起きる確率も低くなります。代行会社を経由することで発生する時間的なロスもないので、輸入ビジネスで問題になりがちな発送遅延が起きにくくなります。

PayPal払いであれば、商品の破損や遅延に対する保証もしっかりしていて、返金対応もしっかりしています。そのため、私はメーカー直取引に舵を切ると、保証の問題や発送遅延によるストレスを抱えることが一切なくなりました。

転売ビジネスと比較した場合、海外メーカー直取引には、このようなメリットもあるのです。

07

# 【実例】見積りをもらってから注文・支払いまでのメールのやり取り

以上、第7章では契約を成立するまでのツメの交渉術についてお伝えしました。最後に、私がある海外メーカーと一連のやり取りしたときのメールを紹介します。見積りをもらってから、注文・支払いまでのやり取りは、だいたい以下のような流れになりますので、ぜひ参考にしてください。

## 【メーカー】見積りやカタログを送付されたときのメール

| 日本語 | 英語 |
|---|---|
| 裕紀さん<br>この度はご連絡いただきありがとうございます。<br>もちろん、直販も行っております。<br>カタログは、○○.comからダウンロードできます。<br>また、卸売価格を記載した価格表を添付します。<br>最低発注額は500ドルです。<br>割引率は<br>500ドルで40%の割引<br>750ドルで45%の割引<br>1000ドルで50%の割引<br>2000ドルで55%の割引<br>送料として49ドルを申し受けます。 | Dear Hironori,<br>Thank you for contacting us.<br><br>Of course, we offer direct sales as well.<br>Please find our catalogue at ○○.com - it's a downloadable file.<br>Please find attached the price list with wholesale prices.<br>Minimum order is USD 500.<br>Discount rate:<br>40% for USD 500<br>45% for USD 750<br>50% for USD 1000<br>55% for USD 2000<br>We will charge you also USD 49 for the shipping. |

| 日本語 | 英語 |
| --- | --- |
| 初回のご注文では、50%の割引をさせていただきます。<br>ご不明な点がございましたら、お気軽にお問い合わせください。<br>良い一日をお過ごしください。 | For the first order, you will get 50% of discount.<br>Please let me know in case of any further questions.<br>Have a nice day! |

## 【中村】商品を注文するときのメール

| 日本語 | 英語 |
| --- | --- |
| こんにちは。<br>連絡 遅くなってすみません。<br>以下の商品を購入します。<br><br>A× 3<br>B × 3<br>C× 3<br>D× 3<br>E× 50<br>F× 3<br>G× 5<br><br>日本への配送料金はいくらですか?<br>請求書を作成してください。<br>私たちの住所は以下の通りです。<br><br>(住所)<br>(電話番号)<br><br>ご連絡ください。<br>よろしくお願いします。 | Hello.<br>Contact I'm sorry for the delay.<br>We buy the products below.<br><br>A × 3<br>B× 3<br>C× 3<br>D× 3<br>E × 50<br>F × 3<br>G × 5<br><br>Shipping to Japan How much?<br>Please invoice.<br>Our address is below.<br><br>(住所)<br>(電話番号)<br><br>Please contact.<br>Best regards. |

## 【メーカー】注文を受けた旨の連絡メール

| 日本語 | 英語 |
| --- | --- |
| 裕紀さん<br>ご注文、誠にありがとうございます。<br>送料は一律、49米ドルとなっております。<br>ご注文を弊社倉庫に転送しましたので、在庫状況を確認後、ご連絡させていただきます。<br>よろしくお願いいたします。 | Hello Hironori.<br>Thank you very much for your order.<br>The shipping rate is flat, 49 USD.<br><br>I have forwarded your order to our warehouse and I will get back to you once we check the stock levels.<br>Best regards, |

## 【メーカー】請求書を発行したときのメール

| 日本語 | 英語 |
| --- | --- |
| こんにちは。<br>ご注文いただいた商品の発送準備が整いました。<br>請求書を同封いたしますので、ご確認ください。<br>以下のいずれかのお支払い方法にてお支払いください。<br><br>(海外送金先)<br>(PayPalのメールアドレス)<br><br>お支払いの確認ができましたら、お荷物を発送させていただきます。<br>よろしくお願いします。 | Hello,<br>Your order is now ready to be shipped.<br><br>Please find the invoice enclosed.<br><br>Please use one of the following payment methods:<br><br>(海外送金先)<br>(PayPalのメールアドレス)<br><br>Once I receive a payment confirmation, your package will be shipped.<br>Best regards, |

## 【中村】支払いが終わった旨の連絡メール

| 日本語 | 英語 |
|---|---|
| こんにちは。<br>私は今、PayPalでお金を支払いました。<br>また、私に追跡番号を教えてください。<br>配送先の住所です。<br><br>(住所)<br><br>よろしくお願いします。 | Hello.<br>I paid the money now PayPal.<br>Also please tell me the tracking number.<br>The shipping address,<br><br>(住所)<br><br>Best regards. |

## 【メーカー】商品発送のメール

| 日本語 | 英語 |
|---|---|
| こんにちは。<br>お支払いが完了し、お荷物が明日発送されます。<br><br>Fedexの追跡番号は○○です。<br><br>よろしくお願いします。 | Hello,<br>Thank you very much, the payment went through and your package is being shipped tomorrow.<br>The tracking number with Fedex is ○○.<br>Best regards, |

## 【中村】商品発送に対する返信メール

| 日本語 | 英語 |
|---|---|
| 追跡番号ありがとうございます。<br>これからもよろしくお願いします。 | Thank you tracking number.<br>Best regards in the future. |

## 【中村】次回購入時のメール

| 日本語 | 英語 |
| --- | --- |
| こんにちは。<br>下記の商品を買います。<br><br>A× 20<br>B × 20<br>C× 20<br>D× 20<br>E× 20<br>F× 20<br>G× 20<br>H×50<br>I×20<br>J×20<br>K×20<br><br>請求書の発行をお願いします。<br>弊社の住所は以下の通りです。<br><br>(住所)<br>(電話番号)<br><br>ご連絡ください。<br>よろしくお願いします。 | Hello.<br>We buy the products below.<br><br>A× 20<br>B × 20<br>C× 20<br>D× 20<br>E× 20<br>F× 20<br>G× 20<br>H×50<br>I×20<br>J×20<br>K×20<br><br>Please invoice.<br>Our address is below.<br><br>(住所)<br>(電話番号)<br><br>Please contact.<br>Best regards. |

## メールの返信は早くすべき？

Chapter7では、海外メーカーとのメールの返信、やり取りについて詳しくお伝えしました。皆さんには、初回メールを送ってメーカーから返事があった場合の、こちらの返信スピードも意識してほしいと思います。

私の場合は、どんなに忙しくても2日以内には返信します。できれば、なるべく当日か翌日までに返した方がベストです。

特に見積りが来ているなど、メーカーに取引の意思を読み取れる場合は、なるべく早く返信しましょう。

なぜ、こんな話をするかというと、メーカーから返信をもらって満足してしまい、メールを返すのが遅い方が多いからです。

あとからまとめて返信しよう！ と考えている方も多いでしょう。たしかに作業は、集中力という点ではリサーチならリサーチ、メールならメールとまとめてやった方がいいです。しかし、それでもメールの返信は、あまり間隔を空けないようにしましょう。

当然、メーカーとしては、返信が早いと印象がいいからです。皆さんも、メールの返信がなかなか返ってこなかったら嫌ではないでしょうか？

p281～に見積りをもらってから注文・支払いまでのメールのやり取りを紹介していますが、この一連のやり取りを早くするように意識しましょう。

逆にメーカーのメールの返信があまりに遅い場合は、少し疑った方がいい場合があります。商品の発送も遅れる可能性があるためです。

国内外問わず、メールの返信スピードを意識するだけで、あなたに対するメーカーの印象は変わります。大事なのはメールの内容だけではありません。

なお、取引メーカーとのやり取りだけでなく、作業を外注するときは、外注さんや納品代行会社とのやり取りでも同じことが言えます。

ここでも、あまりにメールの返信が遅い外注さんや納品代行会社は、納期もいい加減である可能性があるので避けた方がいいです。

Chapter 8

# ここが大事！ 利益を出すための数字の見方

## ～見積書の精査からリピート発注まで～

メーカーとの交渉が成立したら、いよいよ実際に利益を得ていく、仕入れの実践についてお伝えします。見積りの精査、数字の管理(海外送料、消費税、関税など)、仕入れロット、仕入れ掛け率、マル秘交渉術、全部教えます！ ここまでマスターして継続した作業さえできれば、月利10万、20万、50万円……とストック状に利益を積み重ねることが可能です。

01

# メーカーから来た見積書で利益が出るか精査する

## 見積書で利益が出るかどうか判断する

メーカーとの取引が成立したあとは、下記のような見積書をもらって、Amazonの商品ページを見比べて、実際に利益が出るかどうかを精査して商品を購入します。

なお、以下の見積書では、価格について「Cost」と「MSRP」という欄がありますが、卸値を示しているのは「Cost」のほうです。「MSRP」は希望小売価格を指します。

そして、その際に購入する仕入個数も判断する必要があります。

### メーカーからもらった見積書の例

NEW ITEMS MARKED GREEN. $0.00

| product line | Item | Title | Cost: | MSRP | Total: |
|---|---|---|---|---|---|
| | | | $112.50 | $225.00 | $0.00 |
| | | | $94.00 | $188.00 | $0.00 |
| | | | $19.75 | $39.50 | $0.00 |
| | | | $19.75 | $39.50 | $0.00 |
| | | | $24.75 | $49.50 | $0.00 |
| | | | $24.75 | $49.50 | $0.00 |
| | | | $6.50 | $13.00 | $0.00 |
| | | | $6.50 | $13.00 | $0.00 |
| | | | $6.50 | $13.00 | $0.00 |
| | | | $6.50 | $13.00 | $0.00 |
| | | | $6.50 | $13.00 | $0.00 |
| | | | $9.50 | $19.00 | $0.00 |
| | | | $9.50 | $19.00 | $0.00 |
| | | | $9.50 | $19.00 | $0.00 |
| | | | $9.50 | $19.00 | $0.00 |
| | | | $9.50 | $19.00 | $0.00 |
| | | | $9.50 | $19.00 | $0.00 |
| | | | $11.00 | $22.00 | $0.00 |
| | | | $11.00 | $22.00 | $0.00 |
| | | | $11.00 | $22.00 | $0.00 |

**まずメーカーからもらった商品の見積りを確認し、Amazonの商品ページを一つひとつ見比べて利益が出るかどうかを確認していきましょう。**

例えば、上記の見積書が「Q-WORKSHOP」というサイコロメーカーと取引できた結果、メーカーから頂いた見積書だったとします。これをQ-WORKSHOPのAmazon商品ページと見比べていきます。(詳細はp290〜)

見積書の書式はメーカーによってさまざまで、あまりにも型番が多いようなメーカーは「どの商品が欲しいですか?」と聞いてくるので、希望の商品を伝えれば、その商品だけの見積りをもらえます(p253〜のように、Amazonの商品リンクを送ればOKです)。また、上記の見積書のようにメーカーが扱っている全ての商品の見積りを一気にくれるメーカーもあります。その場合は欲しい商品と個数を伝え、請求書をもらうようにしてください。

## メーカーの商品一覧の出し方

Amazonのトップページの検索窓にメーカー名かブランド名を入力すると、メーカーの商品一覧が下記のように表示されます。下記は一例としてQ-WORKSHOPというメーカーの商品一覧を検索した場合です。

### メーカーの商品一覧画面

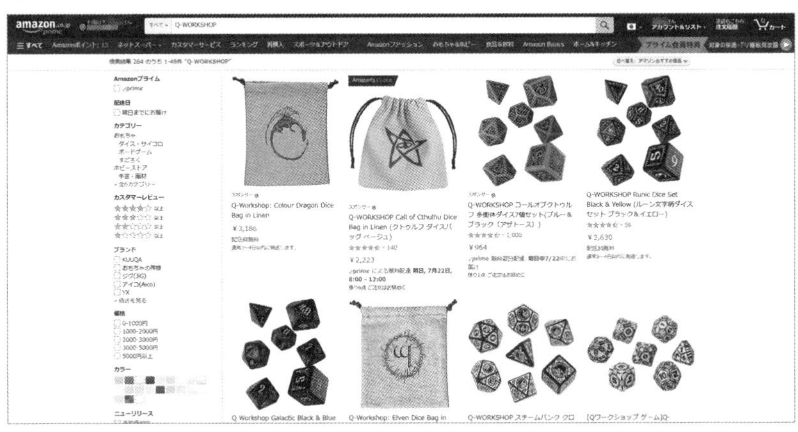


検索窓にメーカー名やブランド名を入力するだけでなく、リサーチした商品ページに記載されている青色のメーカー名(ブランド名)をクリックしても検索できます。

### メーカー名をクリックすれば検索できる

Q-WORKSHOP Call of Cthulhu Dice Set beige & Black (コールオブクトゥルフ ダイスセット ベージュ&ブラック)
ブランド: Q-WORKSHOP
107個の評価
価格: ￥1,798 prime お届け日時指定便 無料
ポイント: 4pt 詳細はこちら

青色のメーカー名(ブランド名)をクリック

商品一覧の出し方は、この2つの方法がありますが、表示される商品に違いが出る場合もあるので、**できれば2つの方法どちらもお試しください。**

この2つの方法を試したうえで、見積書の価格で利益が出るかどうかを確認し、購入する商品を選定していきます。

## 購入する商品を選定する

### 売れ筋商品を表示する

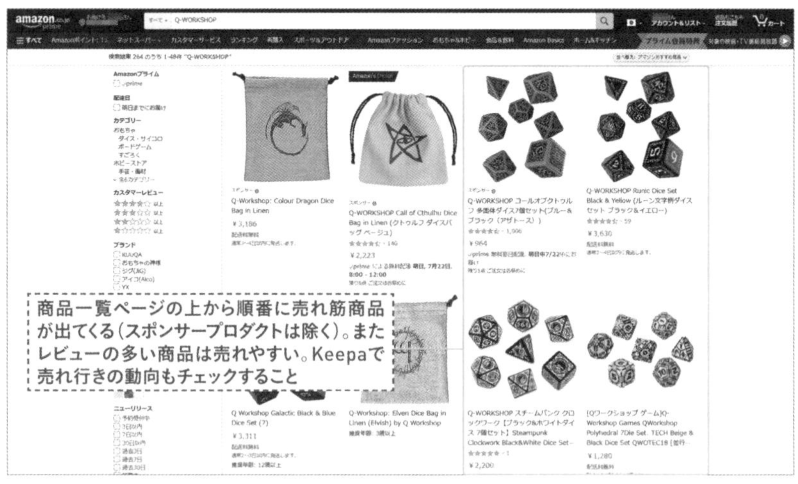


見積書の価格で利益が出るかどうかを一商品ずつ確認し、利益が出るかどうか計算した上で購入する商品を決めていきます。

メーカーによってはAmazonページで表示されている商品数(型番)が多い

場合があります。しかし、初回はあくまでテスト仕入れという考え方で仕入れを行いますので、すべての商品を精査する必要はありません。

**Amazonの商品一覧ページは売れ筋の良い商品順に並んでいますし(スポンサープロダクトを除く)、売れ筋順やレビューが多くついているものを優先して選定してください。**Keepaで売れ行きの動向を確認するのもいいでしょう(p182〜)。初回仕入れの際は、ある程度勝率の高い商品を選定していくと失敗も少なくなり、モチベーションも維持できます。

全部精査するのは手間ですし、メーカーを待たせることになってしまい、お互いに時間の無駄になります。レビューがついていない商品などはそもそもあまり売れていない商品も多く、在庫リスクが出てきます。よって、最初から全部精査しようとするとうまくいきません。

**2回目、3回目と売れた商品の仕入れを順次行いながら、徐々に他の型番商品もテスト仕入れするようにしていきましょう。**

なお、売れる商品を見つけたら、見積書と照合しますが、見積書の商品名が英語になっているので商品名では照合しづらいです。しかし、多くはAmazonの商品ページの「詳細情報」欄に製品型番(もしくは製造元リファレンス)が記載されているので、型番で照合すれば大丈夫です。

### 製品の型番

商品の情報

色:ベージュ&ブラック

詳細情報

| | |
|---|---|
| 電池使用 | いいえ |
| 電池付属 | いいえ |
| 対象性別 | ユニセックス |
| 製造元リファレンス | SCTH18 |
| 梱包サイズ | 7 x 6 x 1.8 cm; 18.14 g |
| ASIN | B0059Z0XTY |

登録情報

| | |
|---|---|
| おすすめ度 | ★★★★☆ 107個の評価<br>5つ星のうち4.4 |
| Amazon 売れ筋ランキング | - 97,205位おもちゃ (の売れ筋ランキングを見るおもちゃ)<br>- 313位ダイス・サイコロ |
| Amazon.co.jp での取り扱い開始日 | 2011/7/4 |

ご意見ご要望

「製品型番」または「製造元リファレンス」欄で確認

見積書がエクセルで送られたり、PDFで送られたりしますが、どちらも検索機能を使えば、該当の商品をすぐに見つけられます。

## エクセルで型番を探す場合

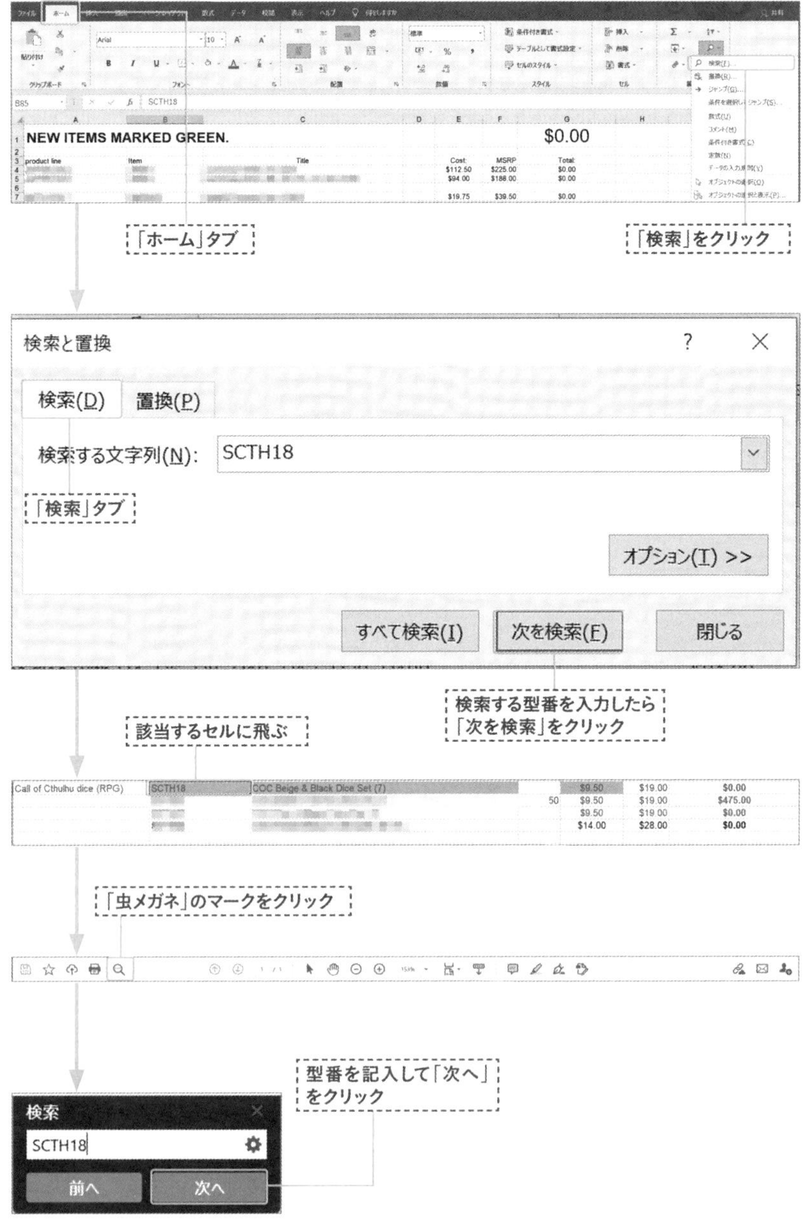

## 仕入れる前に必ず確認すること

その他、仕入れる前に確認すべきことをお伝えします。商品を仕入れたのに出品できないようなことを避けるため、必ず確認しましょう。

**①商品登録を必ず行う（p71～参照）**

Amazonアカウントによっては出品規制対象の商品があります。特に新しいアカウントだと、普通の商品でも登録できないことがあります。ご自身のAmazonアカウントで商品登録できるか確認してから仕入れるようにしてください。

**②FBA禁止商品でないか確認する（p106～）**

FBAで取り扱うことができない商品かもしれませんので、FBA禁止商品でないかどうかを確認するようにしてください。

**③危険物は事前に申請する（p116～）**

危険物を納品するには事前の申請が必要で、メーカーからSDSデータシート（安全性データシート）といった資料を頂かなければなりません。そのためこういった資料をメーカーが送付してくれるか、まず確認しましょう。場合によっては情報を開示したくないため提供してくれないメーカーもありますが、大体のメーカーは提供してくれます。

**④要期限管理商品ではないか（p108～）**

食品・ドラッグストア・ペット用品に多く存在します。ルールを守らずに納品してしまうと納品不備として扱われ返送しなくてはいけないので注意しましょう。

**⑤過去の価格推移を確認（p288～）**

初心者の方で、利益が出ると思って仕入れて納品した頃に、仕入れ直前より価格が下がって赤字になってしまうことがよく見受けられます。

このようなことを避けるため、一時的に価格が高くなっている商品なのか、価格が安定している商品なのか判断するようにしましょう。

**Keepaを使えば下の図のように過去の価格推移を確認することができるので、赤字になるリスクを最小限に抑えることができます。**

**Keepaで価格推移を確認**

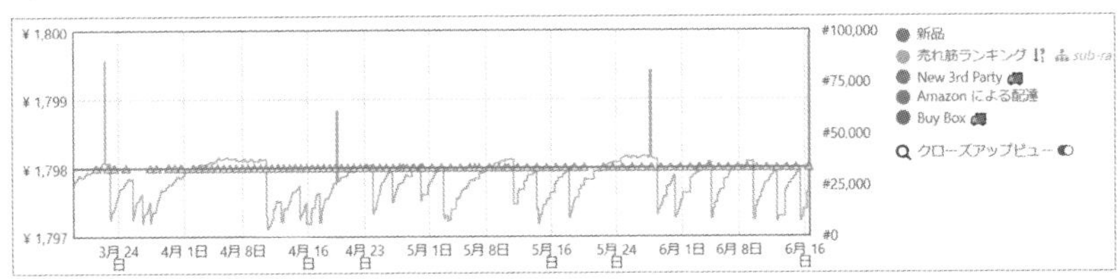


## 初回仕入れは「売れることを確認する」ことが大事

Keepaを使った初回仕入れ個数の判断基準については、p319～に詳しく書いていますので、そちらをご覧ください。

ただし、大事なことはあくまで参考データでしかなく、実際の数字と乖離があることも珍しくありません。**できれば、p188～に書いてあるように定点観測して買うのがいいでしょう。**

また、何よりも少量であってもテスト仕入れして売行きを自分で確認していくのが、一番正確なデータになります。

しかし、海外メーカー直取引の場合は少量仕入れだと海外送料が非常に高くなり、利益率が大きく下がることがあります。

とはいえ、だからといって送料を安くするために多く買って、売れずに在庫が残る方がリスクです。初回仕入れは「売れることを確認することが大事」と割り切って、多少利益率が低くても、無理のない範囲で少量仕入れした方がいいでしょう。

**そして売れることを確認しながら仕入数量を上げていくようにしてください。**その方が長期的に利益は出やすくなります。

02

# 海外送料について

海外メーカー直取引の場合、国内メーカー直取引と違って海外送料や消費税、関税がかかってくることが多いので利益計算では注意が必要です。

**海外送料については、実際にメーカーの請求書をもらったときに確認することが基本になります。**ただ、見積書で利益が出るかどうか精査する段階や、送料の値引き交渉する際に、ある程度目安を知っておいた方がよいです。

## アメリカや中国の航空便、船便の送料の目安

**海外送料については、基本的には少量仕入れになるほど高くなり、大量に仕入れるほど安くなります。**1kgあたりの送料の目安は、次のようになります。

| | 航空便 | | 船便 |
|---|---|---|---|
| 発送~到着までの期間 | 1週間～2週間程度 | | 1ヶ月程度 |
| | 通常仕入れ | 大量仕入れ | 大量仕入れ |
| アメリカ | 800円/kg | 400円/kg | 200円/kg |
| 中国 | 400円/kg | 200円/kg | 100円/kg |

通常仕入れの目安は、だいたい20kgくらいです。例えば、アメリカから日本に商品を20kg程度仕入れる場合は、航空便の場合、送料は1kg800円程度なので、合計16,000円くらいが目安ということになります。

だいたい20kg以上仕入れるようになると、仕入れ量に従って送料は安くなり、最大で半分くらいまで安くなるようなイメージです。100～200kgくらいになると半額になることが多いです。逆に20kgを下回ると、送料は上の表よ

り高くなる傾向にあります。

ただ、最近は中国の航空便については、コロナ禍の影響で送料が上記の1.5倍くらいになっている印象です。このように、時勢の影響で変動があることがあるので、あくまで目安として捉えておきましょう。もちろん、発送する国によって海外送料は変わってきます。**請求書で確認できるようであれば確実なので、なるべく送料は請求書で確認するようにしてください。**もしくはメーカーとのやり取りの中で送料がどの程度が事前に聞けると良いです。

## 海外送料は値引きできることもある

特に少量仕入れの場合、海外送料が高くつくことがあり、利益が出ないようなことがあります。

テスト仕入れ段階であれば、最初は送料が高くても仕入れて売り、売れることを確認してその後仕入れ数量を増やせば送料を安くできます。

ただ、あまりに海外送料が高いと、仕入れを諦めようかと考えることもあるかと思います。**その場合は、「とりあえず送料を値引きしてもらえないか聞いてみる」ようにしてください。**

特に、上記の目安と大きくかけ離れているようでしたら、送料を値引いてもらえないか聞いてもらった方がいいでしょう。言い方は悪いですが、送料を上乗せしてくるようなメーカーも稀にあるためです。その場合、「他に比べると送料が高いから値引いてくれないか」と直接的に交渉するといいでしょう。そうすると、案外あっさり値引いてくれるメーカーもあります。

私自身、送料を上乗せされたこともありますし、「高いなあ」と思って値引き交渉してみたら、あっさり値引いてもらえたことがあります。「日本で同じ商品を売っている人がいるけど、どういう条件で買っているか」と聞いてみてもいいでしょう。場合によっては、次回購入時に、高すぎた海外送料を差し引いてくれることもあります。ほとんどの方が交渉せずに、諦めてしまったり、無理に仕入れたりしていますが、諦めずに交渉してみましょう。

03

# 関税と消費税を知って正しく利益計算しよう

## 見積書で利益が出るかどうか判断する

もう一つ、海外メーカー直取引で気を付けたいのが、関税と消費税です。

関税はかからない商品もありますが、かかる場合は商品によってかかる割合が異なりますので、正しく計算しましょう。

なお、1回の仕入れ代金の合計が10,000円以下の場合は商用目的でなく、個人としての輸入と見なされ、消費税、関税が掛からない場合があります。しかし、物販でここまで少量仕入れすることはまずありませんし、消費税、そして関税も商品によっては掛かることを見越して利益計算を行っていきましょう。

### 関税・消費税の請求書の例

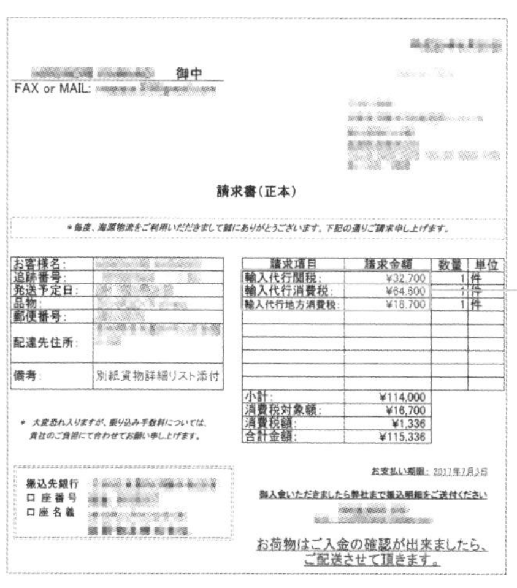

御中
FAX or MAIL:

請求書（正本）

＊毎度、海源物流をご利用いただきまして誠にありがとうございます。下記の通りご請求申し上げます。

| | |
|---|---|
| お客様名: | |
| 追跡番号: | |
| 発送予定日: | |
| 品物: | |
| 郵便番号: | |
| 配達先住所: | |
| 備考: | 別紙貨物詳細リスト添付 |

| 請求項目 | 請求金額 | 数量 | 単位 |
|---|---|---|---|
| 輸入代行関税: | ¥32,700 | 1 | 件 |
| 輸入代行消費税: | ¥64,600 | 1 | 件 |
| 輸入代行地方消費税: | ¥16,700 | 1 | 件 |
| 小計: | ¥114,000 | | |
| 消費税対象額: | ¥16,700 | | |
| 消費税額: | ¥1,336 | | |
| 合計金額: | ¥115,336 | | |

＊ 大変恐れ入りますが、振り込み手数料については、貴社のご負担にて合わせてお願い申し上げます。

振込先銀行
口座番号
口座名義

お支払い期限：2017年7月3日

御入金いただきましたら弊社まで振込明細をご送付ください

お荷物はご入金の確認が出来ましたら、ご配送させて頂きます。

消費税(10%)は、内国消費税(7.8%)と地方消費税(2.2%)を合計した額

## 関税の計算式

小口輸入(販売目的で仕入れる場合)の関税の計算式は、次の通りで、商品代金だけでなく、p295〜の海外送料にもかかってくることに注意が必要です。ちなみに、「仕入れ代金＋海外送料」の部分をCIF価格と言います（CIF価格には通常保険料も含まれますが、ややこしいですし仕入れ代金と海外送料がメインなので、ここでは省きます)。

**関税＝（仕入れ代金＋海外送料）×関税率**

なお、個人輸入(個人使用を目的として輸入する場合)の場合は、関税は「仕入れ代金×関税率×0.6」で計算されるため、関税は40％以上安くなります。

**しかし、販売目的で輸入しているのに、個人輸入と偽って輸入してしまえば脱税行為になるので、必ず小口輸入で仕入れるようにしましょう。**

また関税の計算だけでなく、小口輸入と個人輸入では、法律の規制上の取扱いも変わってきます。p272〜でお話しした法律規制は、小口輸入を前提としています。

よく物販ビジネスは「個人事業で輸入するから個人輸入」と勘違いされる場合がありますが、販売目的なら小口輸入になるので注意してください。

## 関税率の目安

関税率には、「商品代金＋海外送料」が20万円を超える場合に適用される実効税率と、20万円以下の場合に適用される簡易税率があります(関税定率法第3条の3)。

## 実効税率

関税率は、厳密には、商品のカテゴリーや素材、仕入れ先の国によって、かなり細かく定められており、複雑です。

詳細はミプロやジェトロに問い合わせたり、通関する際の税関に確認すると細かいところを教えてくれますが、主な商品の大まかな目安については以下のようになっています。ほとんどの商品は、以下の実効関税率の目安から大きく変わることはありません。

| 区分 | 品目 | 関税率の目安 |
| --- | --- | --- |
| 衣料品 | 毛皮のコート（43類）<br>繊維製のコート、ジャケット、ズボン、スカート（61、62類）<br>シャツ、肌着（61、62類）<br>水着（61、62類）<br>ネクタイ（織物）（62類）<br>マフラー類（61、62類） | 20%<br>8.4～12.8%<br>7.4～10.9%<br>8.4～10.9%<br>8.4～13.4%<br>4.4～9.1% |
| ハンドバッグ | 革製又はコンポジションレザー製（42類） | 8～16% |
| アクセサリー | 金製、銀製、プラチナ製、貴石製品（71類） | 5.2～5.4% |
| 時 計 | 腕時計、その他の時計（91類） | 無税 |
| 機械類及び電気機器 | パソコン（84類）<br>デジタルカメラ、ビデオカメラ（85類） | 無税<br>無税 |
| 楽 器 | ピアノ、弦楽器、吹奏楽器（92類） | 無税 |
| 記録物 | ブルーレイディスク、CD（85類）<br>書籍、雑誌（49類） | 無税<br>無税 |
| 印刷物 | 楽譜、ポスター、複製画、カタログ類（49類） | 無税 |
| 美術品 | 肉筆の書画、版画、彫刻（97類） | 無税 |
| 化粧品 | 香水、オーデコロン、口紅、マニキュア用品、化粧水（33類）<br>浴用化粧石けん（34類） | 無税<br>無税 |
| 玩具 | 玩具（人形を含む）（95類） | 無税 |
| スポーツ用品<br>レジャー用品 | 乗用自動車、オートバイ（87類）<br>モーターボート、ヨット、カヌー（89類）<br>スキー用具、ゴルフクラブ（95類）<br>釣り用具（95類） | 無税<br>無税<br>無税<br>3.2% |

| 区分 | 品目 | 関税率の目安 |
|---|---|---|
| 履物 | 甲が革製又は甲の一部に革を使用したもの(64類) | 30%又は4,300円/足のうちいずれか高い税率 |
| 台所及び家庭用品 | 腰掛け、家具(事務所・台所・寝室用)(94類) | 無税 |
| 床用敷物 | じゅうたん(綿製、羊毛製、人造繊維製)(57類) | 6.3〜8.4% |
| 台所及び家庭用品 | プラスチック製(39類)<br>陶磁製(69類)<br>ガラス製(70類)<br>ステンレス製(73類) | 無税〜3.9% |
| 寝具類 | 毛布、ベッドリネン(63類)<br>マットレス、布団(94類) | 3.2〜10.9% |
| 飲料 | 茶葉(ウーロン茶、紅茶)(9類)<br>コーヒー豆(9類)<br>ミネラルウォーター(22類)<br>清涼飲料水(22類) | 3〜17%<br>無税〜12%<br>3%<br>9.6〜13.4% |
| 洋酒類 | ビール、ウイスキー、ブランデー、リキュール(22類)<br>ワイン(22類) | 無税<br>45〜182円/l |
| 菓子類 | チョコレート菓子(18類)<br>砂糖菓子(ホワイトチョコレートを含む)(17類)<br>クッキー、ビスケット(19類)<br>アイスクリーム(21類) | 10%<br>24〜25%<br>13〜20.4%<br>21〜29.8% |
| 肉、魚介類調製品 | ソーセージ(16類)<br>魚類缶詰(16類)<br>かに缶詰(16類) | 10%<br>9.6%<br>5% |
| チーズ | チーズ(4類) | 22.4〜40% |
| たばこ | たばこ(24類) | 無税〜29.8% |
| ペットフード | ペットフード(23類) | 無税〜36円/kg |

※税関ホームページ「主な商品の関税率の目安」から引用　※2020年4月1日現在

この表からわかるように、関税が無税の商品と、関税率の高い商品があるので利益計算では注意してください。特に次の商品は関税率がかかります。海外メーカー直取引で扱うような商品は、無税の商品も多いので、最初は無税の商品を仕入れるといいでしょう。

**●衣料品**

**●ハンドバッグ（特に革製品）**

**●履物（ブーツなどの革製品）**

**●床用敷物（じゅうたんなど）**

**●寝具類**

上記のような商品の場合は関税が多く掛かることが予想されるため、仕入時に特にご注意ください。

その他、食品や飲料にも関税がかかる場合が多いですが、そもそも食品衛生法上の規制がありますので、最初は避けることで問題ありません。

## 簡易税率

簡易税率は1回の仕入れにかかる料金が20万円以下の場合に適用されるので、仕入れ分が増えた場合はあてはまらないため参考程度にしてください。

| | 品目(具体的な品目例) | 関税率 |
|---|---|---|
| 1 | 酒類<br>(1) ワイン<br>(2) 焼酎等の蒸留酒<br>(3) 清酒、りんご酒　等 | <br>70円/リットル<br>20円/リットル<br>30円/リットル |
| 2 | トマトソース、氷菓、なめした毛皮（ドロップスキン）、毛皮製品　等 | 20% |
| 3 | コーヒー、茶（紅茶を除く）、なめした毛皮（ドロップスキンを除く）等 | 15% |
| 4 | 衣類及び衣類附属品（メリヤス編み又はクロセ編みのものを除く）　等 | 10% |
| 5 | プラスチック製品、ガラス製品、卑金属（銅、アルミニウム等）製品、家具　等 | 3% |
| 6 | ゴム、紙、陶磁製品、鉄鋼製品、すず製品 | 無税 |
| 7 | その他のもの | 5% |

※税関ホームページ「少額輸入貨物の簡易税率」より引用

ただし以下の商品については、総額20万円以下の輸入の場合でも、簡易税率は適用されず実効税率が適用されます。靴、ハンドバッグなどは税率が高いので注意してください。

**●米などの穀物とその調製品**

**●ミルク、クリームなどとその調整品**

**●ハムや牛肉缶詰などの食肉調製品**

**●たばこ、精製塩**

**●旅行用具、ハンドバッグなどの革製品**

**●ニット製衣類**

**●履物**

**●身辺用模造細貨類（卑金属製のものを除く）**

## 消費税の計算

関税は無税の商品もありますが、消費税はすべての輸入品にかかります。日本に商品を輸入することでかかる消費税は一律10％になります(軽減税率適用の場合は8%)。

**輸入にかかる消費税=(商品代金＋海外送料)×消費税率**

（関税がかかる商品には関税にも消費税がかかるのでご注意ください）

厳密には、計算過程で端数処理が絡み、内国消費税(7.8％)と地方消費税(2.2％)を分けて計算しますので、少し複雑になります。しかし、上記の計算式で利益計算しても誤差は微々たるものなので、問題はありません。

## 関税、消費税の支払いについて

多くの場合、海外発送では通常FedExやDHLを利用するかと思います。この場合、商品が手元に届く際に消費税、関税の支払いを代引きとして請求されるか、もしくは後日請求書が手元に届き、現金かクレジットカードで支払うかのいずれかになります。

下記のようなFedExやDHLのアカウントサービスを利用すれば、通関時にかかる消費税、関税を簡単にまとめ、オンラインで管理できるので便利です。

**●FedExビリングオンライン**

https://www.fedex.com/ja-jp/billing.html

**●DHL eビリングサービス**

https://mydhl.express.dhl/jp/ja/ship/solutions/electronic-billing.html

## 関税、消費税が安かったらアンダーバリューに注意

関税、消費税の支払いで気を付けたいのはアンダーバリューです。アンダーバリューとは、請求書(インボイス)を実際の金額より安く記載して、関税や消費税を通関時に安くする行為です。

意図的にやっていれば明らかな脱税行為ですが、稀に自分が予想していた関税・消費税より、明らかに安い額が請求されることがあります。

**なぜかというと、メーカーが購入者のことを思い、良かれと思って意図的に行うケースがあるためです。**その場合は、手元に届く請求書の確認を行い、自分が支払った額と同じか確認しましょう。間違っていた場合は、メーカーに対して、正しい金額を書くように依頼するようにしてください。

## 輸入許可通知書の見方

商品を仕入れた際に気を付けなければいけない点は、消費税、関税の請求明細書や手元に届いた商品の請求書、輸入許可通知書があるかどうかです。

通常３点が手元に届くはずですが、お願いしないともらえない場合があるので、**配送会社(FedEx、DHLなど)から必ずもらうようにしましょう。**

輸入許可通知書は輸入者に5年間の保管義務があり、税務調査などでも確認される場合があるので、必須です。紛失した場合は再発行してもらうようにしてください。万が一、輸入許可証がない場合は、FedExやDHLなどの配送会社に追跡番号を伝えれば大丈夫です。

なお、輸入許可通知書はただ保管するだけでなく、見方も押さえておくといいでしょう。**慣れない方には少し複雑ですが、海外送料、保険料などの記載があり、全部でいくら消費税が掛かっているかを確認することができます。**売上の適正管理や、アンダーバリューの有無を確認するうえでも有効なので、以下に簡単に輸入許可通知書の見方をお伝えします。輸入許可通知書については以下のように、説明する箇所の意味がわかっていれば問題ありません。

### 輸入許可通知書の例

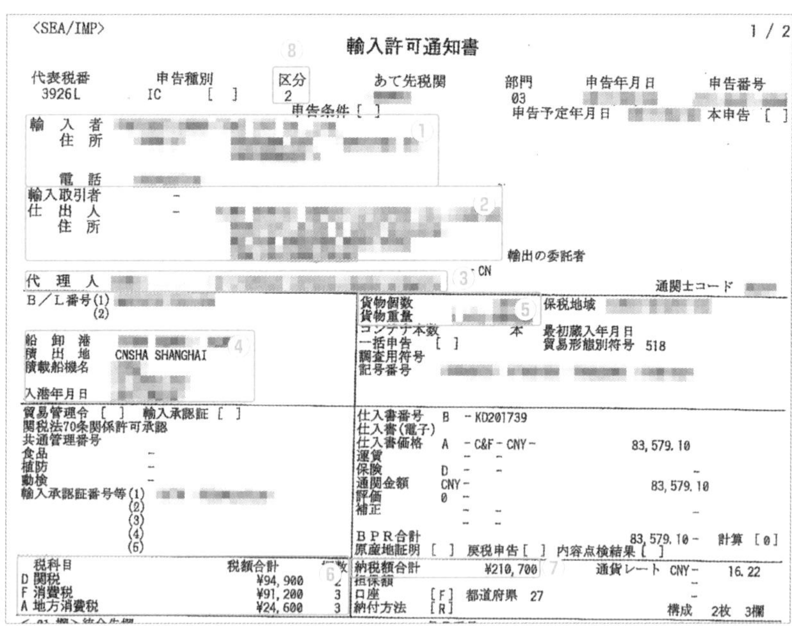

<SEA/IMP> 1 / 2

輸入許可通知書

⑧

代表税番 3926L　申告種別 IC [ ]　区分 2　あて先税関　部門 03　申告年月日　申告番号

申告条件 [ ]　申告予定年月日　本申告 [ ]

① 輸入者<br>住所<br>電話

② 輸入取引者 -<br>仕出人 -<br>住所

輸出の委託者

③ 代理人 - CN

通関士コード

B／L番号(1)<br>(2)

⑤ 貨物個数<br>貨物重量

保税地域

コンテナ本数 本　最初蔵入年月日

④ 船卸港<br>積出地 CNSHA SHANGHAI<br>積載船機名<br>入港年月日

一括申告 [ ]　貿易形態別符号 518<br>調査用符号<br>記号番号

貿易管理令 [ ]　輸入承認証 [ ]<br>関税法70条関係許可承認<br>共通管理番号<br>食品 -<br>植防 -<br>動検 -<br>輸入承認証番号等(1)<br>(2)<br>(3)<br>(4)<br>(5)

仕入書番号 B - KD201739<br>仕入書(電子)<br>仕入書価格 A - C&F - CNY - 83,579.10<br>運賃 - -<br>保険 D - - -<br>通関金額 CNY - 83,579.10<br>評価 0 -<br>補正 - - -<br>- -<br>BPR合計 83,579.10 - 計算 [0]<br>原産地証明 [ ] 戻税申告 [ ] 内容点検結果 [ ]

⑥

| 税科目 | 税額合計 | 欄数 |
|---|---|---|
| D 関税 | ¥94,900 | 2 |
| F 消費税 | ¥91,200 | 3 |
| A 地方消費税 | ¥24,600 | 3 |

⑦ 納税額合計 ¥210,700　通貨レート CNY - 16.22<br>担保額 -<br>口座 [F] 都道府県 27 -<br>納付方法 [R]<br>構成 2枚 3欄

< 01 欄>統合先欄

品名
税表番号
申告価格（ＣＩＦ）　¥405,499　⑨

品目番号　3926.20-000 3　価格再確認 [ ]
数量（1）
数量（2）
課税標準数量

関税率　G 4.8%
関税額　¥19,440
減免税額　⑩

輸入令別表　特恵 [ ]
ＢＰＲ按分係数
ＢＰＲ金額　-
蔵置種別 [ ]　運賃按分 [ ]　原産地 CN－CHINA　－R

減免税　法令別表

－内国消費税等(1)　消費税　⑪
課税標準額　¥424,899
税率　6.3%
税額　¥26,712
減免税額

種別　F2
課税標準数量
減免税条項

－内国消費税等(2)　地方消費税
課税標準額　¥26,700
税率　17/63
税額　¥7,204
減免税額

種別　A2
課税標準数量
減免税条項

記事(税関)

記事(通関)
記事(荷主)

利用者整理番号
社内整理番号

[税関通知欄]
関税法第６７条の規定により、あなたが申告した貨物の輸入を許可します。

輸入許可日　2017/06/30　審査終了日　2017/06/30　事後審査

(注) この申告による課税標準又は納付すべき税額に誤りがあることがわかったときは、修正申告又は更正の請求をすることができます。なお、輸入の許可後、税関長の調査により、この申告による税額等を更正することがあります。
(注) この申告に基づく処分について不服があるときは、その処分があったことを知った日の翌日から起算して３月以内に税関長に対して再調査の請求又は財務大臣に対して審査請求をすることができます。

### 輸入許可通知書の説明

| | |
|---|---|
| ① | あなたのお名前、住所、電話番号 |
| ② | 発送元の名前や住所 |
| ③ | 通関を代理で行う業者と担当者の名前(転送会社など) |
| ④ | 船卸港＝貨物が到着した国内の港名<br>積出地＝貨物を発送した海外の港名 |
| ⑤ | 貨物の個数と重量 |
| ⑥ | 貨物に対してかかった「関税」「消費税(内国消費税)」「地方消費税」の総額 |
| ⑦ | 「関税」「消費税(内国消費税)」「地方消費税」の合計額 |
| ⑧ | 通関区分 |

⑧通関区分は、輸入車の信用や扱う品目によって「1」「2」「3X」「3R」「3K」「3M」の6種類があります。多くの場合、「区分2」に該当するかと思

います。「区分3」の場合は、何かしら現物検査が行われ、時間がかかることがあります。ただ、「区分3」はかなり稀なケースで、輸入実績はないのによほど大量に仕入れなければありません。

| | |
|---|---|
| 1 | 簡易審査扱い:輸入(納税)申告後直ちに輸入許可される。 |
| 2 | 書類審査扱い:税関に通関書類を提出して審査を受ける。 |
| 3 | 検査扱い:税関員が現物検査を行う。具体的には以下の通り。 |
| 3X | 大型X線検査を行う。 |
| 3R | 保管場所で現物を開封して確認する現場検査を行う。 |
| 3K | 税関の検査場で現物を開封して確認する検査場検査を行う。 |
| 3M | 見本確認を行う。 |

⑨⑩⑪は、関税と消費税の詳細な内訳を示しています。

| | |
|---|---|
| ⑨ | 品名ごとの税表番号、申告価格(CIF価格) |
| ⑩ | 関税額、関税率 |
| ⑪ | 消費税(現在は消費税の税率は7.8%、地方消費税の税率は22/78) |

# 管理帳簿を使って「売上」「在庫」「資金繰り」を一元管理する



物販は数字が命です。そこで、私が実際に使用している管理帳簿を差し上げます。この管理帳簿は元公認会計士の恩師からいただいたもので、私は当時この帳簿を「神の帳簿だ!!」とみんなに叫んでいました。

利益計算もそうですが、お金の流れが読めるようになると、不安なくビジネスできますし、数字を逆算して目標設定もしやすいので、ぜひこの帳簿を使ってください。

次ページで説明する内容は文章だと理解しづらいと思います。そのため以下のＱＲコードから管理帳簿の使い方を実際に見て頂いた後に読み進めるとスムーズです。

**オリジナル管理帳簿のダウンロードはこちら**

（スマホや携帯だとQRコードからダウンロードできませんので、本書最後にあるご案内からご登録ください）

http://nakamura03.staba.jp/kaminotyobohahontosugoiH30.0108.xlsx

**【動画】管理帳簿の説明**

https://www.youtube.com/watch?v=xTTPrMRHeNs

## ●オリジナル管理帳簿の使い方　～仕入表～

仕入表は、メーカーからもらった見積りで、利益が出るかどうかを確認することに使用します。

仕入表の最上段の項目欄を左から解説しますが、以下のQ-WORKSHOPというブランドのサイコロを例にお伝えします。

**①仕入日：**購入した日付（見積り精査段階では未記入）

**②商品名：**購入した商品名

**③仕入単価：**見積りに書いてある卸値（日本円換算）

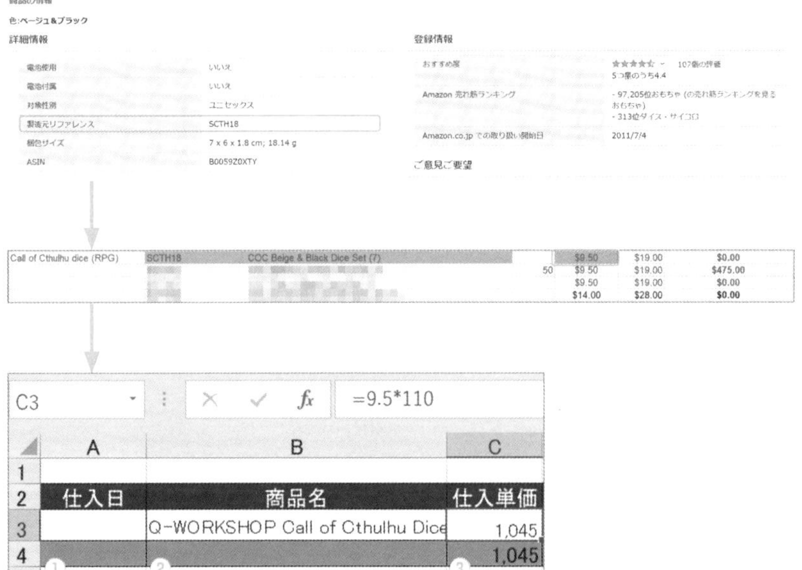

卸値を見ると9.5ドルなので、これを日本円に換算します。Wiseを使って海外送金する場合は、上乗せされた為替手数料がないので、現在の為替レートで換算します。ただ、PayPal払いの場合は、為替レートが3〜4%上乗せされるので、上乗せされた分を含めて換算しましょう。例えば1ドル110円であれば、PayPalで上乗せされた分は114円くらいになっています。

**④海外内送料：**転送会社を経由して発送する場合、かかる費用を記入。そうでなければ「0」(多くの場合は「0」になる)。

**⑤海外転送料：**商品の重量×1kgあたりの送料

商品1個あたりの重量と、1kgあたりの送料を入力して計算します。まだ請求書(インボイス)が来ていない場合は、1kgあたりの送料はp295〜に書いた通りの目安で計算します。

商品1個当たりの重量に関しては、商品ページの「詳細情報」か、FBA料金シミュレーターでわかるので、その重量を入力します。

詳細情報

| | |
|---|---|
| 電池使用 | いいえ |
| 電池付属 | いいえ |
| 対象性別 | ユニセックス |
| 製造元リファレンス | SCTH18 |
| 梱包サイズ | 7 x 6 x 1.8 cm; 18.14 g |
| ASIN | B0059Z0XTY |

商品一個あたりの重量

このサイコロは18g(=0.018kg)で、航空便の目安は1kg800円なので、0.018kg×800=約14円が商品1個あたりの海外転送料となります。

ただ、請求書(インボイス)がすでにあり、正確な送料が記載されている場合は、以下の計算式で1個あたりの送料を⑤に入力します。

**⑤海外転送料**　＝請求書に記載されている送料の総額÷⑭仕入個数
　＝請求書に記載されている送料の総額÷⑬総重量×⑫商品1個あたりの重量

### ⑥消費税・関税

p298、p302～の記載の計算式の通りに消費税と関税を合わせた額を計算します。比較的関税がかからない商品が多いので、Excelでは消費税だけがかかる場合の計算式を入れています。関税がかかる場合は、関税額も含めて計算してください。

消費税＝（③仕入単価＋④海外内送料＋⑤海外転送料）×0.1

F3 =(C3+D3+E3)*0.1

| | A | B | C | D | E | F |
|---|---|---|---|---|---|---|
| 1 | | | | | | |
| 2 | 仕入日 | 商品名 | 仕入単価 | 海外内送料 | 海外転送料 | 消費税・関税 |
| 3 | | Q-WORKSHOP Call of Cthulhu Dice | 1,045 | 0 | 14 | 106 |
| 4 | ① | ② | ③ 1,045 | ④ 0 | ⑤ 14 | ⑥ 106 |

このサイコロは関税額がかからないので、（③仕入単価1,045円＋④海外内送料0円+⑤海外転送料14円）×0.1=約106円となります。

### ⑦国内送料：自宅か代行会社からAmazon倉庫までの送料(商品1個あたり)

### ⑧FBA手数料

p165に記載の通り、FBA料金シミュレーターのAmazonの販売手数料、FBA出荷作業手数料、在庫保管手数料の合計を入力します。

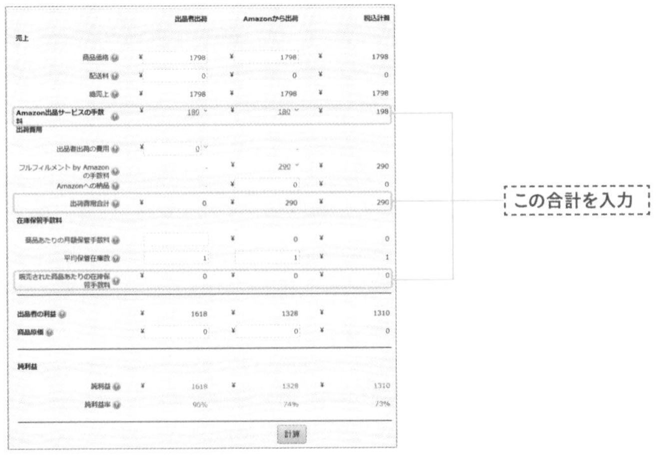

| | 出品者出荷 | Amazonから出荷 | 税込計算 |
|---|---|---|---|
| 売上 | | | |
| 商品価格 | ¥ 1798 | ¥ 1798 | ¥ 1798 |
| 配送料 | ¥ 0 | ¥ 0 | ¥ 0 |
| 総売上 | ¥ 1798 | ¥ 1798 | ¥ 1798 |
| Amazon出品サービスの手数料 | ¥ 180 | ¥ 180 | ¥ 198 |
| 出荷費用 | | | |
| 出品者出荷の費用 | ¥ 0 | - | |
| フルフィルメント by Amazon の手数料 | - | ¥ 290 | ¥ 290 |
| Amazonへの納品 | - | ¥ 0 | ¥ 0 |
| 出荷費用合計 | ¥ 0 | ¥ 290 | ¥ 290 |
| 在庫保管手数料 | | | |
| 商品あたりの月額保管手数料 | | ¥ 0 | ¥ 0 |
| 平均保管在庫数 | 1 | 1 | ¥ 1 |
| 販売された商品あたりの在庫保管手数料 | ¥ 0 | ¥ 0 | ¥ 0 |
| 出品者の利益 | ¥ 1618 | ¥ 1328 | ¥ 1310 |
| 商品原価 | ¥ 0 | ¥ 0 | ¥ 0 |
| 純利益 | | | |
| 純利益 | ¥ 1618 | ¥ 1328 | ¥ 1310 |
| 純利益率 | 90% | 74% | 73% |

計算

このサイコロの場合は、左ページの図のようにAmazonの販売手数料180円＋FBA出荷作業手数料290円＋在庫保管手数料0円＝470円となります。

在庫保管手数料に関しては小さいものや標準サイズの商品はほぼ掛かりませんので、計算に含めなくても問題ないと思います。しかし大型サイズの商品は保管料が多く掛かる場合があるので、よく計算した上で仕入れてください。FBAシュミレータに記載がある保管料は１ヵ月売れなかった場合の保管料です。

**⑨販売価格：**Amazonの販売価格を記載

**⑩利益単価**

利益が自動で計算されるように関数が入っています。

利益単価＝⑨販売価格—③仕入単価—④海外内送料—⑤海外転送料—⑥消費税・関税—⑦国内送料—⑧FBA手数料

**⑪利益率**

利益率が自動で計算されるように関数が入っています。

利益率＝⑩利益単価(利益)÷⑨販売価格(売上単価)×100

**⑫重量：**商品1個あたりの数量。先にお伝えした通り、商品ページやFBAシミュレーターに記載の重量を入力

**⑬総重量：**⑫重量×⑭個数

**⑭個数：**仕入個数

**⑮仕入原価：**仕入れた合計金額

仕入原価＝(⑨販売価格＋③仕入単価＋④海外内送料＋⑤海外転送料＋

⑥消費税・関税＋⑦国内送料)×⑭個数

**⑯売上高：**その仕入れで見込まれる合計の売上高

売上高＝⑨販売価格×⑭個数

**⑰利益：**その仕入れで見込まれる合計の利益額

利益＝⑩利益単価×⑭個数

| 国内送料 | FBA手数料 | 販売価格 | 利益単価 | 利益率 | 重量 | 総重量 | 個数 | 仕入原価 | 売上高 | 利益 |
|---|---|---|---|---|---|---|---|---|---|---|
| 0 | 480 | 1,798 | 151 | 8.4% | 0.02 | 2.00 | 100 | 116,710 | 179,800 | 15,090 |
| 0 | 480 | 1,798 | 151 | 8.4% | 0.02 | 2.00 | 100 | 116,710 | 179,800 | 15,090 |
| 7 | 8 | 9 | 10 | 11 | 12 | 13 | 14 | 15 | 16 | 17 |

このようにして、見積りが来た商品について利益が出るか精査できますし、⑰利益を見れば、目標の月利を達成できるかどうかの目安になります。

**例えば月利で10万円を目指しているのに、利益の合計額が5万円だともっと作業しなければなりません。**

月利で10万円を目指しているなら、余裕を見て仕入表の利益の合計額は1.2～1.5倍の12～15万円くらいを目標にしましょう。そうすると、月利10万円は必ず達成できます。

月利15万円の仕入れをするということになると、

**○1ヶ月で月利150,000円分の仕入れ**
**○2週間で月利75,000円分の仕入れ**
**○1週間で月利37,500円分の仕入れ**
**○1週間を5日とすると1日月利7,500円分の仕入れ**

を目標値に落とし込み、視覚的に毎日仕入表を見て行動できれば、あなたの目標利益は現実化します。

## ●オリジナル管理帳簿の使い方　～在庫表～

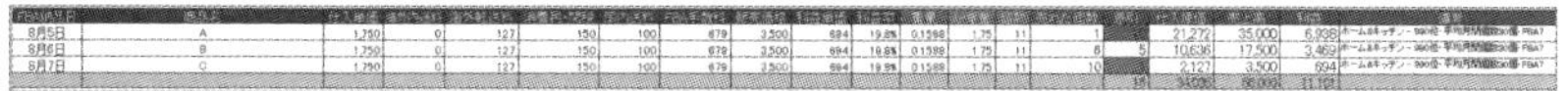

| [illegible] | [illegible] | [illegible] | [illegible] | [illegible] | [illegible] | [illegible] | [illegible] | [illegible] | [illegible] | [illegible] | [illegible] | 総重量 | 個数 | 売れた個数 | 差引 | 仕入原価 | 売上高 | 利益 | [illegible] |
|---|---|---|---|---|---|---|---|---|---|---|---|---|---|---|---|---|---|---|---|
| 8月5日 | A | 1,750 | 0 | 127 | 150 | 100 | 679 | 3,500 | 694 | 19.8% | 0.1598 | 1.75 | 11 | 1 | | 21,272 | 35,000 | 6,938 | [illegible] |
| 8月6日 | B | 1,750 | 0 | 127 | 150 | 100 | 679 | 3,500 | 694 | 19.8% | 0.1589 | 1.75 | 11 | 6 | 5 | 10,636 | 17,500 | 3,469 | [illegible] |
| 8月7日 | C | 1,750 | 0 | 127 | 150 | 100 | 679 | 3,500 | 694 | 19.9% | 0.1589 | 1.75 | 11 | 10 | | 2,127 | 3,500 | 694 | [illegible] |
| | | | | | | | | | | | | | | | 16 | 34,035 | 56,000 | 11,101 | |

在庫表は商品を買ってAmazonのFBA倉庫に納品したら付けるものです。

各項目は仕入表とほぼ同じなので省略しますが、仕入表についてはグレーにトーンダウンされているものがあったと思います。

私は商品を仕入れてFBA納品できた段階で、仕入表の商品を在庫表に移します。なぜかというと、**現在AmazonのFBA倉庫にいくら分の商品を納品していて、その商品で大体どのくらいの売上と予想利益が見込まれるか把握するためです。**

仕入表はたしかに大事ですが、商品を買ってFBA倉庫に納品することで初めて商品が販売できる状態になります。

**仕入表で目標利益を追うのも重要です。しかし、販売できる状態にあるものがいくらあって、その商品による予想売上、予想利益を見通すことが必須です。**

これを正確に視覚化できるのが在庫表です。

また在庫表をつけることで売れないものが何かをはっきり意識できるので、在庫に圧迫されないきれいな物販ができるようになります。

ちなみに商品のリピート仕入れを考える際も、この在庫表は使えます。

私の場合、次のように印を付けて、リピート仕入れできる商品を把握しています。

| 総重量 | 個数 | 売れた個数 | 差引 | 仕入原価 | 売上高 | 利益 |
|---|---|---|---|---|---|---|
| 1.75 | 11 | 1 | 10 | 21,272 | 35,000 | 6,938 |
| 1.75 | 11 | 6 | 5 | 10,636 | 17,500 | 3,469 |
| 1.75 | 11 | 10 | 1 | 2,127 | 3,500 | 694 |
| | | | 16 | 34,035 | 56,000 | 11,101 |

○在庫が十分あるものは差引の部分を青色
○在庫が半分くらいになってきたら差引を黄色
○在庫がなくなり至急リピート発注を考えるものは差引を赤色

## ●オリジナル管理帳簿の使い方　～売上表～

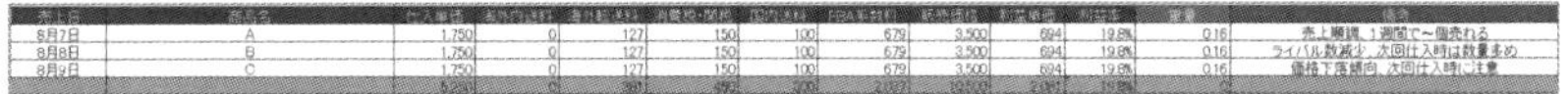

| 売上日 | 商品名 | 仕入単価 | [illegible] | [illegible] | 消費税・関税 | 国内送料 | FBA手数料 | 販売価格 | 利益額 | 利益率 | 重量 | 備考 |
|---|---|---|---|---|---|---|---|---|---|---|---|---|
| 8月7日 | A | 1,750 | 0 | 127 | 150 | 100 | 679 | 3,500 | 694 | 19.8% | 0.16 | 売上順調、1週間で～個売れる |
| 8月8日 | B | 1,750 | 0 | 127 | 150 | 100 | 679 | 3,500 | 694 | 19.8% | 0.16 | ライバル数減少、次回仕入時は数量多め |
| 8月9日 | C | 1,750 | 0 | 127 | 150 | 100 | 679 | 3,500 | 694 | 19.8% | 0.16 | 価格下落傾向、次回仕入時に注意 |
|  |  | 5,250 | 0 | 381 | [illegible] | 300 | 2,037 | 10,500 | [illegible] | 19.8% | 0 |  |

売上表は、商品が売れたら記載するものです(こちらも各項目は、仕入表とほぼ同じなので省略します)。

売上表を付けることで実際にいくら売上げ、どれくらいの利益を得たか確認することができます。そして、目標の月利を達成できたかどうかを確認することができます。達成できなければ、何かしら改善点があるということです。

注意点としては、商品が売れた段階での販売価格が、仕入れた段階での販売価格と異なる場合があります。

**その場合はAmazonの手数料が変わるので、その時々で手数料内容を変えなければなりません。**

Aという商品が1つ売れたら在庫表から売上表に必要な部分だけをコピペして、売上表を記載します。さらに在庫表からAという商品を一つ差し引く、という流れで連動させながら使用していきます。

この管理帳簿は「仕入表」「在庫表」「売上表」の3つで構成されていますが、よく見かけるのが、この3つすべてを一つのシートでまとめて管理するパターンです。

ですが、**一つひとつのシートに分けることで役割を明確にし、商品や資金の流れを見えやすくしているので、私はこの帳簿を手放すことができません。**

物販経験者の方ならわかると思いますが、物販ではキャッシュフローの管理は思いのほか重要になってきます。

Amazon物販ビジネスをしている人の多くがやりがちなのが、Amazonの管理画面を見て「月の売上が〇〇万円ぐらいで大体の利益率が〇〇％ぐらい利益出ている！ 稼げている！」のようなざっくりした感覚をもってしまうことです。

初心者のうち、つまり扱っている商品数が少ないうちはまだいいでしょう。しかしだんだん商品数や扱う金額が増えてくると、いずれ限界が来ます。

適正な在庫管理ができなくなると資金繰りが苦しくなります。また、お金の流れがわからないことは精神的にも不安なので、必要以上に仕入れを躊躇してしまうことになります。

物販を始めたばかりの人には実感がわかないかもしれません。しかし、これは本当に重要なことです。私もしっかりと帳簿をつけることでお金の流れを把握することで、仕入れが怖くなくなりました。月利100〜200万円に到達できるようになったのも、帳簿をつけて適切な仕入れ量を判断できるようになってきたからだと思っています。

お金の管理があやふやになっている方はぜひ帳簿をつけてください。

**【動画】管理帳簿を使った目標設定の方法**

https://www.youtube.com/watch?v=knyR_HtEJnw

(17分30秒のところから見てください)

# 商品の最低ロット数が多い場合はどうするか?

## ロットと海外送料を下げる交渉をする

メーカーから提示された最低ロット数(最低発注数量)が多い場合があります。例えば「最低でも100個注文してください」「100個単位でお願いします」と言われる場合です(とは言っても、ロットがない場合やロットがあっても少額で済むケースが多いので、ご安心ください)。

ロットが仮に大きな場合は、その商品の売れ行きをまずしっかり確認する必要がありますが、初回から大きな個数を仕入れるのは不安ですよね。

その場合は、初回仕入れは、まずは売れることを確認することが大切なので、

**「初回はテスト仕入れしたいのでロットを下げてください。最初はこの型番とこの型番を〇〇個ずつでいかがですか? 多少卸値を高くしても構いません。次回から仕入れ個数を増やしますので」**

と交渉してみましょう。交渉すると話が通って最低ロットを下げてもらえることも少なくありません。

なぜかというとメーカー側も商品をより多く販売してほしいからです。初回仕入れ時は「まずは売れるかどうかを試す」というスタンスが大事です。最初から大量仕入れでリスクを負うよりは、素直にロットを下げてほしいとお願いしてみましょう。

この考え方は国内メーカー直取引も海外メーカー直取引も一緒ですが、海外メーカー直取引の場合は1点注意点があります。それは先にお伝えしたように少量仕入れの場合は海外送料が高くなってしまうことです。

そのため、個数を少なめに仕入れるような場合は、

**「今回は少量仕入れになりますが、次回たくさん買った場合、海外送料の目安を教えてください」**

**「もっと安い配送会社ないですか？」**

と確認するようにしましょう。場合によっては、マイナーではあるものの、安価な配送会社を紹介してもらい、送料を抑えられることがあります。

もちろん初回仕入れ時は、売れ行きを判断するために利益がほとんど出なくてもテスト販売した方がいいと思います。ただ、交渉してみると送料を安くできる可能性があるということを知っておいてください。

## 実際の商品の売れ行きを定点観測して販売可能数を判断する

一方、最低ロット数や海外送料を下げる交渉をしても、下げてもらえないこともあります。この場合、Keepaなどのデータの数字を見て、「そんなに売れていない、この商品は買えない。ダメだ……」と諦めてしまう方がいます。

しかし、先にお伝えしたように、Keepaなどのツールのデータは目安でしかなく、正しく計測できないことも少なくありません。

**そこで諦める前に、ライバルの在庫数を確認して、日ごとか週ごとに在庫数の増減を確認しましょう。**p188〜で書いている定点観測です。Keepaなどのデータに頼るより、少し時間はかかりますが定点観測の方が明らかに正確です。

例えばライバルの在庫数が97個で、翌週90個になっていれば、1週間で7個、1ヶ月で28個売れていると定点観測するとわかります。Keepa（キーゾン）のデータでは全然売れていないのに、定点観測してみたら何倍も売れていたということは結構多いので、諦めずに試してみてください。

冒頭のケースで、Keepa（キーゾン）のデータでは10個しか売れていないけど、定点観測してみたら100個売れているとしたら、メーカーの提示通りの最低ロット数を購入できることになります。これは十分あり得る話です。

仕入数を決めるときは、Keepa（キーゾン）だけでなく、定点観測によって最低ロット数を買えるか否かを判断していきましょう。

## 最初は1ヶ月分を目安に在庫を持とう

基本的にはAmazon物販初心者の方は、1ヶ月で完売するであろう個数をメーカーから購入し販売してもらいたいです。ただし、メーカーが要求してくる最低ロット数が多い場合は、1ヶ月分以上の在庫を持つ場合もあり得ます。**その場合は各々の資金力によって仕入れるか否かを判断することになりますが、判断がつかなければ、在庫の目安は大体持って最大3ヶ月くらいまでかと思います**(資金力がある人なら売れる商品は半年分持ったり、1年分持ったりする人もいます)。

支払いについては、p263〜で詳しくお伝えしていますが、まずは安全性が高くて資金繰りも良いクレジットカードのPayPal払いをおすすめします。資金に余裕がある人で、商品のリピート仕入れであれば手数料の安い海外送金(Wise)をおすすめします。

06

# 利益率が何%なら仕入れるか?

## 初回は低利益率でも仕入れることがおすすめ

初回仕入れは少量テスト仕入れなので、赤字でなければ低利益率でも仕入れて、Amazonで売れる感覚を掴んでみることをおすすめします。特に初めて海外メーカー直取引をやる人は、まずは経験を積むという意味で思い切って仕入れた方がいいでしょう。**利益トントンでもAmazonで売れる感覚が作れれば、その経験がプラスになりますし、次回から仕入数を増やすと、海外送料を安くできるので利益率を上げられます。**

海外メーカー直取引で早く結果を出せる人は、Amazonで商品が売れる経験を積んで売れる感覚を身につけた人です。ですから最初は利益率よりは売上を作ることを意識してほしいと思っています。

また利益率も大事ですが、低利益率でも毎月安定した利益が出るなら、それで良いですよね。利益率よりも利益額、まず売上を立てることが大事です。

## 利益率の基準

**海外メーカー直取引は、国内メーカー直取引よりも利益率が少し高めで、だいたい15〜30%です。**しかし、始めたばかりの人が最初から20%以上などの高い利益率を設定してしまうと、なかなか仕入れができないでしょう。

海外メーカー直取引の場合は、だいたい最低利益率を10〜15%としている人が多いので、**利益計算して回転が良さそうなら利益率5〜8%でも仕入れてみるといいでしょう。**データを見て売れる商品を買うのでリスクは低いはずです。

利益率が10％を切ると仕入れを躊躇するライバルセラーも多いので、5〜8％の利益率の商品はライバルが少ない傾向にあります。

特に最初は売れるかどうか確認することが大事なので、利益率5〜8％で仕入れて、徐々に自分のなかで利益率の設定を高めていけばいいでしょう。継続して作業を行えば利益率20％前後のメーカー商品も現れてきます。

## 2回目以降の仕入れで利益率を上げることも可能

1回目の仕入れはテスト販売なので少量発注を心がけてほしいところです。しかし売れることがわかれば、2回目以降の仕入れで数量を増やして送料だけでなく、価格交渉で卸値を下げ、利益率を引き上げることができます。**メーカー直取引はメーカーと長期的に繋がることで、利益率を作ることが可能なのです。**

例えば最初は利益率10％で仕入れていたのが卸値を下げてもらって、利益率が20％を超えることもあります。利益率を下げるためには卸値と送料を安くしてもらわないといけないので、購入数量は多めにする必要はあります。しかし、**メーカーから信頼を得られれば、ほぼ確実に利益率は上がっていきます。**

これは転売ビジネスではできない、メーカー直取引の魅力の一つと言っていいでしょう。最初から利益率の良い商品はライバルが当然多くなります。最初は低い利益率で、長い付き合いで利益率を上げていくことで息の長い商品になり、ライバルと差別化した仕入れが可能になります。**メーカー直取引は、利益率が自分次第でいかようにもなるのです。**

07

# もらった見積りで<br>利益が出ないときの交渉術

## どうしても利益が出ない場合は交渉する

先ほど低利益率でも最初のうちは、商品を仕入れた方がいいという話をしました。そうはいっても、利益が出る見込みがない場合は、先ほどお伝えしたように卸値や送料を安くしようと交渉するようにしましょう。

利益が出ない場合、たいていの方は諦めます。**しかし、諦めずにメーカーと交渉すると卸値が安くなるケースも少なくありません。**

私のコンサル生での実例として、最初は定価の40%オフだったのに、**「これでは利益が出ません。もっとたくさん買えるようにしますので他に条件はありませんか?」**と聞くだけで、定価の50%オフになった方もいます。「もっとたくさん買えるように」と言っていたのに、ロット数など何も条件面は変わらなかったそうです。

このような交渉が10社中、1社でも成功すれば、あなたの勝ちです。他の人はすぐ諦めてしまって、この条件を引き出せないので、この時点で差別化できます。

## 単純に仕入れ数量を増やした場合の掛け率を聞く

もらった見積りで利益が出ない場合の対応をもっと細かくお話します。最初にもらった見積りで20～30％オフの場合は、1個からの掛け率を提示されている場合があります（そもそも1個では送料負けしますが）。そのため、一番掛け率（卸値）の安い人はどういった条件で買っているのかを、メーカーに聞いてみるのもありです。特に利益が出ない商品なのにライバルセラーが多い場合は、仕入数量を増やして卸値を下げている可能性があります。

## この見積りではAmazonで利益が出ないと伝える

本書に従ってメーカーと交渉しているならば、正直にAmazon販売である旨はメーカーに伝えているはずです。その場合、この見積りではAmazonの販売手数料と送料を差し引いた後では利益が出ないことを、正直に伝えましょう。そのうえで、次のことを交渉してみましょう。

**●仕入れ数量を増やした場合など卸値が変わったりするのか?(メーカーの方から提示してくれる場合があります)**
**●今後長期的にお付き合いさせていただくことで卸値を安くしてもらえることはあるか?**
**●現在Amazonで販売している人がいれば、同じ条件にするにはどうしたらいいか?**

## 海外送料を高く見積りすぎている可能性を疑う

p296～では、海外送料の見積りをお伝えしましたが、あくまでも目安でしかなく、請求書をもらったら、実際はもっと安かったということがあります。例えば先ほど見積り精査の例として紹介したサイコロメーカーは、実際の送料は数量に関係なく一律49ドル（5400円程度）と、変わった送料体系でした。

このように見積りで利益が出ない場合、海外送料を実態より高く見積りすぎてしまうことがあります。それではみすみす大きなチャンスを逃してしまうことになるので、なるべく実際の請求書を見て判断するようにしましょう。それか、実際の送料を直接海外メーカーに聞いてみても良いでしょう。

もし、高すぎる場合は、送料を安くできるように交渉してみてください。

08

# リピート発注について

## 2回目のリピート発注時の仕入れ個数判断の考え方

ここまでの流れをうまく実践できた方は、メーカーとうまく繋がることができるでしょう。ここではメーカーとうまく繋がり、1回目の発注を行い、商品が売れたことを見越して、2回目のリピート発注をどのように行うか、その考え方をお伝えします。

まず、初回仕入時のテスト販売で売れ行きを確認すると、実際にひと月で何個ぐらいが売れるかが実績値として測れます。その実績値をもとに2回目を発注すればいいだけです。

**この時点では、Keepaのデータは一切見ません。実際に販売したご自分の実績値があるので、それをもとに2回目のリピート発注をかけていきます。**

例えば初回に10個仕入れを行い、1週間で10個販売できたのであれば、1ヶ月に40個売れることが予測できます。そうなると「2回目の仕入れでいきなり40個を仕入れるのは不安だから、ひとまず20個仕入れてみよう！ そして仮に20個が2週間で売れたら、3回目の仕入れは40個試そう！」など具体的な戦略を立てて、資金力やメーカーからの最低発注数量を考慮して、どの程度の在庫を持つか判断していきましょう。

## 在庫切れは極力防ぐ！

利益を安定的に出していくためには、在庫切れがないように商品を補充する必要があります。始めたばかりの方の場合、在庫が残ることに恐怖感を持つ方が多いのですが、当然在庫切れにも注意しないといけません。在庫切れはせっかくの利益を得る機会を損失することになってしまいます。

**目安として1.2～1.5ヶ月分の在庫を少し多く持つことで、在庫を切らさずに1ヶ月に1度のリピート発注で利益を上げていくことができます。**

例えば「今月は1ヶ月で40個売れたから、来月在庫切れを確実に防ぐため50～60個発注しよう」という具合です。

## リピート発注のタイミング

Amazonには大口出品者のみに、販売向上につながる情報を提供してくれる「Amazon出品コーチ」というサービスがあります。

下の図のように、「Amazon出品コーチ」を見ることで、在庫切れになる前にリピート発注のタイミングを効率よく確認することができます。

目安ではありますが、在庫がなくなるまでに日数も載っているので、いつ頃リピート発注すれば良いか計画を立てることができます。

Amazon出品コーチの他に「在庫健全化ツール」といったものもAmazonはあります。こちらもリピート発注時に参考になるので、一度ご確認ください。また通常商品が売れればセラーセントラルのトップ画面に「在庫の補充」といった画面が左のほうに出てきますので、そちらもご確認ください。ただ、推奨される数量はあてにならないのでご注意ください。

### Amazon出品コーチ

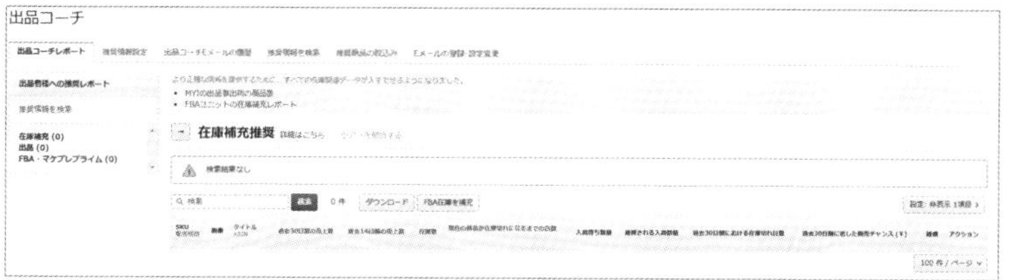


## リピート発注する日を決めておく

まだ最初で扱っている商品が少ないうちはいいのですが、扱う商品が多くなると、毎日在庫確認をするのは大変かもしれません。

在庫切れを起こさないようにリピート発注するのは大事ですが、だんだん扱う商品が増えてきたら1週間に1回など、リピート発注する日を決めておくといいでしょう。

資金的に余裕が出てきて、2〜3ヶ月分の商品を仕入れることができるようになれば、月初めと月の中旬の、月2回程度でいいでしょう。安定したメーカーが複数見つかれば、月に2回メーカーに発注をかけるだけで利益が出るとは、こういう状態のことを言います。あとの時間は自由に使えます。

## 赤字メーカーリストを付ける

転売よりもメーカー取引は販売価格の変動が少なく、リピート発注でき、長期的な利益になる場合が多いです。ただ、ライバルの増加で販売価格が以前売っていたときよりも下がることはメーカー取引でもありますし、時には利益が出なくなることもあります。

**しかし、この場合は一定の期間を設けることで、販売価格が元に戻るケースもあるので、私は「赤字になったメーカーリスト」を付けています。**

一度価格が荒れたメーカーには、「Amazonの販売者を限定化した方がいい」と交渉すると話が通じる場合が多いです。なので、私はこういった赤字メーカーリストをきちんと付けており、定期的に見返しています。

COLUMN

## 卸値交渉がうまくいくのはどっち?

見積りで利益が出ないときや、リピート仕入れのときは、卸値を下げる交渉をすることがあります。転売ビジネスでは卸値を下げて利益率を上げるようなことはできませんから、ぜひチャレンジしてほしいと思います。

さて、メーカー商品の卸値を下げたい場合、あなたはどのように交渉していますか?

**①○個買った場合、卸値はいくらになりますか?**

**②○個買うから1個△円にしてください**

ロット数を増やすことを条件に卸値を下げる交渉をする場合、だいたいこの2パターンかと思います。

ただ、個人的な意見としては①の交渉の仕方がいいと思っています。②だと最安値か分からないし、メーカーに無茶ぶりして「めんどくさい」と嫌われる可能性があるからです。Chapter8〜9でも、卸値の交渉の例はお伝えしていますが、「△円にしてください」とは一言も書いていませんね。例えば、「今後もっと沢山の量を定期的に買うから今より良い条件を頂くことはできますか？(今の卸値より安くなりますか？)」という交渉の仕方です。

卸値を安くしてもらう交渉をする場合は、強引に値段を指定するのではなく、相手から聞き出すようにしましょう。

このように交渉すると、「メーカーが答えやすい」「様々な条件を提案してもらえることがある」「最安値を引き出せる場合がある」と、お互いにメリットとなる条件を引き出せることがあります。①のような聞き方をすることで、メーカーも丁寧に答えてくれます。

ただ、メーカーから交渉して提示してもらった卸値が、まだ高いと感じるならば、「毎月このくらい買うから○円でお願いできませんか?」と聞いてもいいでしょう。段階を踏んだ方がスマートな対応と言えますね。

メーカーとの交渉と言っても、一方的に自分にとって利益になることを話すわけではありません。お互いにwin-winとなる方法を一緒に考えるという気持ちで交渉していくようにしましょう。

Chapter 9

# 月利100～200万円を達成させよう！

## ～海外メーカーと信頼関係を築き上げて利益を増やす方法～

メーカー直取引で一番重要なことは、メーカーと信頼関係を築き、長期的な安定利益を得ることです。ここでは、リピートするメーカーに対するさらなる値下げ交渉の方法、Amazonの販売者の限定化、独占契約といった、長期安定的な利益構築の方法をお伝えします。さらに作業に行き詰まったときの改善点についてもお伝えします。ここをマスターすることで、1日2～3時間の作業で月利100万円を達成するのも全然夢ではありません。

01

# 最も重要なことは<br>メーカーと深く付き合い<br>信頼関係を構築すること

冒頭でもお伝えしていますが、海外メーカー直取引の本当の魅力はメーカーと深く付き合うことができること。商品の仕入れを続けながらメーカーのニーズや悩みを引き出して、それを解決できるような提案をすることで信頼関係を築くこと。**そうすることで価格交渉して卸値を下げたり、Amazonの販売者を限定化したりしてもらい、結果的にライバルと差別化が可能になり、毎月の利益が階段状に伸び続けるようになります。**さらにメーカーと長く関係が続けば独占契約を取れることもあります。

転売だと利益が一過性のものなので、メーカー直取引のように階段状にはなりません。しかし、メーカー直取引の場合は自分だけ価格交渉をうまくこなしてライバルから一歩差別化した状態になれます。また、Amazonの販売者を自分や少数のライバルセラーだけにメーカーから絞ってもらうことで、他のライバルとの差別化ができます。**このような利益を残す差別化が実行しやすいところに、メーカー直取引最大のメリットがあります。**

もちろん最初はたくさんのメーカー商品をリサーチし、取引先をまず増やすことが重要です。でもそれだけではライバルとの本当の差別化はできないので、もう一歩先へ進む必要があります。**そのライバルから一歩先へ行く差別化の方法をこれからお話します。**

# 02 長期的に付き合える メーカーの見つけ方

そもそも「長期的に付き合えるメーカー」にはどうしたら出会うことができるのでしょうか?

「長期的に付き合えるメーカー」とは「長期的に利益を上げ続けることができるメーカー」ということなので、ライバルと差別化する必要があります。差別化しなければ売れた商品にみんなが群がり、メーカー直取引でも販売価格が必ず下がります。その負のスパイラルから抜ける必要があるのです。

**「長期的に付き合えるメーカー」の見つけ方は、一言で言うと「ライバルがあまりやらないことを実践する」です。**

例えば、とある海外メーカーにメールして、1回目の返信ですぐ見積りがもらえて利益が出るようなところは、こちらとしては嬉しいです。しかし、このようなメーカーの商品で長期的に利益を出すのは難しいでしょう。メールしてすぐに取引が成立するということは、他のライバルセラーに対しても同じ対応をしている可能性が高いためです。

つまり、すぐに取引が決まるメーカーの場合はすでにライバルがたくさんいる可能性が高く、そうでなくてもいずれライバルがうじゃうじゃいる状態になります。そうなると、転売ほどでなくても販売価格が崩れやすいでしょう(すぐに取引が決まるメーカーでまだ利益が出るなら、先にAmazonの販売者を限定することを提案していきましょう)。

もちろん、こういったメーカーでも誠実に付き合えば長期的な付き合いが可能になります。しかし、より長期的な付き合いができるメーカーと出会うには、さらに踏み込んでライバルがあまり手を出さないこともする必要があります。

Chapter6～8でもお伝えしていますが、具体的に一例を挙げると次のようなことです。

**●Amazon販売を断られても理由を聞くなど、すぐに諦めずに対応しているか?(p257～)**
**●Amazon販売を断られても、楽天やYahoo!ショッピングなど他の販路を提案しているか?（p260～）**
**●低い利益率でも、リピート時の価格交渉（利益率アップ）を見据えて商品を仕入れているか?（p319～）**
**●海外送料が高くて利益率が低い場合、送料を下げる交渉や、安価な配送会社を紹介してもらっているか?（p322～）**
**●利益の出ない見積りが提示された場合は、メーカーと交渉しているか?(p322～)**

こういったことは、ライバルセラーは基本的にやりたがらないか、知らずにチャンスを逃しています。しかし、このようなライバルセラーがあまりやらないことこそ、大きなチャンスがいくつも転がっているのです。

また、メーカーの立場に立って交渉する習慣を普段から身につけることで、メーカーと信頼関係を築くスキルが身につくようになります。

「最初はだめだったけど、交渉してみたら意外とあっさり話が通った」ということは海外メーカーでも珍しくありません。交渉と言っても難しいことではありません。**基本的にはメーカーの困っていること、知らないことに対して新しく提案をしていくことです。お互いにwin-winになるような方法を探っていくのです。**

このような経験を重ねていくと、メーカーと交渉するのが楽しくなることもあるでしょう。ぜひ、ライバルがあまりやりたがらないようなことにも挑戦して、長く付き合えるメーカーを増やしていってください。

03

# リピートする<br>メーカーに対する価格交渉

## リピート仕入れでは積極的に価格交渉をする

長期安定的な利益を確保するためには、ライバルと差別化することが大事というお話をしました。ここからは実際どうやって差別化していくかをお話します。

まず簡単なのはリピート仕入時の価格交渉です。**ライバルから数%でも安い価格で商品を買えたなら、それだけでもあなたの勝ちです。**なぜかというとライバルが利益トントンもしくは赤字でも、あなたは利益が残るからです。

ライバルは赤字が続くようであれば「この商品では利益が出ない」と判断して撤退します。つまり、価格交渉することで利益率を上げるだけでなく、ライバルとの差別化が可能になります。

メーカーには販売者がたくさんの商品を買ってくれない、継続して定期的に商品を買ってくれないという悩みが尽きません。利益が出なくなったらすぐに撤退されては、メーカーとしても困ってしまいます。「お金の切れ目が縁の切れ目」では、お互いに悲しいですよね。

価格交渉というと、こちらが一方的に得するための提案と思われがちですが、メーカーにとっても上記の問題を解決する有効な手段なのです。つまり、お互いにwin-winの関係で、メーカーと長く関係を続けやすくなります。

Chapter7～8でお伝えしてきたように、**初回仕入れは商品が売れるかどうかのテスト販売なので、利益トントンでも仕入れた方がいいです。**しかし、海外メーカー仕入れでは少量仕入れのままでは海外送料は高いままですし、卸値も高いままです。2回目以降の仕入れのタイミングでは、徐々に購入数量を増やしながら、価格交渉も積極的に行っていきましょう。

**最初にもらった見積りで薄利でも、価格交渉を行うことにより利益率をさらに高めることができます。特に購入数量を増やした場合は卸値を低くできる場合が多いので、初回仕入れは薄利なメーカーでも十分な利益がとれるメーカーに作り変えることができます。**

国内メーカーと違って、海外メーカーは電話したり直接会ったりする機会はほとんどありませんが、それでも価格交渉は十分可能です。

## 価格交渉のポイント

そこで、具体的にメーカーと価格交渉していく際のポイントについてお伝えしていきます。次の観点で価格交渉して、お互いwin-winになる形で、見積りにはない価格で仕入れ、ライバルと差別化し、利益率を高めていきましょう。

### ①ロットを増やす

初回よりも購入数量を増やせるようであれば、**「もっと多く買うので卸値を下げていただけませんか？」**というような交渉をしてみましょう。

ロットを増やすというのはメーカーにとっては一番嬉しいことですから、交渉もやりやすいでしょう。

月に1〜2個しか売れないような商品に対してロットを増やすのは難しいですが、回転の良い商品であれば可能です。

**購入数量を増やしていく過程で卸値を下げる交渉をしたり、最初から購入数量ごとの卸値を確認したりしておくといいでしょう。**Chapter7で紹介したサイコロメーカーのように、購入数量ごとの割引率を教えてくれるメーカーもあります。

また資金力にもよりますが、ライバルより卸値を下げるために例えば、3ヶ月分くらいの在庫を持つのもいいでしょう。

### ②メーカーに条件を聞く

正直購入数量を増やすというのが卸値を下げる一番簡単な方法です。なので①を試してほしいですが、さらにライバルとの差別化を図るために他の聞き方もあります。例えば**「今の卸値よりも安くなる条件は他にありますか?」**とメーカーに思い切って条件を聞いてみましょう。

だいたいの場合は購入数量の上限をあげることが求められますが、取引年数や実績によっては、今と同じ条件のままで卸値が下がることもあります。

「たくさん買うから安くしてほしい」だけでなく**「安くなる条件を教えてくれませんか?」**と言葉の言い回しを変えることで、メーカー側も安くなる条件を考えてくれるメリットがあります。

また、海外送料についても、同じように交渉してみてもいいでしょう。

### ③1回だけでなく2回、3回と卸値を下げることも可能

長期的にメーカーと深く付き合えば、一度価格交渉をして下がった卸値をさらに2回、３回と下げていき特別単価を得ることも可能です。メーカーも継続して定期的に購入してくれる販売者と見てくれるためです。

**最初にもらった見積りにない卸値で販売できることにより、ライバルとの差別化をすることができて利益に大きな差が出ます。**

04

# Amazonの販売者を限定化してもらうには?

## メーカー直取引ならば価格崩壊を防ぐことが可能

利益の出るメーカーと取引が決まり、リピート発注ができるメーカーを増やしていく。そこでメーカー取引は終わりではありません。

単純なメーカー取引だけでは、いずれライバルが増えて価格崩壊を引き起こし、利益の出ないメーカーになってしまう可能性があります。こういったことを繰り返すと結局、また別のメーカーをリサーチし続けることになってしまいます。これでは転売と変わりません。

しかし、メーカー直取引では、このような価格崩壊を防ぐことができ、自分とメーカーの利益を守ることができます。転売では価格崩壊のリスクをコントロールできません。

**価格崩壊を防ぐ方法の一つは、メーカーにAmazonの販売者を限定化してもらうことです。**

メーカーと長く深く付き合っていくなら、Amazon販売者の限定化の交渉は前項でお話した価格交渉とともに、必ず実践するようにしましょう。またAmazon販売者を限定化してもらうことから、何かしらの独占状態に結びつくこともあります。

## Amazonの仕組みを理解したうえで販売者限定化の交渉をする

楽天やYahoo!ショッピングと違い、Amazonは同一商品に対して複数のセラーがカートボックスを獲得するために最安値で販売する必要があります。

そのため、セラーが増えすぎて商品の販売数とセラー数のバランス（需要と供給）が崩れると、価格崩壊が起きます。

どういうことかというと、月にAmazonで100個売れる商品であれば、10人ライバルのFBAセラーが月に10個売れます。しかしライバルセラーが20人になれば月に5個しか売れず、半分しか売上が得られません。売上が落ちると何が起こるかというと、価格を下げて売り切ろうとする人が必ず1人は登場します。需要と供給のバランスは、このようにして崩れていきます。

しかもプライスターという価格追従できるツールがあるので、1人価格を下げれば他のセラーも自動的に一律価格を下げます。1,000円だった商品が990円、980円と価格を下げ、価格崩壊が起きてしまうのです。

**加えて一度でも価格崩壊が起きてしまえば、そのメーカー品のブランド価値が低下します。これは販売者にとってもメーカーにとっても脅威です。**

Amazonの商品の販売個数は一定で、いくらその商品を販売するセラーが増えても売上個数は変わりません。

こういったことを自らメーカーに伝えることで、Amazonの販売者を限定化してくれます。

## まずはメーカーの悩みを把握して解決策を伝える

メーカーにAmazonの販売者を限定化してもらうために一番大事なことは、メーカーの悩みを理解することです。多くのメーカーは次のようなことに困っています。

**①オンラインでの希望小売価格の大幅な低下に困っている**

解決策：Amazonは価格破壊が起きやすいプラットフォームであることを説明する。

**②Amazonで知らない人が自分の商品を販売している**

解決策：「自分は卸業です、Amazonでは販売しません」などと偽ってAmazon

で販売している人がいるので、顧客管理方法を教える。もしくは「日本の顧客管理を任せてもらえないか?」と提案する。

**③そもそもオンラインの知識がない**

解決策：Amazonの仕組みがよくわかっていないので、こういったプラットフォームの特徴があると、Amazonのことを詳しく伝える。

**④どうしてあんなに価格が一律に下がるのか分からない**

解決策：プライスターなどで自動的に価格追従するツールがあるのを知らないので、それを教える。

**⑤楽天、Yahoo!や他の実店舗より、Amazonの方が安く売られている**

解決策：価格を下げている人を特定する。メーカーには全ての取引先がどのプラットフォームで販売しているか、また月に何個販売しているのかなどを具体的に確認してもらう。それでも解決しなければシリアルナンバーやラベルなどを商品に付け販売者の特定を急ぐ。②でお伝えしたように嘘をついてAmazon販売をしている方が多い印象があるので、そういった方々の特定を至急動く、メーカーは海外にいることから動きづらいので、自ら積極的に協力できると良い。

まずはメーカーの困っていることを把握するようにしましょう。①〜⑤は大体のメーカーが困っていることなので、**なぜ問題が起き、どうすれば解決できるのか提案できれば、メーカーの担当者に喜んでもらえます。**

しかし、海外メーカーは、国内メーカーに比べると悩みを聞き出したり、Amazonの仕組みを理解してもらったりなどの意思疎通がやりづらい面があります。そのため、「最近販売者が増えてきている」「価格破壊が起きるかもしれないので、販売者を限定してもらえないか?」と自分から進んで、ストレートに要望を伝えてもいいでしょう。

また、海外メーカーの場合は、英語のメールでやり取りすることが大半なので、p242〜でお伝えしたように、メールの翻訳を外注するといいでしょう。このような深い内容の交渉となると、さすがにGoogle翻訳やDeepLだけでは対応が難しくなります。だからこそライバルとの差別化が可能になりますので、ぜひチャレンジしてみてください。

あとは、価格崩壊が起きている段階で交渉すると、危機感を感じてもらいやすく効果的ですが、価格崩壊が起きてからでは元に戻すのに時間と労力が非常にかかってしまいます。そのため、ライバルが増えて価格崩壊が起きる前に、先手を打つということを意識していきましょう。

メーカーにメリットを与えられる最初の一人目になることが非常に重要です。交渉をしたその時は危機感を感じてもらえなくても、先手を打つことにより、**後で価格崩壊が起きたときにメーカーから頼られる存在になれることもあります。**上記①〜⑤は自分から早めに行動するようにしていきましょう。

## Amazonの販売者の限定化交渉の流れ

先に書いたように、Amazonプラットプラットフォームの仕組みと現状を伝えて、価格崩壊に対する危機感を感じてもらうようにしましょう。また、ライバルが増えすぎて一度価格崩壊が起きると元に戻すのに時間がかかる旨も、きちんと伝えておくようにしましょう。具体的には次の流れで、限定化交渉していくようにします。

**①カートボックスを獲得するために最安値で販売しないといけない。**
**②販売者の増加により、需要と供給のバランスが崩れた時に価格崩壊が起きる。ライバルが増えて自分の売上が落ちたら、必ず価格を下げようとする人が出てくる。**
**③プライスターなどのツールをみんな使っているので、一人が価格を下げると1分後にはみんな追従して価格崩壊が起きる。**
**④ライバルはセラーリサーチからKeepaなどのツールを使って、メーカーにメールを送ってくる。だから顧客を限定化しないとどんどんライバルが増えて価格崩壊が起きやすくなる。**

**⑤その商品の販売数は決まっているので、販売者を増やしても結果的に売上は変わらない。だから利益を守るためには販売者を限定化した方がメリットは大きい。**
**⑥現在Amazonで価格崩壊が起きている他メーカーの商品を例に、今後価格破壊が起きる可能性があると伝える**
**⑦価格崩壊によるブランド価値の低下によりAmazon以外の販路の販売店(実店舗など含む)からクレームが増加することを示唆する。**
**⑧ブランド価値を守り、クレーム抑止のためにAmazonの販売者は絞ったほうがメリットは大きいことを提案する。**

実際に、Amazonでも販売者が多ければ多いほど、商品がたくさん売れると思っているメーカーもあるので、しっかり上記のことを提案すれば喜ばれます。メーカーさんとの信頼関係は当然できてきますので、販売者を限定してもらうだけでなく、独占の提案をもらうこともあります。よければ下記動画も併せてご覧ください。

**●極秘交渉術**

https://youtu.be/V-f_BauWiHM

動画内のどれか1つでも良いので簡潔に伝えてあげることでメーカーの態度は変わります。もっとメーカーの気持ちを考えて丁寧に対応するだけでいいのです。その積み重ねが限定化や独占に繋がります。これが最も大事な部分で、ノウハウやテクニックは必要ありません。メーカーがあなたを他の誰よりも信頼するのであれば、逆に向こうから良い提案があるはずです。

05

# 商標権について

メーカー直取引において、仕入れるメーカーの商品が商標権を取っているかどうかはとても重要です。

例えば、とあるメーカーの「A」というブランド名の商標が通っていない場合があるとします。そうなると、「A」というブランドの商標を商標ヤクザと言われる人が勝手に無断で申請することがあります。登録が完了されてしまうと、その商品ブランドの価値が侵害される可能性があります。昔、タレントのピコ太郎さんの流行語「PPAP」が勝手に全然関係のない会社に商標登録され、トラブルになったことは覚えている方も多いでしょう。

上記のケースは厳密には違法なのですが、とても強い権利であるため、商標を取り戻すまでに裁判になり、費用が数百万円かかることがあります。私も海外メーカー直取引のケースで経験したことがあります。

また、あのアップルもiPadの商標権をめぐる訴訟に巻き込まれ、中国企業と争ったことがありました。アップルのような大手企業でも商標権のトラブルに巻き込まれることがあるのです。

**特に海外メーカーの場合は、国内メーカーに比べて商標権を取っていない、もしくは申請したけど無事に登録完了できずに抜け落ちているケースが多いです。**

J-Plat-Pat(特許庁の提供している登録商標が検索できるWebサイト)などで商標を登録しているか確認し、なければメーカーに確認してみましょう。商標権の登録を促すことで、思わぬトラブルを防ぐことが可能です。

このことがきっかけでメーカーさんと深く繋がれる可能性があり、私のコンサル生もそのおかげで独占の提案をもらった方がいます。

## J-PlatPatでの商標検索の方法

なお、上図のメーカーの商標の区分は「9」になりますが、さらに該当商品の詳細を知りたければ、特許庁の「類似商品・役務審査基準」で調べられます。

## 該当商品の商標をさらに詳しく調べる

### 特許庁「類似商品・役務審査基準」

https://www.jpo.go.jp/system/laws/rule/guideline/trademark/ruiji_kijun/ruiji_kijun11-2021.html

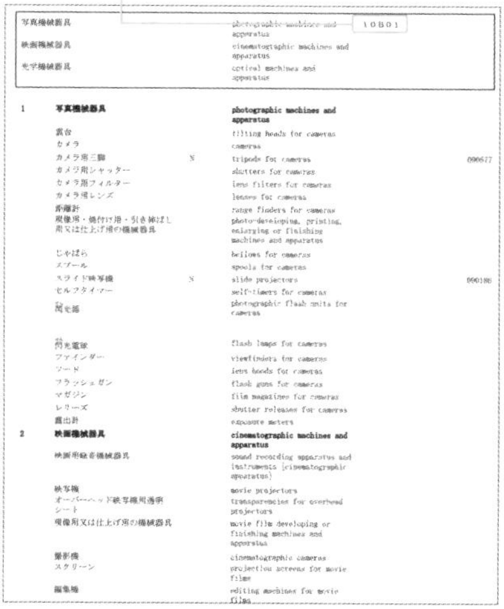


もし日本で商標を取っていない海外メーカーがあれば、商標を取るように促すのはもちろん、商標登録のサポートをしてもいいでしょう。

商標登録については、次ページの「Toreru」というサイトでスムーズにできます。また、ランサーズやクラウドワークスで弁理士を探すと、商標登録を外注できる人が見つかります。

### Toreru

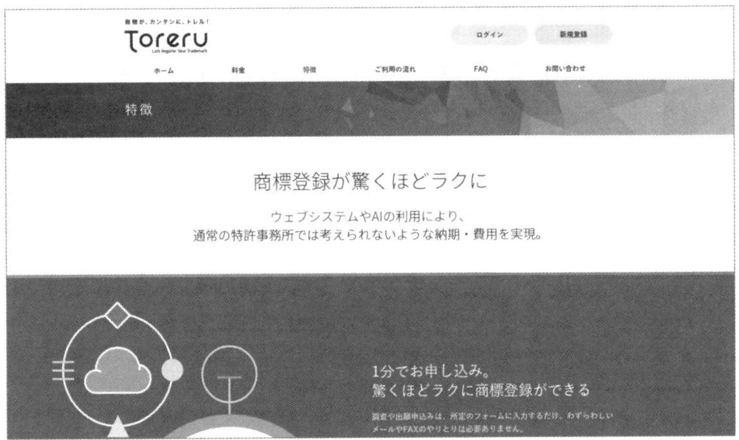


また、商標権の相談などは、「知財ポータル」などの公的機関を利用して無料で相談することが可能なので、不明な点があれば相談してみてください。

### 知財ポータル　https://chizai-portal.inpit.go.jp/area/

06

# 行き詰まったらどうする?

この章の最後に、行き詰まってしまってなかなか思うように稼げない人がどのようにして改善していけばいいかをお伝えします。

私がコンサル生を見ていて、稼げる人と稼げない人では次のような違いがあると感じています。

**稼げる人と稼げない人の違い**

| | 稼げる人 | 稼げない人 |
|---|---|---|
| メールを送る数 | 月間300社以上<br>※ただし、月利に応じて徐々に減らすのはあり | 月間300社以下 |
| メールの返信率 | 標準は30%程度<br>良くて40〜50% | 20%以下 |
| 成約率 | 30〜50社に1社以上。<br>パワーセラーリストが溜まるとさらに成約率は上がる | 30〜50社に1社以下 |
| リサーチ表 | 記入している | 記入していない |
| 仕入管理表 | 記入している | 記入していない |
| 定点観測 | している | していない |
| 目標達成の意識 | 自分のお金を稼ぐ意味を落とし込み、目標利益を達成する資金の考え方ができている | なぜお金を稼ぎたいかが曖昧で、目標利益に対する行動が伴っていない |
| リピート仕入れ時の価格交渉 | している | していない |
| 在庫切れ | 起こしていない | 起こしている |
| 販売者限定化交渉 | している | していない |

なかなか思うように月利が得られない、作業が行き詰まっているという方は、おそらく上記のいずれかに改善点があるはずです。

**逆に、チェックして上記を全部満たしていれば海外メーカー直取引で稼げないということはほとんどないです。ひとつひとつ改善を繰り返しながら成果を上げていきましょう。**

## メールを送る数が300社以下 (p238〜)

(p238〜)

私のコンサル生で、初心者の方の成約率の標準は30〜50社にメールを送って1社利益の出るメーカーの仕入れに至ります。つまり月間成約目標を10社とすれば、最低でも300社はメールを送らないといけない計算になります。

**メーカー直取引を始めたばかりの人は、メールを送る数が大事になってきますが、そもそもメールの数が少ない人が多いです。**

「なかなかメーカーから返信がない、成約しない」と行き詰まりを感じている人は、**まずメールの数を見直してみましょう。そして足りなければ改善していきましょう。**

月間300社と言っても、1日10社送れば良い計算です。30分もあればメールできる数です。私のコンサル生では1,000社送っていた人がいましたが、やはり早く成果を出していました。**メールした数が月に300社以下の人は、理屈抜きでメールを送る数を増やしましょう。**

また安定して取引ができるメーカーができると、ガツガツメーカーにメールを送る必要はなくなります。そのため、一生毎月300社メール送付していく必要はありません。安定したメーカーを見つけるために、人生で考えるとほんとわずかな時間だけ真剣に作業をしてほしいのです。

## 初回メールの返信率が悪い (p261〜)

初回メールの返信率が悪ければ、初回にメールにメールを送る文章が魅力的ではない、ということになります。

海外メーカーと国内メーカーでは、メールのコツが少し違います。海外メーカーでは、自分の要望をはっきり伝える簡潔明瞭な英文の方が好まれ、必要以上に長文だと敬遠される傾向にあります。

**数字を測った結果が悪ければ文章を見直し、適宜改善していきましょう。**

## 初回メールの返信率はいいが成約率が悪い（p321〜）

初回メールの返信率が良いのに、実際に仕入れに至る成約率が悪ければ、初回メール後のメーカーとのやり取りに何か問題があるということです。初回メールだけでなく、メーカーとのやり取りの文章や会社概要などを適宜見直しましょう。

例えば、断られたときも、すぐに諦めずに**「なぜだめなのか理由を教えてください」「他の販路ではどうですか?」**などとアプローチしているか?　見積りで利益が出ないときは卸値や海外送料を安くする交渉をしているか? など、Chapter7〜8でお伝えしたことを実践できているか見直しましょう。

## リサーチ表に記入していない（p216〜）

リサーチで大事なことは、しっかり記録して正しく作業すること。がむしゃらにリサーチしているだけでは成果は出ません。**効率的にリサーチするには、パワーセラーが扱っているメーカーを優先的にリサーチすることです。**

リサーチ表を活用することでパワーセラーリストが貯まっていきますし、視覚的にも正しく作業がきちんとできていると実感できます。必ずリサーチ表は記載するようにしましょう。

## 管理帳簿を記入していない（p307〜）

キャッシュフローの管理はとても重要です。最初は良いかもしれませんが、管理帳簿をしっかり記入していないと、いずれ資金繰りが苦しくなります。

お金の流れがわからないと明確な根拠を持って仕入れをするのが難しくなり、精神的にも不安になります。

お金の流れを把握することは安心して物販を行ううえでは重要なことですし、**適正に目標利益を管理するためにも管理帳簿は必ず活用しましょう。**

## 定点観測していない（p188〜）

Keepaやキーゾンなどのツールで月間の売上個数を判断しても間違っていることが多いです。時間はかかりますが、**初回の仕入れ判断のときは、しっかりと定点観測して明確な根拠で仕入数を判断しましょう。**

定点観測は初回仕入れのときだけ行えばよく、あとは初回のテスト販売時の実績値をもとに、2回目のリピート仕入れ時の仕入個数を判断していけばいいでしょう。

## 目標が曖昧（p192〜）

●自分がなぜお金を稼ぐ必要があるのか

●お金を手に入れたら何をしたいのか

●自分のやりたいことを実現するために月いくら稼ぎたいか?

●目標利益を達成するためにはどうしたら良いか?

●目標利益と現状の利益でどれだけギャップがあるか?

このようなことが明確な人と曖昧な人では、やはり大きな差が出ます。夢や目標が曖昧だと、モチベーションを維持することは難しいでしょう。

自分が何をしたいか願望が明確でないなら、夢リストを書いてみたりしてもいいでしょう。**そのうえで、しっかりと目標利益に対して自分がどれだけ行動しているかを数字で管理している人は、早く成果を出すことができます。**

## リピート仕入れ時の価格交渉をしていない（p331〜）

2回目の仕入れのときから掛け率を下げる交渉ができるならば、躊躇せず積極的に行いましょう。発注数量を増やしたり、取引実績や年数に応じて掛け率を下げたりしてくれるメーカーが多いです。

**最初から利益率の高いメーカーよりは、このように取引を重ねて利益率を段階的に上げていくほうが長い付き合いになることが多いです。**

## 在庫切れを起こしている（p323〜）

仕入管理表などを使って、在庫切れを起こさないように注意しましょう。在庫切れはせっかく売れるのに機会損失を作ってしまうことになるので、非常にもったいないです。

## Amazonの販売者の限定化交渉をしていない（p334〜）

価格崩壊を防ぐことは自分の利益もメーカーの利益も守られるので、Amazonの販売者の限定化は基本的にwin-winです。**オンライン販売の価格崩壊はメーカーも悩んでいることが多いので、基本的に感謝されるため、より長期的な付き合いに繋がるでしょう。**

すべてのことに関して言えるのは、**考えながら作業をしなければダメだ、**ということです。

Amazon物販ビジネスは、他のビジネスに比べても簡単だと私は思います。

ただ、がむしゃらに頑張ればいい、というものではないので、適宜今の自分はどこが悪いか数字を測りながら改善していくことが重要なのです。

## マインドができている人は成果を早く出せる

年齢を重ねるほど様々なことを経験するので、知識量も増え、物事に対処する柔軟性が上がります。私も自分より経験豊富な方とお話をすると「なるほどな」と感じることが多々あります。これはコンサル生とお話していても同じように感じます。コンサルをする立場にいながら、私自身も学ぶことが多いです。

一方、自分が意識しないと、年齢を重ねても変えられないモノがあります。それが「マインド」です。

「マインド」については、本当に年齢は関係ありません。例えば20代前半の若いコンサル生でもまったく弱音をはかず、日々黙々と頑張り、私と話す際は常に前向きな発言をします。ビジネスなので失敗はありますが、それを踏まえて行動している感じで、「この人なら大丈夫だ」と自分に安心感さえ与えてくれます。年齢関係なく、こういう姿は応援したくなりますし、実際にマインドができている方は成果が早く出ます。

一方で年齢を重ねても、どれだけ優秀な大学を出ていて頭が良くても「マインド」が弱いと感じる方はいます。こういう人はビジネスでなくても、うまくいかないことを誰かや何かのせいにする他責思考があります。例えばメーカー直取引を実践してみて、「私のノウハウが悪い」「本業が忙しくて時間が取れない」「妻が……」「子どもが……」と、書き出したらキリがないですが、これではどんなノウハウがあっても、正しい道筋が用意されていてもうまくいきません。それに、誰も応援したいと思わないので、いずれ人が離れていくでしょう。

偉そうなことを書いていますが、私も以前は他責思考でマインドが弱かったです。それに今でも気分が乗らないことはありますし、辛いことがあれば凹みますし、仕事が捗らないときはイライラもします。

でも、私はAmazon物販で独立を決意した日から、ビジネスを含め他人や、何かのせいにすることを辞めました。頭にマイナスなイメージがあっても、そのイメージを覆す発言をするようにしています。マイナスなオーラがある人や場所には近付かないようにしていますし、近付いても後で頭を切り替えるようにしています。

物事には成功する理由が常にあって、その第一歩が自分の心を整えること。うまくいく人は、共通してマイナスな発言が少ないので、マインドはとても大事だと思います。

Chapter 10

# 作業を外注化して自動で売上アップ！

## ～外注スタッフへの発注と作業簡略化のノウハウ～

Chapter9までの流れを継続して実践できれば、ある程度の安定したメーカーと複数社繋がりができ、実際の利益に結びついているはずです。これだけでもだいぶ自由な時間の中で利益が作れると思いますが、さらにあなたの時間を作るアドバイスをしていきます。ここでは、メーカー取引の作業を細分化し、外注化して利益を自動で生み出す仕組み作りについてご説明します。

# 作業を細分化して、外注できる工程を探す

まず、今まで話した海外メーカー直取引の作業工程を細分化すると、以下のフローチャートのようになります。

**海外メーカー直取引の作業工程**

①カテゴリーリサーチし、基準を満たすメーカーに交渉メールを送る

↓

②メーカーから返信、やり取りを英語で行う（希に英語やZoom、Skypeなどで電話する場合もあり）

↓

③メーカーから来た見積もり表を仕入れ表にて利益が出るかどうか精査する

↓

④薄利でも最初はいいので、取引が可能なメーカーを1社見つける

↓

⑤商品登録して商品をメーカーから仕入れる

↓

⑥商品をFBAに配送する

↓

⑦在庫表、売上表で売り上げ管理する

↓

⑧在庫切れをおこさないようにリピート発注

↓

⑨ここまでくれば怖いものなし。継続安定的な収入が実現

（④から）

⑩取引可能なメーカー商品を扱うライバルセラーをセラーリサーチして交渉メールを送る（リサーチ表を必ず付ける）

↓

⑪新たな取引できそうなメーカーとの英語メールの返信、やり取り（希に英語でZoom、Skypeなどで話す場合もあり）

↓

⑫新しいメーカーの見積もりで利益が出るかどうかを精査する

↓

⑬新たなメーカーとの取引が複数決まる（→⑤へ）

↓

⑭新たなメーカー商品を扱っているライバルセラーをくまなくセラーリサーチ

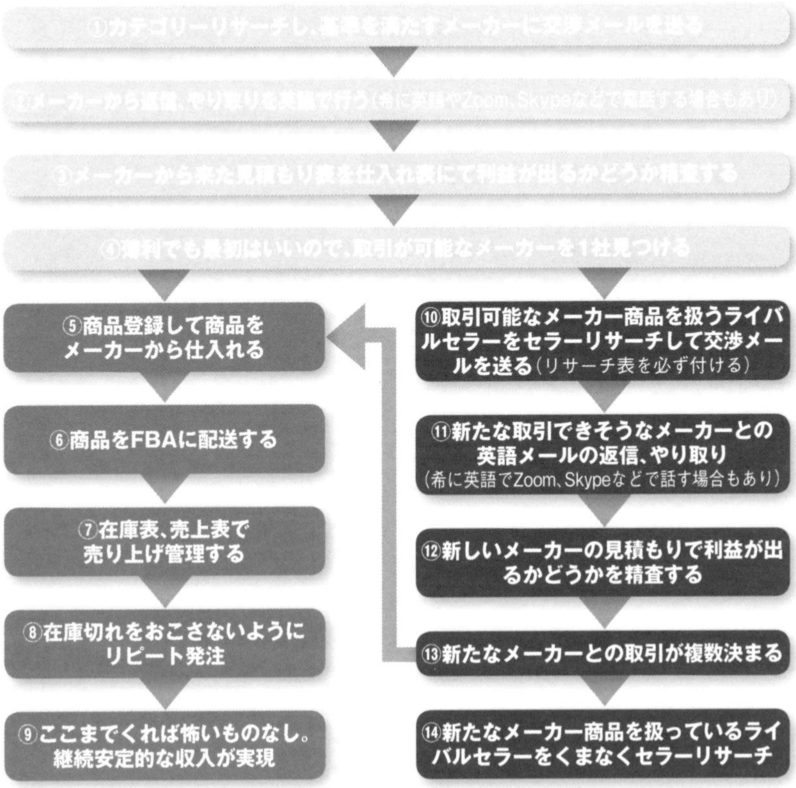

これらの作業のどこを外注化できるかというと、①②③⑥⑧⑩⑪⑫⑭あたりからがいいと思います。

細分化すると、外注することが多いかと思うかもしれませんが、大まかに外注することは次の5つにまとめることができます。**これだけ外注化できれば、自動的に売上がアップして自由な時間が増やすことになります。**

## リサーチからメーカーに初回交渉メールを送る作業（①⑩⑭）

カテゴリーリサーチ、セラーリサーチから、初回の交渉メールまでの作業を外注化することです。ある程度実績を重ねて取引するメーカーが増えたら、注力すべきはメーカーとの信頼関係を深め、長く取引を続けることです。その方が長期安定的な利益を積み重ねることができるためです。

**新規のメーカーリサーチ～メール送付までを外注化することで、取引が継続しているメーカーとのやり取りや新規メーカーとのやり取りに自分が集中できるため、効率よく利益を積み重ねることができます。**

リサーチからメールを送るまでの作業は慣れれば誰でも簡単に行うことが可能ですので、一番重要なメーカーとのやり取りにあなたは専念すべきです。

ただし、この中でもリサーチについては、この一連の作業はまずは自分でやらないと感覚がつかめません。自分で理解していないことを外注しようとしても、依頼内容を伝えられないのでうまくいきません。結果的にコストと労力を増やしてしまうことになります。

**そのため、まだ取引成立しているメーカーが少ないうちは、コツをつかめるまでは自分でリサーチをするようにしましょう。**

## メールの返信、やり取りの翻訳外注（②⑧⑪）

海外メーカーのメールのやり取りで、Google翻訳やDeepLで対応しきれない細かい内容を送る場合に翻訳を外注します。また、販売者の限定化や独占契約など、ビジネス展開があった場合もGoogle翻訳、DeepLだけでは対応しきれないことがあります。

その場合はランサーズやクラウドワークスなどで翻訳を外注しましょう。今の時代、英語ができる人や、英語力を活かしたい人は多いので、ランサーズやクラウドワークスでも簡単に外注さんが見つかります。

**ただ、最近はGoogle翻訳やDeepLも精度が上がっていますから、まだ長期取引のメーカーが少ないうちは、翻訳サイトの使用で構いません。**

外注さんと共有するメールアドレスを1個作り、自分のメールのやり取りを見せながら外注している人もいます。

## 海外メーカーへの電話代行（②⑪）

海外メーカーに電話したり、ZoomやSkypeで連絡することは最初のうちはまずありませんが、関係性が深まり、取引の規模が大きくなると、話す機会が発生することがあります。

**そのような場合は、海外メーカーへの電話（通訳）代行を依頼するといいでしょう。**

なお、国内メーカーの場合はメールの返信がない場合は電話が有効なこともありますが、海外メーカーの場合は急に電話すると嫌がられることがあります。電話代行するくらいなら、返信のないメーカーは諦めて、別のメーカーにメールした方が早いです。そのため、電話代行については、海外メーカーとの付き合いが深くなってきたら可能性があるくらいで、参考程度に留めておいてください。

**なお、Skypeなどの有料プランに入っている方でないと対応は厳しいので、募集依頼文ではその旨を伝えておきましょう。**

Skypeは、世界中に国際電話ができるサービスがあります。アメリカだけであれば、無制限で月額350円と安価です。また、「世界中どこでもプラン」

という、世界63ヵ国すべての国と一定量まで定額で電話できるプランもあります（月600円〜）。

海外への電話代行をしている人は、このようなサービスを使っている可能性が高いので、上記のような依頼文で十分応募があります。

●**Skype**　https://www.skype.com/ja/

## メーカーの見積りで利益が出るかどうかの精査（③⑫）

見積り表を仕入表に入れて、利益が出るかどうかを精査する作業を外注化することです。海外メーカーからもらった見積り表の見方、仕入表の使い方、Amazon商品ページの見方、利益計算の方法などを教えて外注化します。

上記のリサーチ作業と一括で外注する方法もあれば、リサーチ作業と分けて外注する方法どちらもあります。分けて外注する方がリスクヘッジできますが、ご自身に合った方法を採用してください。

ただ、見積りの利益精査は自分でやった方が、仕入れの可否を正しく判断しやすくなります。また、見積りの精査についても、まずは自分自身が理解していないと外注しても依頼内容が伝わらないので、作業に慣れるまでは自分でやることをおすすめします。

## FBA納品の代行（⑥）

仕入れた商品をFBA納品する際に、納品代行会社や、障がい者さんの働く就労支援施設に依頼する方法です。

納品を代行した方が楽ではありますが、数百〜数千万円規模の在庫を預ける場合、配送状況がわからないとストレスになります。

そのため、配送状況が明確にわかる納品代行会社や施設を選びましょう。

02

# 外注の流れと外注化募集依頼文のテンプレート文章

私は作業を外注する際は、ランサーズやクラウドワークスなどのクラウドソーシングをよく利用します。

### ランサーズ　https://www.lancers.jp/

### クラウドワークス　https://crowdworks.jp/

他にも似たような媒体はありますが、すべてお伝えしても仕方ないので、有名で私が実際に使って良かったのはこの2つです。

ランサーズやクラウドワークスに登録している方は、小さなお子さんがいて働きに出られないけど、自宅での仕事を求めている方が多いです。なかにはとても優秀な方でも育児で時間の融通が利かず、自宅でできる仕事を探している方もいます。

もし、そういう方と仮に繋がれたとしたら、自分の仕事をお願いしてみるといいですよね。とても楽になります。

## ランサーズを利用した場合の外注の流れ

私は特にランサーズを利用するので、ランサーズを使った外注の方法についてお伝えします。利用する前に、会員登録(無料)を済ませておいてください。

### ランサーズの外注の流れ

「仕事を依頼して見積もり提案を集める(無料)」をクリック

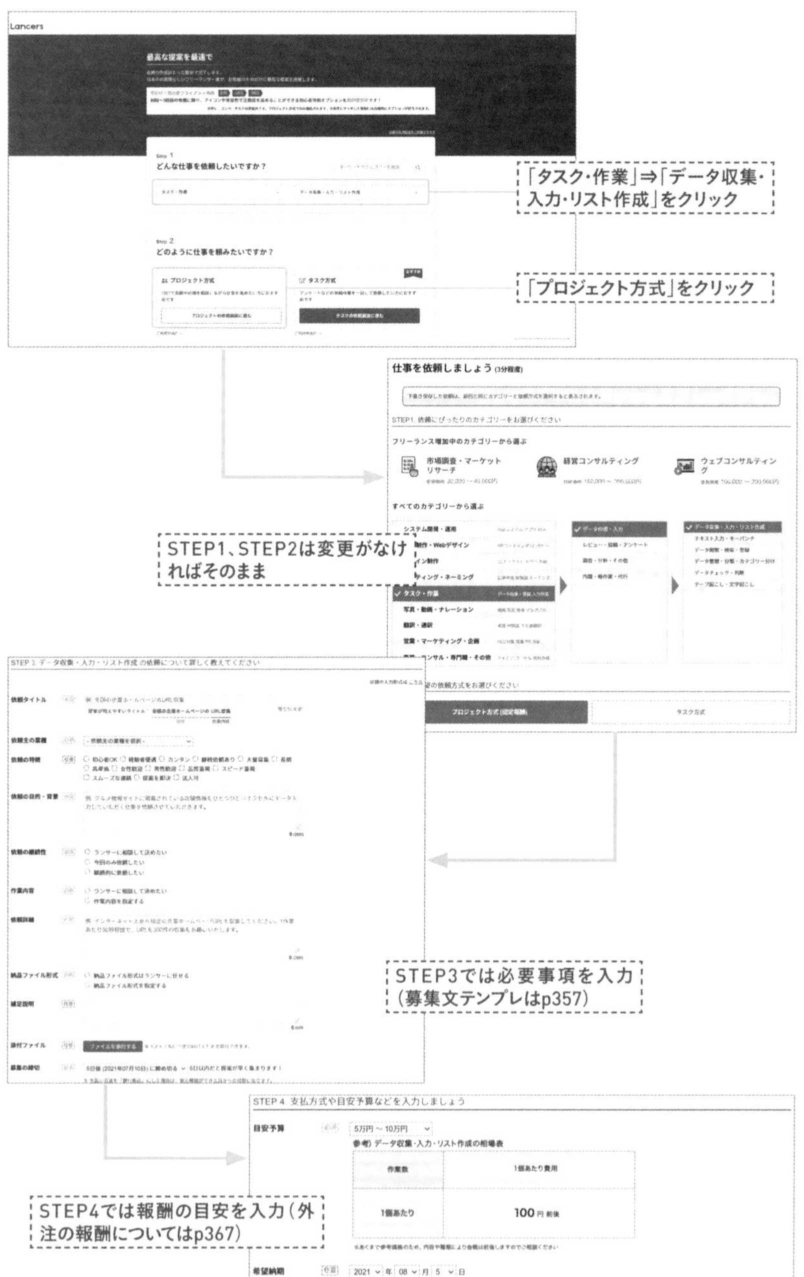
「タスク・作業」⇒「データ収集・入力・リスト作成」をクリック
「プロジェクト方式」をクリック
STEP1、STEP2は変更がなければそのまま
STEP3では必要事項を入力（募集文テンプレはp357）
STEP4では報酬の目安を入力（外注の報酬についてはp367）

メーカー直取引の作業の外注は様々ありますが、カテゴリーはすべて「タスク・作業」⇒「データ収集・入力・リスト作成」でOKです(ただし、第3章で紹介したホームページ制作の外注については、「Web制作・Webデザイン」⇒「ホームページ作成」)。

また、「プロジェクト方式」と「タスク方式」では、「プロジェクト方式」を採用してください。

プロジェクト方式とは、外注を募集した際に、応募のあった人から適切と判断した人に外注する一般的な方法です。長期的な仕事の依頼や、英語力があるなど特定の人にお願いするような場合に向いた方法です。タスク方式は、多人数から同時に作業をやってもらう方法で、比較的軽作業(アンケートやレビューなど)を依頼したときに向いた方法ですが、先にお伝えした外注の作業依頼には向いていません。

## カテゴリーリサーチ外注化募集のテンプレート文章

カテゴリーリサーチをお願いして基準を満たすメーカーを探し、メーカーにメールを送信するまでの作業を募集している、実際のテンプレート文章を紹介します。

### ランサーズの外注の流れ

件名：「当社が指定するメーカーサイトのリサーチ及びメール送信作業（自宅可、少時間可、時間制限なし)」

はじめまして。

当社が指定するメーカーサイトのリサーチ及びメール送信作業のお仕事です。（当社の基準を予めお伝えしますので、それに添ってサイトをリサーチし、メール送信を行う作業です)

時間の縛りもなく、自宅にて自分の好きな時間に行うことができます。

作業時間は１～２時間程度あれば完了するかと思います。
（エクセルが慣れている方であれば、１時間程度で完了するかと思います）

事前にお仕事内容は動画にて説明させて頂きますので、ご安心ください。

【内容】
当社が指定するメーカーサイトのリサーチ及びメール送信作業のお仕事です。（当社の基準を予めお伝えしますので、それに添ってメーカーサイトをリサーチし、メール送信を行う作業です）

時間の縛りもなく、自宅にて自分の好きな時間に行うことができます。

作業時間は１～２時間程度あれば完了するかと思います。 事前にお仕事内容は説明させて頂きますので、ご安心ください。

【報酬】
１件５０円
１ヶ月３００社
合計１万５千円

【期間】
毎日の作業は行って頂きたいですが、
もし用事が入った時などは対応可能です。
その都度対応しますので、体調不良や長期旅行のときなどもご安心ください。

【応募条件】
・社会的常識がある方
・発注後に仕事を投げ出さない方

・報告・連絡・相談を確実に出来る方
・長期でお仕事をお願いできる方 たくさんのご応募おまちしております。

何か疑問点などがございましたら、いつでもご相談ください。

## メールのやり取りの翻訳外注依頼

次に、メールのやり取りに関する翻訳外注の募集依頼文のテンプレートです。

件名：
海外取引先とのメールのやり取りの翻訳作業（英語→日本語、日本語→英語、ビジネス英語ができる方を優先）

ご覧になって頂きまして、ありがとうございます。

お仕事内容は
主に海外取引先とのメールのやり取りを翻訳して頂くことです。
（翻訳の返信が早めにできる方、ビジネス英語ができる方を優先させて頂きます）

英語→日本語
日本語→英語

という形で翻訳して頂きます。

できる限り翻訳の返信は早めにしてもらいたいですが、
時間の縛りもなく、自宅にて自分の好きな時間にお仕事可能です。

その他、お休みや、ご家庭のご事情にも柔軟に対応させて頂きます。

子育て中の主婦の方など
今でもお仕事を続けている方が多いので
そういった方にはぴったりのお仕事かもしれません＾＾

事前にお仕事内容は説明させて頂きますので、ご安心ください。

【内容】
海外取引先とのやり取りを翻訳
（メール文章のみ、翻訳の返信が早めにできる方、ビジネス英語ができる方を優先させて頂きます）

翻訳する頻度は１日１～３回程度で
場合によっては翻訳なしの日もあります。

また土日祝日は当社もお休みのため、翻訳なしです。

【報酬】
１ヶ月１万円

当社にて継続して長期間にわたりお仕事をしていただけた場合
今後はメールの翻訳だけでなく、実際のやり取りを全てお任せいたします。

その場合はさらに報酬を UP させて頂きます。

まず１ヶ月間こちらで作業してもらい
その後、正式にお仕事のご依頼を検討させて頂きます。

翻訳のみのお仕事でも
作業状況を見て随時報酬 UP に努めますし
作業が多くなれば、こちらに報酬 UP を求めてもらって構いません。

お互いが気持ちのいい形で、お仕事をお願いできたらと思います。

【応募条件】
・社会的常識がある方
・発注後に仕事を投げ出さない方
・報告・連絡・相談を確実に出来る方
・パソコンをお持ちの方
・スカイプやZOOMができる方
・チャットワークができる方

たくさんのご応募お待ちしております。

何か疑問点などがございましたら、いつでもご相談ください。

最後までお読み頂きまして、ありがとうございます。

長期的にお仕事をお願いしたいと思っておりますので、どうぞよろしくお願いいたします。

## 海外メーカーへの電話代行依頼

次に、海外メーカーへの電話代行の募集依頼文のテンプレートです。

件名：
当社が指定する海外取引先への簡単な電話代行（自宅可、少時間可、時間制限なし）

ご覧になって頂きまして、ありがとうございます。
お仕事内容は、海外取引先への電話をして頂くことです。

こちらで通話料は負担できませんので、スカイプなどの有料プランに入っている方をご優先させて頂きます。
電話の内容はとても簡単な内容なので、１回あたり数分程度で終了します。

またお仕事はできる限り早めにしてもらいたいですが、時間の縛りもなく、自宅にて自分の好きな時間にお仕事可能です。

その他、お休みや、ご家庭のご事情にも柔軟に対応させて頂きます。

子育て中の主婦の方など今でもお仕事を続けている方が多いので、そういった方にはぴったりのお仕事かもしれません＾＾

事前にお仕事内容は動画にて詳しく説明させて頂きますので、ご安心ください。

【内容】
海外取引先への電話
（こちらで通話料は負担できませんので、スカイプなどの有料プランに入っている方をご優先させて頂きます）

お電話して頂く頻度は１週間に１０回程度です。

【報酬】
１回３００円、１０回あたりの総合計３０００円のお支払いとなります。

また当社にて継続して長期間にわたりお仕事をして頂けた場合、さらに報酬をUPさせて頂きます。

まず１週間こちらで作業してもらい、その後、継続したお仕事のご依頼を検討させて頂きます。

お互いが気持ちのいい形でお仕事をお願いできたらと思います。

【応募条件】

・社会的常識がある方
・発注後に仕事を投げ出さない方
・報告・連絡・相談を確実に出来る方
・パソコンをお持ちの方
・スカイプやZOOMができる方
・チャットワークができる方

たくさんのご応募お待ちしております。

何か疑問点などがございましたら、いつでもご相談ください。

最後までお読み頂きまして、ありがとうございます。

長期的にお仕事をお願いしたいと思っておりますので、どうぞよろしくお願いいたします。

いかがでしょうか?
良い外注さんを見つけて、ビジネスを効率化して拡大していきましょう。

03

# どんな外注さんを採用すべきか?

募集文章をお見せしたので、興味のある方は早速ランサーズ、クラウドワークスなどで外注さん探しをしてみてください。初めのうちはなかなか自分が思うような人は見つからないと思いますが、きっとあなたに合う人が見つかります。が、そうは言っても外注さんを選ぶ基準がわからないと思うので、私が経験した採用基準をお話します。

## 採用基準その1:応募文章をしっかり確認する

当たり前のことだと思いますが、**自分の仕事に依頼してきた方の応募文章をしっかり確認してください。**これである程度どんな人かわかります。

これは実際に外注をしてみるとよくわかると思いますが、なかには途中で仕事を放棄するなどひどい方もいます。「この人いいな」「ちゃんと応募文章を書いてくれていて意欲がありそうだな」という方を選んでみてください。

## 採用基準その2:実績を見る

ランサーズやクラウドワークスでは、応募してきた人の過去の実績を見ることが可能です。今までにどんなことをしてきて、相手からどのような評価を受けてきたなど、一目瞭然です。**応募文章に併せて、実績も確認すると、良い外注さんと長いお付き合いができるでしょう。**

## 採用基準その3：能力が同程度なら「主婦の方」がいい

いよいよどの人に仕事をお願いするか決定する段階です。**私の経験上、丁寧に仕事を行ってくれ長期的に付き合ってくれるのは「主婦」の方が多いです。**応募文章と実績を見て、同じくらいの条件の男性と女性(主婦)の方がいれば、私は迷わず女性(主婦)の方を選びます。

理由の一つとして、私たちがお願いする自宅でできる単純作業に応募するのは、主婦の方のように自宅でなければ仕事ができない環境にピッタリだからです。しかし、男性の場合はそうではなく、もっと仕事の選択の幅が広いことが多いです(シングルファザーなど自分で子育てしている男性なら別ですが)。それにも関わらず、男性が応募してくるということは、何らかの事情がある可能性があります。言い方は悪いですが、もしかしたら他に仕事が見つからないくらい、仕事ができない方かもしれません。また、男性はどちらかというと独立志向が強く、今までの経験上長期的な付き合いにならなかったことが多かったです。

なので、主婦の方がよいと考えます。子どもが幼稚園や保育園に行っている間は時間が作りやすく、時間的な融通も利くことが多いです。また、主婦の方は、報酬以上に「社会と繋がっていたい」という気持ちで働く方が多く、丁寧に仕事をやってくれる方が多いです。

この傾向は、翻訳や通訳の外注でも同様で、英語力に長けているけど、仕事環境が自宅に限られている主婦の方は案外多いです。

## 採用基準4：身内に外注しない方がいい

ランサーズやクラウドワークスを通じて外注するだけでなく、友人や身内に外注することを考える人もいるでしょう。

しかし、私は友人や身内に作業を外注することに関しては消極的です。関係が近い分、言いたいことが言いづらいところがあるからです。うまく作業をしてくれない場合も、「もう仕事を辞めてくれ」と言うこともできません。

奥さん(旦那さん)であれば、まだお互い話しやすいので良いとは思いますが、もしうまくいかなければ、自分がストレスを抱えたままで仕事をする必要があります。言いたいことを遠慮して物販に支障が出ることは避けたいですし、外注をきっかけに気まずい関係になるのもいけません。

**個人的には、ランサーズやクラウドワークスで外注する方が、何かあった時でも後腐れなくていいと思います。**特に自分の親に仕事をお願いすることは控えたほうが良いと私は思います。どうしても自分の親には頭があがりませんから自分が思うような経営ができなくなる可能性もあります。

## 外注さんと付き合う心構え

採用基準1〜4をお話しましたが、1回の募集で良い人が見つかるとは思わないでください。外注さんにお支払いする報酬は高くありません。そういった意味でも優秀な方は見つかりづらいわけです。

また外注さんは、自分の能力の良くて30％程度の仕事しかできません(英語の翻訳や電話代行は話が別ですが)。最初は10％も満たないでしょう。外注化の心構えの一つとして「外注化＝すぐ楽になる」ではありません。

むしろ外注化すると他人に自分の仕事を教えないといけないので、外注さんが仕事に慣れるまでは今までの業務の倍以上は疲れます。**徐々に外注さんが育ってくれると自分も楽になって作業が捗るというイメージです。**そのため、長期的な目線で外注さんと付き合わないとうまくいきません。

また、外注さんの能力は自分の能力で決まります。この本でお伝えしたコツを理解していない時点で外注化すると、必ず失敗します。

私のコンサル生の中には、すでに私のコンサルを受ける前から月利100〜200万を稼いでいる人もいます。しかし、そういった方でも自分が理解していない作業を外注化すると100％失敗します。まず自分の力をつけて、そこから外注化を考える、という流れがおすすめです。

# 04

# 外注さんの報酬体系は?

## カテゴリーリサーチからメーカーにメールを送るまでの報酬体系は?

この本でお話した最初の海外メーカー直取引のステップは、カテゴリーリサーチから基準に合った商品を見つけ、そこのメーカーにメールを送ることから始まります。リサーチ〜メール送付までの一連の作業を外注化しますが、この報酬体系は1社あたり大体50〜70円、優秀な方を見つけたい場合だと100円前後です。商品のピックアップだけで、自分でメールを送る場合は単価をもう少し落としていいと思います。

外注さんにはKeepaやキーゾン、翻訳サイトなどのツールを使ってもらうことになりますが、Keepaなどの有料ツールの費用は、依頼側が負担します。

1ヶ月に最低でも300社メールしてほしいので、最低でも月に15,000〜21,000円、高いと月に30,000円を外注さんに支払う計算です。この金額を聞いてどう思われますか?　高いですかね?　私は高くないと思います。

**というのも、外注さんが作業している間は自分も違う仕事ができますし、外注さんが作業してくれて良いメーカーが数社見つかれば、この作業代金は余裕で回収できるからです。**しかもリピート性が高いメーカー商品なら翌月からは外注さんの作業代金はない状態なので、自分や外注さんが作業しなくても利益が上がるイメージです。長期安定的な利益を得られる種を蒔いてくれるのですから、むしろめちゃくちゃ安いです。

もちろんメーカーとの詰めの交渉である返信、やり取りは自分でやって、別途翻訳さんを外注した方がよいです。しかし、リサーチ〜初回メールまで外注化できるだけでグッと楽になり、自分の時間を作れます。

## セラーリサーチからメーカーにメールを送るまでの報酬体系は？

カテゴリーリサーチで取引できるメーカーが見つかると、それを扱っている出品者をセラーリサーチします。この作業を外注化する場合の報酬体系です。この場合はカテゴリーリサーチと違い、「基準に合った商品を見つける」という作業をしなくて済みます。そのため、**カテゴリーリサーチからメーカーにメールを送るまでの報酬体系より安くて大丈夫です。**

大体1社メールを送るごとに30〜50円、高くて70円前後と考えます。もちろん、この場合も商品のピックアップだけで自分でメールを送れる場合は単価的にもう少し落としていいと思います。私の場合はカテゴリーリサーチとセラーリサーチを同時にお願いしており、報酬体系もカテゴリーリサーチの単価です。

## メールの返信、やり取りの翻訳の報酬体系は？

初回交渉メール以降の返信、やり取りの翻訳については、1件ごとの単価を設定するのは難しいので、月額固定報酬制が合っています。

p361〜の例文の通り、私は1日1〜3回程度の頻度で月10,000円の報酬を設定しています。もう少し頻度が少ない場合は、報酬が少なくても大丈夫です。**メールの翻訳外注だけであれば、だいたい月額5,000円以上であれば応募はあるでしょう。**

## 海外メーカーへの電話代行依頼

**海外メーカーへの電話代行については、だいたい1回数分あたりの単価を300〜500円と考えています。**海外メーカーへ電話する頻度は、かなり少ないので、逆に月額固定報酬制にするのは現実的ではないでしょう。

## メーカーの見積表の精査を外注する場合の報酬体系は？

メーカーから頂いた見積表で利益が出るかどうかを仕入表に落とし込んで確認する作業が、意外に大変で時間がかかります。実際にやってみると時間がかかることを実感するはずです。そのため、この作業を外注化します。

**精査作業の報酬体系は、1商品あたりでだいたい10〜20円、継続的に依頼ができるようになると30〜50円程度と考えられます。**ただ、この作業は人によってできる人とできない人のばらつきが出やすいです。随時外注さんから仕上がった仕入表を確認し、アドバイスすることが重要です。

## リサーチからメール、見積りの精査まで一括でお願いする場合の報酬体系は？

カテゴリーリサーチ、セラーリサーチ、見積り精査については別々で外注する方法もありますが、一括で依頼することもできます(英語力が必要な翻訳や電話代行は別々で依頼します)。**この場合の報酬単価は、件数ごとに単価を設定するのが難しいので、月額固定報酬制で3〜5万円くらいが考えられます。**一括依頼にすると、作業の窓口をワンストップで一本化できるメリットはありますが、辞めた場合に外注先を一気に失うリスクがあります。

そのため、基本的には別々で外注し、メーカー直取引について理解が深まり、信頼関係ができあがった人の場合のみ一括依頼するといいでしょう。

## 障がい者の就労支援施設への配送代行の報酬体系は？

障がい者の就労支援施設については、ラベル貼りの作業だけお願いするのであれば1商品10〜15円程度が妥当です。もちろん、付き合いが長くなったり、他の作業もお願いしたりする場合はもう少し単価を上げていいでしょう。納品代行会社よりも安く代行できるし、発送遅れのリスクも低いです。

05

# 外注さんへの依頼のコツと付き合い方

## 外注先へのマニュアル作りはZOOMがおすすめ

特にリサーチや見積表の精査の作業を外注する場合、一連の作業は文章のマニュアルでは伝わりづらいところがあります。**そこで、動画で、パソコン画面を共有して実演して伝えるようにした方が外注さんにわかりやすいです**。また、文章でマニュアル作りするよりは動画で作成する方が、スクリーンショットの手間もいらないので楽です。

動画作成といっても難しいことはなく、私が動画のマニュアル作成でよく使用しているのが、ZOOMというツールです。

**ZOOM**　https://zoom.us/jp-jp/meetings.html

ZOOMは、コロナ禍以降、オンラインの打合せやセミナーで多く活用されるようになりましたが、動画撮影にも有効です。ZOOMを使えば自分のパソコン画面を共有して録画可能です。**ZOOMで録画した動画をYouTubeの限定公開でアップして、そのリンクを外注さんに送って作業内容を伝える流れ**

**がいいでしょう。**

また、私の場合は外注さんからあがってきた資料の訂正も動画で行っています。動画は相手に伝わりやすく魅力的な方法です。

## 報酬体系は月間で10,000円以上とすると募集がかかりやすい

作業内容にもよりますが、**報酬体系を設定する場合は、なぜか月の合計報酬額を10,000円以上に設定すると募集がかかりやすいです。**

3,000〜5,000円では、なかなか人が集まりません。また、月10,000円以上でも募集依頼文が細かすぎるとダメです。報酬体系については、いろいろお伝えしましたが、この傾向も踏まえて募集を行うとよいでしょう。

## 場合によっては報酬単価を上げてもよい

私はオンラインで繋がり自宅でできる簡単な仕事の相場は、通常外に出て仕事をする時給単価より安いものと考えて、仕事をお願いしています。

ただ、私の場合、外注さんが1日に作業をする時間がどのくらいか、ご本人に確認しています。想定していた時間よりも大幅に時間がかかっているようであれば、短縮できるようにアドバイスしますし、もし短縮できそうになければ報酬単価を上げます。

また良いメーカーと繋がれたらボーナスを出したり、最初は1件50円だけど作業に慣れたら最終的には1件100円に報酬アップしたりすることもあります。**相手のモチベーションを上げながら、お互いにwin-winの状態で付き合えると最高です。**

メーカーとも長期的な付き合いを目指しますが、外注さんとも良きビジネスパートナーとして長期的な付き合いを目指してください。

## この人は合わないと思ったら……

外注さんとお付き合いしていく中で「この人合わないな」「この人はしっかり作業してくれないな」「この人ダメだ……」と感じることもあります。**その場合は仕事をお願いすることはやめましょう。**

ランサーズやクラウドワークスなどは、あくまで作業の代行という形であり、バイトや社員のように雇用するわけではありません。もし自分が思うような作業をして頂けないのであれば、継続して仕事をお願いする必要はないかと思います。そして、良いと思った人にだけ継続的な仕事をお願いすればOKです。

この辺がオンラインの外注化のメリットのひとつです。通常のバイトや社員だと、距離が近く意思疎通を図りやすい分、簡単には「辞めてくれ」と言えません。不当解雇になってしまうからです。そのため、バイトや社員の場合、自分と合わない人と、長期的に付き合わないといけないかもしれません。私もバイトやスタッフを雇用して痛い経験をしたことがあります。

バイトや社員などは、基本的には労働基準法に守られた立場になりますし、社会保険も完備しないといけません。しかし、外注さんはバイトや社員ではなく、あくまでも業務委託です。業務委託であれば、私たちは作業をお願いし続ける必要もありませんし、外注さんも仕事を途中から断ったり、他の仕事と兼ねたりしても構いません。雇用するよりお互い自由な関係です。

もちろん、物販での売上・利益が拡大していくと、バイトや社員の雇用も考えないといけないこともあります。**しかし、最初は雇用するのではなく、業務委託としてお互い縛りのない形で仕事をお願いするようにしましょう。**そして、「合わない」と思ったら、仕事の依頼を止めましょう。合わない人に仕事を依頼し続けると労力 とコスト、そしてストレスがかかりますので。

と言っても、ある程度は外注さんが育つまでは時間がかかりますし、いきなり1から10までできる優秀な人は滅多にいないのも事実です。徐々に「外注さんと一緒に頑張って効率化していく」という考え方がいいと思います。

外注さんに思いやりの気持ちをもつことが大切です。

## 直接取引はNG

稀にランサーズやクラウドワークスなどを経由せず、「私と直接お仕事をしてください」と直接取引を依頼する募集者や外注さんもいます。ランサーズやクラウドワークスに本来支払うべき利用手数料を払わないようにするためですが、**当然規約違反です**。また、外注さんとのトラブルも多いので絶対にやめましょう。

具体的には、外注さんが期限にルーズになったり、仕事の質やスピードが落ちたり、仕事をしなくなったり逃げたり……。実際にこういう事例にあった方もいますし、直接取引をすると「仕事を辞めてください」と言いづらくなります。

クラウドソーシングのメリットを活かしながら、ストレスなく外注化を実践した方がいいと思うので、直接取引は避けてください。

以上、外注化について説明させて頂きましたが、「外注化＝楽になる」という発想は捨ててください。

「外注さんと共に一緒に頑張って事業を効率化する」「外注さんとwin-winの関係で長期的に付き合う」という視点が外注化に取り組むなかで忘れている方が多いので、注意しましょう。

**思いやりをもって外注さんに接すれば、きっとプラスになる仕事をしてくれるので、あなたにもメリットがあります。**ぜひ、海外メーカー直取引の内容を実践して、外注化にも取り組んでみてください。

COLUMN

## 単純転売を卒業して3ヶ月で月利50万円、その後月利135万円達成！

単純転売から海外メーカー仕入れに移行して３ヶ月後に月利50万円、その後月利135万円を達成された0さん（20代男性）にインタビューしました。

### ①コンサルを受ける前は、どんなことで悩んでいましたか?

主に単純転売のみを行っていましたが、常日頃からライバルセラーの増加、価格の下落、不安定な仕入先等に悩みを抱えていました。毎日睡眠時間を削ってはリサーチをする日々が続き、この先ずっとこの作業をしなければならないと考えると単純転売を継続する自信がありませんでした。

### ②なぜ、海外メーカー直取引をしようと思ったのですか?

物販を辞める気は全くなかったので、脱単純転売という気持ちでした。しかし、自分一人ではどうすればいいかわからず、慣れてしまっている単純転売をずるずると継続する毎日でした。そこで、情報収集しているうちに「メーカー仕入れ」「直取引」という言葉に興味を持つようになりました。

そこで、メーカー取引をしている方のセミナーへいくつか参加してみました。そのなかでも、親しみやすく、とても聞き取りやすい話し方をする中村さんに教えてもらうことにしました。

### ③海外メーカー直取引を始めてどんな成果がありましたか?

3ヶ月で海外メーカー直取引だけで月利50万円を達成しました！　このとき安定して取引できているメーカー数は16社、取引可能なメーカーは60社にもなり、自信が持てるようになりました。

また、仕入に関しては利益が出る商品を増やしリピート発注するだけ。この積み重ねなので、自然と自由な時間が増えました。そして、コンサル期間中に月利135万円を達成することができました。

私は1ヶ月目からメーカーとの取引が続々決まったので、正しいやり方をすればすぐに結果が出ることを実感しました。初めてメーカーから仕入れたときは、とても感動的だったのを覚えています。

### ④中村の印象に残った言葉は何ですか?

「マイナスな思考や表現はやめる」ということです。マインド的な部分ですが同感です。考え方を一つ変えるだけで日々の作業量が大幅に変化することを実感しました。

### ⑤どんな人に海外メーカー直取引をおすすめしますか?

メーカー直取引というと、敷居が高いと感じる方もいるかもしれませんが、徐々に慣れてきますし、実際にすぐに成果を出せます。今までとは違う新しいことを覚えることができるので、物販でレベルアップしたい方やチャレンジ精神がある人にもやりがいがあるのではないかと思います！

実は0さんは私のコンサルを開始した途端に会社を辞めてしまいました。正直私は心配で仕方なかったですが、そんなことなくすぐに成果を出してくれました。0さんは現在、京都で優雅に暮らしていらっしゃいます。0さん、丁寧にインタビューに答えて頂き、本当にありがとうございました。

# おわりに
## ～好きな時に好きな人と好きな場所に好きなだけ行く～

海外メーカー直取引は、ライバルと差別化して長期的に安定的な利益が得られる、誠実なビジネスであることがおわかり頂けたかと思います。しかも、英語や規制のハードルは低く、国内メーカー直取引同様に取り組みやすいこともおわかり頂けたことでしょう。

国内メーカーと海外メーカーはどうしても特徴が違うところがあり、交渉のコツなど違う点は多々あります。国内の物販ビジネスと輸入ビジネスの違いという点でも、ノウハウの違いがあります。しかし、どちらも目指すところはメーカーと信頼関係を深く築き、「自分で稼ぐ力」を手に入れるという点は変わりません。

本書に書いてあることを忠実に実践してメーカーの信頼を得られれば、1日2～3時間の作業で長期的に安定して稼ぐことが十二分に可能です。Chapter1～9まで極めれば、少なくとも毎月100～200万円の収入を得られるようになるでしょう。

また、本書では詳しくお伝えしませんでしたが、海外メーカーと長く深く付き合うと、さらに次のようなメリットを享受できるようになります。

- **取引しているメーカーの新商品も最安値で仕入れることができる**
- **メーカー商品の日本市場を独占できる**
- **展示会の出展や、大手量販店に出品するなど大きなビジネス展開が期待できる**
- **メーカーと共同のOEM商品を開発することができる**

本書で書いてあることを極めれば、これらは自然に実現可能であり、もはや向かうところ敵なしです。しかもAmazonに限らず、日本市場を独占して販売を任せてもらえるなど、夢が広がっていきます。ここまで来れば、立派なビジネスオーナーですが、海外メーカー直取引では十分可能です。

今回、なぜ『Amazon国内メーカー直取引完全ガイド』に続いて、本書を出版することになったか。それは、国内メーカー直取引も海外メーカー直取引も、次のことを十分実現させることが可能だからです。

**・Amazon物販ビジネスを通じ自分で稼ぐ力を身につけてもらい、「好きな時に好きな人と好きな場所へ好きなだけ行く」という理想を実現化してもらう**
**・販路拡大に悩んでいるメーカーさんと深い信頼関係を築く中で、何十年も続くAmazon物販ビジネスを構築するノウハウを覚えてもらう**
**・消費者が買ってワクワクするような商品を、メーカーと一緒に売るためのAmazon物販ノウハウを学んでもらう**

これらは、『Amazon国内メーカー直取引完全ガイド』でも紹介した私の理念ですが、私だけでなく、多くのコンサル生が実現しています。

私自身、国内メーカー直取引と海外メーカー直取引をきっかけに事業を拡大し続けています。コロナ禍の影響をほとんど受けることなく、欧米、中国、国内と3つの拠点から仕入れを行い、安定的に収益を伸ばし続けています。

コロナ禍以降、「これからは本物のビジネスしか生き残らない」という話をよく聞くようになりました。メーカー直取引は、出品者、メーカー、消費者にとってwin-win-winになるように取り組む、正々堂々とできるビジネスです。転売ビジネスのように、消費者の方やメーカーが不利益になるようなことはしません。もし、不利益になるようなことをして、メーカーとの関係が長続きしないなら、メーカー直取引のメリットを活かしきれていないことになります。

私は、こんな正々堂々とできるメーカー直取引が大好きだから、ここまで事業を拡大できました。

今ではお金と人間関係に恵まれた理想の生き方を実践し、メーカー直取引を通じて多くの仲間に恵まれています。

コロナ前はよく旅行に出かけたり、飲みに行ったりしました(コロナが落ち着いたら、また一緒に行きましょう！)。

そして何と言っても、家族との大切な時間も確保できるようになりました。転売ビジネスをやっていた時は、リサーチ地獄、Amazonアカウント閉鎖に陥っていましたが、今ではビジネスもプライベートもすべて充実した人生を手に入れています。これはメーカー直取引に出会わなければ実現しなかったかもしれません。

ぜひ、あなたにも私たちと一緒に「好きな時に好きな人と好きな場所へ好きなだけ行く」という理想の人生を手に入れてほしいと思います。

本書を最後までお読み頂いて、本当にありがとうございます。

前著『Amazon国内メーカー直取引完全ガイド』および本書『Amazon海外メーカー直取引完全ガイド』を出版するきっかけを与えてくださったインプルーブの小山さん、小松崎さん、前回そして今回の出版を決定して頂いたスタンダーズの佐藤社長、この本の隅々まで編集の助言をくださったスタンダーズの河田さん、そしてこれまで関わってきてくれたすべての方に感謝しています。

＊＊＊＊＊＊＊＊＊＊＊＊＊＊＊＊＊＊＊＊＊＊＊＊＊＊＊

また、海外メーカー直取引を本書に書いてある通りに実践して、さらに早く結果に繋げていただくために、この本を買ってくださった方限定で、次のプレゼントを用意しました。

## 本書ご購入者様限定特典

- 「過去有料で開催したメーカー交渉の極意リアルセミナーその1」
- 「過去有料で開催したメーカー交渉の極意リアルセミナーその2」
- 「過去有料で開催したメーカー交渉の極意リアルセミナーその3」

特典の入手方法は簡単です。左のQRコードを読み取って、私のメールマガジンにご登録ください。

なお、本書にて国内メーカー直取引についても興味をもった方が多いと思います。

そういった方々は左のQRコードのLINEにてお友だち追加ください、国内メーカー直取引の内容を中心に特典をプレゼントしております。

それでは、最後の最後まで本書を読んでいただき、誠にありがとうございました。

一人でも多くの方がAmazon物販ビジネス、海外メーカー直取引で理想の人生を手にすることを心から願っております。

2021年7月

中村 裕紀

# 用語索引

か行



さ行

**中村裕紀**　Hironori Nakamura

Amazon物販ビジネスコンサルタント。
1984年生まれ。2021年現在37歳、二児の父。
介護・福祉関連の施設に勤める傍ら、2011年頃からAmazon物販ビジネスを副業にて開始。
2013年に独立し、2014年に転売で月利100万円を達成するも直後にアカウントが閉鎖。
その後はメーカー取引一本で売上を立て、2015年に月利200万円を達成する。
現在は国内外のメーカーと取引を重ね、年商2億円に迫る勢いで成長している。
同時にAmazon物販&メーカー直取引のコンサルタント業務を行い、
月利30〜200万円以上を継続して稼ぐプレイヤーを多く輩出している。
著書に『Amazon国内メーカー直取引完全ガイド』（弊社）がある。

カバーデザイン・本文デザイン　越智健夫
本文DTP・図版作成　西村光賢

# Amazon海外メーカー直取引完全ガイド

2021年9月15日　初版第1刷発行

著者　　中村裕紀
編集人　河田周平
発行人　佐藤孔建
印刷所　中央精版印刷株式会社
発行　　スタンダーズ・プレス株式会社
発売　　スタンダーズ株式会社
　　　　〒160-0008　東京都新宿区四谷三栄町12-4　竹田ビル3F
営業部　Tel 03-6380-6132
Webサイト https://www.standards.co.jp/